objetivo DELE

C1

Javier Voces
Carola Vesely

ele

Español Lengua Extranjera

SGEL

Primera edición, 2015

Produce: SGEL – Educación
          Avda. Valdelaparra, 29
          28108 Alcobendas (MADRID)

© Sociedad General Española de Librería, S. A., 2015
   Avda. Valdelaparra, 29, 28108 Alcobendas (MADRID)

© Javier Voces y Carola Vesely

Coordinación editorial: Jaime Corpas
Edición: Belén Cabal
Corrección: Ana Sánchez Urquijo
Diseño de cubierta: Thomas Hoermann
Diseño de interior y maquetación: Leticia Delgado
Imágenes: Shutterstock, de las cuales solo para uso editorial: pág. 69, inferior izquierda (Migel/
Shutterstock.com), pág. 125 (meunierd/Shutterstock.com) y pág. 147 foto banderas (lev radin/
Shuttersock.com)

ISBN: 978-84-9778-639-3
Depósito legal: M-35815-2015
Printed in Spain – Impreso en España

Impresión: Gómez Aparicio Grupo Gráfico

Índice

Introducción

CONSIDERACIONES GENERALES SOBRE EL LIBRO Y LOS AUTORES

Este libro se concibe como un ejercicio práctico para todos aquellos estudiantes de español como lengua extranjera que deseen prepararse para presentarse al examen DELE C1. Su objetivo es, por tanto, la óptima preparación de estos estudiantes a través de la resolución de diferentes exámenes que reproducen fielmente el modelo empleado por el Instituto Cervantes. El libro se ha elaborado a partir de las nuevas directrices que el Instituto Cervantes ha realizado en sus modelos de examen y, en concreto, el nuevo DELE C1.

Los autores de este manual son profesores de español como lengua extranjera con amplia experiencia docente e investigadora tanto en España como en Estados Unidos y Latinoamérica, así como examinadores DELE acreditados por el Instituto Cervantes.

Al tratarse de autores que provienen de diferentes países hispanohablantes, para la creación de este manual se han considerado diferentes variantes del español, en consonancia con los objetivos del examen DELE que suele incluir diversas variantes y que, por definición, siempre considerará válida toda norma lingüística hispánica.

ESTRUCTURA DEL LIBRO

El libro se estructura en tres partes bien diferenciadas. La primera de ellas corresponde a los **consejos generales**. Se aportan aquí herramientas de diversa índole (recomendaciones básicas, cuadros léxicos y gramaticales, etc.), para la óptima realización de las tareas que se presentarán en el apartado posterior.

La segunda parte está compuesta por los **modelos de examen**. Así, el libro consta de seis unidades temáticas, cada una de las cuales forma un examen completo (reproducción del modelo del Instituto Cervantes). Las unidades se constituyen en torno a temas de actualidad y, en consecuencia, cada unidad pretende trabajar un campo léxico diferente. Para su confección se ha utilizado mayoritariamente material real, tanto en los textos propuestos como en los audios que acompañan al libro:

Examen 1: El mundo laboral.
Examen 2: Viajes.
Examen 3: Humanidades y producción artística.
Examen 4: Vida saludable.
Examen 5: Culturas iberoamericanas.
Examen 6: Economía.

Cada unidad contiene, a su vez, un apartado de **claves fundamentadas** de todas aquellas tareas que así lo requieren. Se incluyen también breves aclaraciones gramaticales que, en contexto, facilitarán la comprensión y corrección por parte del alumno.

Finalmente, el libro cuenta con una sección en la que se ofrece la totalidad de las **transcripciones** de los audios utilizados en las diversas tareas que así lo precisan.

Por lo que respecta al uso que se le puede dar a este libro, caben al menos dos sugerencias de explotación: su estructura posibilita que el estudiante pueda hacer un uso autónomo, esto es, simular la ejecución del examen DELE C1 (en las destrezas de comprensión lectora y comprensión auditiva) y posteriormente comprobar los resultados. Para ello bastaría con que realizara un control adecuado de los tiempos.

Por otra parte, el libro se presenta como una herramienta especialmente funcional en la preparación del examen DELE también para los profesores. Su uso en las clases garantiza la preparación de la prueba con un material específicamente seleccionado para ello, así como la reflexión necesaria sobre la naturaleza de cada tarea.

EL EXAMEN *DELE C1*

Antes de empezar a desarrollar los modelos de examen, te ofrecemos algunos datos que te darán una visión global sobre el proceso de examinación del DELE C1.

• EL DELE C1 evalúa tu capacidad para desenvolverte fluidamente en español, procesando discursos orales y escritos de diversa extensión y complejidad, planteados en diferentes variantes lingüísticas. No solo se trata de comprender y producir discursos complejos, sino también de reconocer la información implícita en estos, así como de expresarte con soltura, espontaneidad, organización y coherencia en una diversidad de contextos comunicativos.

• El repertorio de contenidos lingüísticos que pueden ser incluidos en el examen DELE C1 se recoge en el documento *Niveles de Referencia para el Español* (NRE), desarrollado por el Instituto Cervantes a partir de las escalas de descriptores que proporciona el MCER. En los NRE se proporcionan una serie de inventarios de material lingüístico que el candidato habría de ser capaz de manejar, de forma productiva o receptiva, para situarse en dicho nivel de competencia lingüística en español.

• El grado de competencia lingüística requerido para demostrar un nivel C1 se encuentra definido por el Instituto Cervantes en el documento *Niveles de Referencia para el Español* (NRE), que toma como base lo dispuesto por el Marco común europeo de referencia para las lenguas (MCER). Para mayor información sobre los descriptores, te recomendamos visitar el siguiente enlace:

http://cvc.cervantes.es/ensenanza/biblioteca_ele/plan_curricular/

• El examen está conformado por 4 pruebas:
1. Comprensión de lectura y uso de la lengua
2. Comprensión auditiva y uso de la lengua
3. Destrezas integradas: comprensión auditiva y expresión e interacción escritas
4. Destrezas integradas: comprensión de lectura y expresión e interacción orales

• Por lo general el examen se administra en dos citas diferentes. En la primera de ellas se realizan las tres primeras pruebas, dejando la prueba oral para el mismo día por la tarde o un día diferente. La fecha y hora para esa segunda cita se comunica mediante una carta enviada al domicilio del candidato.

• Las pruebas tienen la siguiente duración:

1. Comprensión de lectura y uso de la lengua	90 minutos
2. Comprensión auditiva y uso de la lengua	50 minutos
3. Comprensión auditiva y expresión e interacción escritas	80 minutos
4. Comprensión de lectura y expresión e interacción orales	20 minutos (+ 20 minutos de preparación)

CALIFICACIÓN DEL EXAMEN

• La puntuación máxima que se puede alcanzar en el DELE C1 son 100 puntos. Para calcular el puntaje total el examen se divide en dos grandes grupos:

Grupo 1	Puntuación máxima	Puntuación mínima
Comprensión de lectura y uso de la lengua	25 puntos	30 puntos
Comprensión auditiva y expresión e interacción escritas	25 puntos	

Grupo 2	Puntuación máxima	Puntuación mínima
Comprensión auditiva y uso de la lengua	25 puntos	30 puntos
Comprensión de lectura y expresión e interacción orales	25 puntos	

Puntuación total del examen: 100 puntos

• La calificación global del examen será "Apto" o "No apto", donde "Apto" requiere la obtención de **un mínimo de 30 puntos en cada uno de los dos grupos** en que se divide el examen.

• La obtención de menos de 30 puntos en uno de los dos grupos implicará una calificación de "No apto", aunque se hayan obtenido 30 o más puntos en el otro grupo.

• La calificación de las pruebas se realiza mediante dos sistemas diferentes. Las pruebas de expresión e interacción (escrita y oral) se califican mediante examinador, a partir de escalas de evaluación disponibles para consulta en el sitio web del Instituto Cervantes. El rango de estas escalas fluctúa entre 0 y 3 puntos en cada tarea.

• La fórmula para calcular la puntuación de las pruebas de interacción es la siguiente:

$$\frac{\text{puntuación obtenida x 25}}{\text{puntuación máxima posible}} = \text{puntuación final}$$

• En el caso de las pruebas de comprensión, las respuestas correctas reciben 1 punto y las incorrectas 0 puntos. Para calcular la puntuación en cada prueba (que contiene varias tareas) se sigue la siguiente fórmula:

$$\frac{\text{puntuación obtenida x 25}}{\text{puntuación máxima posible}} = \text{puntuación final}$$

Ahora que ya tienes una visión panorámica del examen DELE C1, te invitamos a visitar la sección de consejos prácticos que te ayudarán a preparar en detalle cada una de las pruebas, potenciando así tus conocimientos de español y orientándote hacia la realización exitosa de este examen

Consejos

Los consejos que te presentamos a continuación te permitirán enfrentar de forma integral la preparación del examen DELE C1. Estos están organizados por destrezas o pruebas y cada una de ellas comprende, a su vez, diferentes tareas. Aunque las pruebas "Comprensión de lectura y uso de la lengua" y "Comprensión auditiva y uso de la lengua" dependen básicamente de tus competencias lingüísticas, tu tiempo de estudio y el método de enseñanza-aprendizaje que hayas utilizado, queremos ofrecerte aquí algunos consejos que consideramos útiles, pues te serán de ayuda para comprender la estructura y el funcionamiento de cada tarea, al tiempo que señalarán ideas fundamentales para tener en consideración a la hora de obtener unos buenos resultados en el examen. Del mismo modo, en el apartado correspondiente a las **claves fundamentadas** encontrarás razonamientos útiles que te ayudarán a mejorar el rendimiento en diferentes destrezas.

En cuanto a las pruebas de destrezas integradas —"Comprensión auditiva y expresión e interacción escritas" y "Comprensión de lectura y expresión e interacción orales"—, te presentamos aquí un análisis en mayor profundidad, poniendo a tu disposición consejos de diversa índole, así como analizando ejemplos de textos y extractos de conversaciones reales. Al mismo tiempo, te ofrecemos **herramientas y trucos** que insisten en aquellos aspectos que consideramos más importantes para la superación del examen.

PRUEBA 1 COMPRENSIÓN DE LECTURA Y USO DE LA LENGUA

- En la Prueba 1 dispones de **90 minutos** para realizar **5** tareas de comprensión de lectura.
- Cada una de las tareas está enfocada en el desarrollo de una habilidad específica y presenta textos **de diferente tema**, **estilo** y **extensión**.
- En el examen, las respuestas de esta prueba deben marcarse en la **hoja de respuestas**.

Tarea 1

En esta tarea debes leer un texto y responder seis preguntas de selección múltiple, en las que se ofrecen tres opciones de respuesta.
Lo que se evaluará aquí es tu capacidad para comprender las ideas principales de un texto, así como para identificar determinados datos con información más específica.

- El tipo de texto a leer fluctúa **entre** las **650 y 700 palabras** y es de tipo público o profesional, es decir, puede tratarse de informes, contratos, instrucciones, etc.
- **Por lo general**, las preguntas se plantean en el **mismo orden** en que avanza el texto, por lo que lo mejor es que **leas el texto completo una o dos veces**, y luego vayas avanzando **párrafo por párrafo** conforme contestas las preguntas.

Tarea 2

En esta tarea tendrás que completar párrafos de un texto, utilizando para ello enunciados largos (fragmentos) que se presentan fuera del texto.
Esta tarea evalúa tu capacidad para reconstruir la estructura de un texto extenso, así como para identificar las relaciones existentes entre las ideas del mismo.

- Ten presente que al texto **solo le faltan seis fragmentos**, y que **las alternativas ofrecidas son siete**. Esto significa que **una de las opciones es un distractor** (un párrafo que no deberás incluir en tus respuestas).
- El texto en total tiene entre **550 y 650** palabras.
- El texto suele ser de tipo literario o de opinión, en los que se narran experiencias o proyecciones futuras desde un punto de vista personal, abordando diferentes temas.

- Aquí deberás poner especial atención en el **sentido global en del texto.** Algunas veces parecerá que hay más de una opción posible, y es entonces donde te recomendamos que te fijes en los **conectores** (*sin embargo, de este modo, paralelamente*, etc.), que te darán suficiente información para comprender y organizar los párrafos de forma coherente.
- Otro elemento que servirá de ayuda será fijarte en las diferentes **marcas lingüísticas** que te permitirán reconstruir el texto: **tiempos verbales, conjugaciones, etc.**
- Lo fundamental es que te involucres en la **lógica interna del texto**, comprendiéndolo como una unidad a nivel semántico y estructural, en la que todos sus **párrafos se encadenan de forma organizada** y coherente.
- En vista de lo anterior, te recomendamos **leer el texto más de una vez**, para lograr una comprensión cabal del desarrollo del mismo.

Tarea 3

La tarea consiste en leer un texto y responder seis preguntas de selección múltiple.
En esta tarea se evalúa tu capacidad para identificar el contenido de un texto, pero también el punto de vista o la intención presente en el mismo.

- El tipo de texto a leer fluctúa **entre** las **550 y 650 palabras** y es de tipo académico o profesional, por lo que podemos encontrar monografías, artículos de opinión, reportajes especializados, etc.
- Recuerda que en este caso **no solo debes identificar información objetiva** presente en el texto. Las preguntas pueden ser de contenido, pero también suelen referirse a las actitudes o **puntos de vista implícitos o explícitos** en el texto.
- **Tal como en la tarea 1**, usualmente las preguntas se plantean en el **mismo orden** en que avanza el texto, por lo que te recomendamos que **leas el texto completo una o dos veces**, para luego ir avanzando **párrafo por párrafo** conforme contestas las preguntas.

Tarea 4

La tarea consta de seis textos que debes relacionar con ocho enunciados breves.
En esta tarea se evalúa tu capacidad para localizar información específica y relevante en textos breves.

- En esta tarea deberás leer con atención **seis textos breves y relacionarlos con los ocho enunciados** disponibles.
- Por lo general, los textos son **resúmenes o reseñas** de libros, textos académicos o ponencias que describen en detalle ciertos temas del ámbito académico.
- Cada texto tiene entre **100 y 150 palabras**.
- Ten en cuenta que en esta tarea **no hay distractores**. Esto significa que los ocho enunciados deben ser utilizados. Así, **cuatro** de los seis **textos** irán relacionados con **un enunciado** mientras **dos de ellos irán asociados a dos enunciados.**

Tarea 5

En esta tarea debes leer un texto del que se han extraído algunas palabras, y completar los huecos seleccionando una de las alternativas de respuesta.
Esta tarea evalúa tu capacidad para identificar estructuras y léxico adecuados en un texto complejo.

- En esta tarea el foco está puesto en el uso de determinadas **estructuras gramaticales, sintácticas o léxicas.**
- El ejercicio nos presenta un texto de entre **375 y 425** palabras, que aborda ámbitos de tipo profesional y académico, por lo general extraídos de revistas, libros o periódicos especializados.
- Al texto se le han extraído **catorce palabras**, presentadas como **espacios en blanco**.
- Para llevar a cabo eficazmente esta tarea, debes poner mucha **atención** en las **estructuras gramaticales y en la sintaxis del texto** (tiempos y modos verbales, uso de conectores, léxico, pronombres, preposiciones, etc.).

- Los contenidos gramaticales que pueden ser incluidos en esta tarea se ajustan al nivel C1 del Marco de referencia europeo de las lenguas. Sin embargo, a modo de referencia, **presta especial atención a las fórmulas de probabilidad**, a los diferentes **usos de indicativo y subjuntivo**, **diferentes pretéritos**, etc.

PRUEBA **2** COMPRENSIÓN AUDITIVA Y USO DE LA LENGUA

- La prueba consta de **cuatro tareas** con ítems de respuesta preseleccionada. En cada tarea escucharás una serie de textos, que pueden ser microdiálogos, fragmentos de conversaciones o un solo texto expositivo.
- Dispones de **50 minutos** para resolver un total de **30 ítems**.
- Recuerda que escucharás **cada audición dos veces**. Tendrás unos segundos para leer los enunciados de las respuestas múltiples.
- Es muy importante **no ponerse nervioso** y tratar de **comprender el audio de manera global**. Ten cuidado porque a menudo **todas las opciones de respuesta son aludidas** y solo una es la correcta.
- En el examen, las respuestas de esta prueba deben marcarse en la **hoja de respuestas**.

Tarea 1

La tarea consiste en escuchar un texto y completar oraciones con frases o palabras. En esta tarea se evalúa tu capacidad para comprender los puntos principales y extraer datos específicos de un texto auditivo.

- En este ejercicio escucharás (dos veces) una conferencia, discurso, presentación o noticia —televisiva o radiofónica— en donde se narran proyectos o experiencias relacionados, generalmente, con el **ámbito académico**.
- La extensión del texto oscila entre las **700 y 750** palabras.
- Es muy importante que **leas con antelación el enunciado y las opciones** del ejercicio, te ayudará a situarte.
- Piensa que la **opción correcta** será una oración con **sentido gramatical y léxico**; asegúrate de que el género y el número es adecuado y de que la oración tiene sentido.

Tarea 2

La tarea consiste en escuchar cuatro conversaciones y responder a las preguntas de selección múltiple eligiendo una de las tres opciones de respuesta. En este ejercicio se evalúa tu capacidad para reconocer detalles específicos o relevantes de exponentes o fórmulas de interacción social.

- Escucharás (dos veces) cuatro conversaciones breves de carácter **informal**.
- Generalmente, las conversaciones se producen entre **un hombre y una mujer** y tienen lugar **cara a cara** o **por teléfono**.
- Como apunta el IC, estas conversaciones suelen girar en torno a intercambios de **puntos de vista**, **adquisiciones de bienes y servicios** de todo tipo o **negociaciones** de interés general sobre una amplia variedad de temas.
- Las conversaciones que escucharás tienen entre **220 y 300** palabras.
- Es muy importante que identifiques rápidamente **el tema** del que están hablando las personas. Para ello, céntrate en escuchar las **palabras clave**.
- Recuerda que escucharás **dos veces** cada conversación. Si la primera vez se ha escapado algo, no dejes que los nervios te impidan escuchar una segunda vez con atención.

Tarea 3

La tarea consiste en escuchar una tertulia o una entrevista y responder a seis preguntas, seleccionando una de las tres opciones de respuesta.

En esta tarea se evalúa tu capacidad para captar la idea esencial de lo que se dice, extraer información concreta y detallada e inferir posibles implicaciones en debates largos.

- En esta tarea escucharás una **entrevista o debate** de extensión larga que se produce en el **ámbito radiofónico o televisivo** entre, generalmente, **más de dos personas**.
- La extensión del texto auditivo será de entre **750 y 900** palabras.
- Los temas tratados en este tipo de debates tienen que ver con el mundo **público y profesional**: medios de transporte, comunicación, trabajo, política, sociedad, economía, medio ambiente, etc.
- Para tener éxito en esta actividad, es fundamental **identificar rápidamente a todos los participantes** en el debate y **definir sus posturas**; lo que opinan del tema que se está tratando.
- No olvides que en todo debate hay un **moderador o presentador** que también aporta datos y puntos de vista. Las cuestiones también pueden preguntar por algún aspecto relacionado con sus intervenciones.

Tarea 4

La tarea consiste en escuchar diez diálogos breves y responder a las preguntas de selección múltiple escogiendo una de las tres opciones de respuesta sobre cada diálogo. En esta tarea se evalúa tu capacidad para captar las connotaciones pragmáticas y sociolingüísticas en una serie de diálogos.

- Escucharás **diez microdiálogos contextualizados** entre dos interlocutores.
- Los **temas** están relacionados con el ámbito personal, público, educativo o profesional.
- En esta actividad es fundamental que seas consciente de que en muchas ocasiones se pregunta por las **reacciones**, las **opiniones** o los **sentimientos** de los interlocutores.
- Es muy importante que **leas con antelación** los enunciados de las preguntas.

PRUEBA 3 DESTREZAS INTEGRADAS: COMPRENSIÓN AUDITIVA Y EXPRESIÓN E INTERACCIÓN ESCRITAS

- En la Prueba 3 dispones de **80 minutos** para realizar **dos** tareas de expresión escrita.
- Lo mejor será que administres tú mismo el tiempo para utilizar un máximo de **40 minutos** en el desarrollo de cada tarea.
- No te olvides de dejar al menos **10 minutos por tarea para revisar** lo escrito y para hacer las correcciones que estimes convenientes.

Tarea 1

La tarea consiste en la redacción de un texto argumentativo o expositivo que contenga las ideas principales de forma detallada y estructurada, respetando las convenciones del género.
Esta tarea evalúa tu capacidad de escribir un texto de estas características, que incluya tu punto de vista u opinión, tomando como referencia las notas o el esquema realizado durante la audición de un texto oral, del cual tendrás que extraer las ideas fundamentales.

- Escucharás dos veces un **audio** que dura alrededor de **4 minutos**.
- El audio puede ser una conferencia o discurso, sobre temas relacionados con lo público, profesional o académico.
- Mientras escuchas, puedes **tomar notas o realizar un esquema** que contenga las ideas centrales del texto oral. Esto será fundamental para la construcción de tu texto, por lo que debes poner especial atención al momento de la audición.
- El **texto** que escribas debe tener una extensión de entre **220 y 250 palabras**.
- Debes prestar mucha atención a la **adecuación de tu texto al género** argumentativo o expositivo.
- En tu argumentación, lo fundamental será **identificar detallada, estructurada y claramente las ideas centrales** del texto oral, exponiendo tu propio **punto de vista** al respecto.

• Recuerda que no se trata simplemente de resumir las ideas del audio, sino de **argumentar tu posición** frente a las mismas, rebatiéndolas si es necesario. Tu opinión, correctamente argumentada, resulta fundamental.

• Se debe tener especial cuidado en la **estructura** de un texto argumentativo o expositivo. Claridad y estructura son rasgos fundamentales a evaluar.

TAREA RESUELTA CON CONSEJOS

> En este **primer párrafo** se nos plantea el **tema del texto**, hablando, en este caso, sobre la problemática o el debate que se genera en torno a la televisión. Es un objeto cotidiano con el que compartimos nuestras vidas y el autor encuentra que tiene aspectos positivos y negativos sobre los que va a hablar en el cuerpo del texto.

El valor de la televisión en la sociedad

La televisión es un sistema que permite a las personas recibir sonidos e imágenes en movimiento y eso es posible gracias a las ondas. En la actualidad se puede afirmar que en la mayoría de los hogares hay, como mínimo, un televisor. Con el paso de los años se ha convertido en un objeto fundamental y cotidiano que, normalmente, suele presidir el centro del salón y en el que toda la familia se reúne frente a él para ver diferentes programas. Se ha hablado mucho sobre la televisión y los aspectos positivos y negativos. Por ejemplo, Bernice Buresh la ha definido con estas palabras: "La televisión puede darnos muchas cosas, salvo tiempo para pensar". Es por ello que en esta argumentación hablaré sobre el valor de la televisión en la sociedad actual.

En primer lugar hay que decir que la televisión puede verse como algo positivo porque, entre otras cosas, te permite estar informado en todo momento a través de los informativos. Otro aspecto a favor de la televisión es que te permite aprender sobre temas que desconocías, gracias a concursos como Saber y ganar. También destaca la televisión por el hecho de ser un medio de entretenimiento como cuando tenemos la oportunidad de ver una película, nuestra serie favorita o alguna retransmisión deportiva relacionada con el fútbol o el baloncesto, por citar algún ejemplo. Pero no todo lo que rodea el mundo de la televisión es positivo. Por desgracia hay programas como los de cotilleo que aportan muy poco valor al espectador. Otro aspecto negativo es el hecho de que hay gente que se pasa muchas horas frente al televisor y eso crea adicción, o también está el inconveniente por el cual por culpa de la televisión los miembros de una familia hablan muy poco cuando están reunidos en el salón o en la cocina porque están pendientes de lo que pasa en la pantalla de su televisor. En mi caso debo deciros que suelo ver la televisión casi todos los días, pero normalmente es para ver algún informativo y estar al día de lo que pasa en el mundo y algún que otro partido o acontecimiento deportivo.

En resumen, cuando nos referimos a la televisión, vemos como hay argumentos a favor y en contra. Pero creo que lo más importante de la televisión es que cada uno debe ser capaz de hacer un uso responsable de un aparato que, nos guste o no, forma parte de nuestras vidas. Si conseguimos que las personas se eduquen mirando la televisión, probablemente los beneficios que se obtengan serán mucho mayores que los inconvenientes.

> En el **cuerpo del texto** (párrafo dos) se ofrecen los puntos de vista y los **argumentos** para defender una determinada **tesis**. En primer lugar se habla de los aspectos positivos relacionados con la televisión. Para ello, el autor ofrece argumentos que todos compartimos como el hecho de que la televisión tiene una función de entretenimiento cuando vemos una película o un espectáculo deportivo.
> En la segunda parte del párrafo, el autor también valora los aspectos negativos de la televisión. Pasar demasiadas horas frente al aparato o descuidar la comunicación con los miembros de nuestra familia son algunos de los efectos negativos cuando abusamos de su consumo.

> El **último párrafo**, introducido por "**en resumen**" tiene la función de **cierre o conclusión**. En este caso, el autor afirma que lo mejor es hacer un uso responsable de la televisión y educarnos para ser conscientes de sus beneficios.

[Extraído de *http://www.ejemplosdetextos.com*]

ALGUNAS HERRAMIENTAS Y TRUCOS:

- Un **texto argumentativo** es aquel en el que tratamos de **convencer** de algo (tesis) a alguien mediante una serie de argumentos.
- Los **argumentos** que se suelen utilizar pueden ser de varios tipos:
  - **Hechos científicos**: argumentos contrastables sobre los que nadie duda. Pueden ser teorías científicas o fechas históricas.
  - **De autoridad**: consisten en defender tu tesis recurriendo al pensamiento de un determinado escritor, científico o filósofo; "como decía Aristóteles…".
  - **Colectivo**: este es un argumento que tiene en cuenta la opinión de la mayoría; "como todo el mundo sabe…".
  - **De experiencia personal**: se defiende una idea argumentando sobre nuestra propia experiencia sobre un tema determinado; "en mi caso, suelo ver la televisión casi todos los días…".

Tarea 2

La tarea consiste en la redacción de un texto formal, argumentativo o epistolar según la opción que se escoja, en el que expongan las ideas principales y secundarias, así como los detalles relevantes extraídos de un texto de entrada.

Esta tarea evalúa tu capacidad para, basándote en una información de entrada, redactar textos orientados a persuadir, argumentar, opinar o valorar.

- El foco de esta tarea está puesto en tu capacidad de comprender y transmitir las ideas centrales de un texto de entrada, ampliando esta información para expresar tu punto de vista u opinión sobre el texto, de forma argumentativa.
- Recuerda que en esta tarea debes **elegir solo una de dos opciones** que se ofrecen.
- La **opción 1** consiste en la escritura de un **texto de tipo argumentativo**, como una reseña, un informe, un artículo en una revista, etc. La **opción 2** suele tratarse de un **texto epistolar**, como una carta de reclamación, de solicitud, de recomendación, etc.
- Para cualquiera de las dos opciones, los textos de entrada pueden ser anuncios de prensa, un texto con instrucciones, un breve artículo de opinión, etc. Estos textos contextualizan la tarea y te ayudan a definir la línea a seguir para la redacción de tu texto.
- El **texto que redactes** debe tener **entre 220 y 250** palabras y debe exponerse de forma clara, detallada y bien estructurada, respetando los rasgos del género al que pertenezca.
- Ambas opciones requieren el uso de **lenguaje y estructura formales**.

TAREA RESUELTA CON CONSEJOS

OPCIÓN 1

Usted escribe en un blog especializado en gastronomía y está pasando sus vacaciones en la India. Con mucho interés sobre la comida hindú usted tiene que redactar una reseña gastronómica para el blog. En dicha reseña deberá:

- *Hacer una breve introducción a la cocina del país.*
- *Hablar de las distintas influencias que tiene la comida hindú.*
- *Informar sobre el uso de las especias en esta cocina.*
- *Mencionar algún plato típico.*

En una reseña lo importante es **transmitir información de manera clara y directa**. Por eso, una buena forma de comenzar puede ser buscando un **título** que resuma de forma sencilla el tema del texto.

La comida de la India

La gastronomía de la India ha estado muy influenciada por todas esas civilizaciones que a lo largo de toda su historia han colonizado este país.

Su gastronomía está influenciada por las tradiciones hindúes y musulmanas, pero los portugueses, persas e ingleses han contribuido, en determinado momento de la historia, en algunos aspectos de su cocina. Las tendencias de fuera se han mezclado y fundido con las propias de cada rincón de la India, y es lo que ha dado lugar a esa gastronomía que hoy en día conocemos, con ese conglomerado de sabores, texturas y formas tan diversas como su pueblo y cultura.

Lo primero que pensamos de la gastronomía india es en las especias, los sabores picantes y las verduras, y lo cierto es que es lo más característico, siempre teniendo en cuenta la enormidad de este país y la cantidad de estilos diferentes según las regiones. Hay quien piensa que el olor a especias fue lo que atrajo a los británicos hasta India.

Todos los platos en la gastronomía india, o la mayoría, están aderezados con especias molidas, cuya combinación para realizar los aliños se denomina masala. Una de las especias más utilizada es el curry, que en realidad es una mezcla de especias como el jengibre, cilantro, nuez moscada, cardamono, semilla de amapola e incluso clavo y azafrán. Hay que saber que frecuentemente se denomina curry a un plato, e incluso a un menú festivo.

Como ves, el texto se divide en **párrafos**. Una buena idea para redactar un texto completo es que cada párrafo se ocupe de uno de los puntos fundamentales de los que tenemos que hablar:
Introducción e influencias (párrafo uno y dos).
- Uso de especias (párrafo tres).
- Plato o platos típicos (párrafo final).
No olvides que es muy importante que la estructura del texto sea clara y ordenada.

[Extraído de *http://www.viajeporindia.com*]

ALGUNAS HERRAMIENTAS Y TRUCOS:

- **La reseña** es un tipo de texto que tiene la intención de dar a conocer una información determinada. Por este motivo se dice que su intención es **divulgativa**.
- En la reseña podemos encontrar elementos **narrativos** (partes de una historia, anécdotas, etc.), elementos **descriptivos** (personajes, lugares, etc.), elementos **argumentativos** (justificación de opiniones sobre algún tema) y elementos **expositivos** (explicación de un tema, vocabulario, etc.).

OPCIÓN 2

FESTIVAL GASTRONÓMICO INTERNACIONAL
La Agrupación de Amigos de la Gastronomía invita a todos los amantes de la cocina a participar de la primera edición del Festival Gastronómico Internacional, que busca promover la cocina del mundo a través de la exposición de los mejores platos internacionales. Para ello, se abre la llamada para propuestas de platos representativos de la cocina típica de diferentes países. Los interesados en participar deben enviar un correo a la dirección festivalgastronomico@internacional.com. La carta debe incluir la siguiente información:
- *Presentación personal y su vínculo con el país de origen del plato.*
- *Descripción del plato y su relevancia en la cultura a la que pertenece.*
- *Recomendación del plato propuesto, argumentando las razones por las cuales debería ser incluido en una muestra gastronómica internacional.*

En una carta formal es muy importante **el encabezamiento o saludo**. Para ello existen **diferentes fórmulas en español**: si se conoce el nombre de la persona a la que dirigimos la carta, utilizaremos expresiones como "**Estimado/a [nombre de la persona]**", "**Querido/a [nombre de la persona]**". En caso contrario, sustituimos el nombre de la persona por palabras como "**señor**", "**señora**", "**presidente**", "**director**", etc. Si se trata de un **destinatario desconocido y plural**, utilizaremos la fórmula de saludo seguida por "**señores**".

La **fecha y ciudad** desde donde escribes son un elemento fundamental, que siempre debe encabezar una carta. La fórmula más común para introducir esta información es el nombre de la ciudad, seguido por una coma y la fecha. Todo debería ir en la parte superior de la carta y alineado a la derecha.

Ancud, 13 de agosto de 2015

Estimados señores:

Es importante **estructurar muy bien el texto**. En este caso, se ha dividido en **tres párrafos** de los que este, el primero, corresponde a la **presentación** ("Mi nombre es Patricia Lara") y, a continuación, se ofrece la **explicación de la razón por la que se escribe**: "escribo con motivo de la convocatoria…".
En este primer párrafo es importante ser **conciso y directo**, ya que se plantea el tema que posteriormente se desarrollará en la parte central del texto.

Mi nombre es Patricia Lara y escribo con motivo de la convocatoria que ustedes han abierto para participar en el Festival Gastronómico Internacional. Junto con valorar tan novedosa iniciativa, les cuento que soy de Chile, un país reconocido por su variedad de paisajes, climas y grupos humanos. Como consecuencia de esta diversidad, contamos con una amplia variedad de recetas tradicionales, de las cuales quisiera recomendarles una.

Me refiero al curanto. Nacido en el lluvioso paisaje de la isla de Chiloé, este plato tradicional hace gala de la diversidad de productos marinos que nos provee el océano Pacífico. Se trata de una receta a base de pescado, mariscos, carnes, chorizo y patata, cuyo mayor atractivo es su preparación. Siguiendo las antiguas tradiciones de los chilotes, la familia se reúne en torno a un pozo que se hace en la tierra, el que se llena de piedras calientes. Sobre esas piedras se van incorporando todos los ingredientes uno encima de otro, para luego cubrirlos de hojas. Tras varias horas de cocción, descubrimos el pozo y servimos a cada comensal una contundente ración de mariscos y carnes cocinadas.

El **párrafo central** está dedicado a la **explicación y valoración más extensas del motivo por el que se escribe**. En este caso, se habla de manera específica del plato que se va a recomendar, utilizando herramientas persuasivas.

Las bondades de esta preparación son innumerables, tanto por la calidad de los frutos del mar chileno y de las carnes producidas en la región patagónica, como por la riqueza cultural de perpetuar esta tradición familiar de trabajo colaborativo. Considero, por tanto, que la inclusión de un plato de estas características a la muestra que ustedes organizan, será un gran acierto.

Este es el **párrafo de cierre**. En él **se cierra el argumento** que ha dominado todo el cuerpo del texto y, si es necesario como en este caso, **se añade algún elemento persuasivo**: "Considero […] que la inclusión de un plato de estas características a la muestra que ustedes organizan, será un gran acierto". Un buen cierre tiene que resolverse en **pocas líneas**.

Esperando una buena acogida de mi propuesta, les saluda atentamente,

Patricia Lara

Finalmente **la firma**, en la que debes escribir tu nombre y apellidos. En algunos casos, bajo el nombre puedes agregar tu cargo dentro de una institución, tu título profesional, tu número de identificación o los elementos que estimes necesarios para ser informados en tu carta.

En un texto formal es necesario escribir una **despedida**. Para ello, al igual que para el saludo, **existen en español ciertas fórmulas**: "**Reciba un cordial saludo**", "**Un saludo**", "**Saludos cordiales**", "**Se despide atentamente**", "**Le saluda afectuosamente**", etc. Por lo general, antes del saludo se agregará una fórmula de despedida acorde con el tipo de carta. "**Esperando una buena acogida de mi solicitud**", "**Esperando su pronta respuesta**" o "**A la espera de que el problema sea resuelto en breve / a la máxima brevedad posible.**" pueden ser algunas ideas.

ALGUNAS HERRAMIENTAS Y TRUCOS:

- **En la redacción de una carta, la organización es fundamental**. Estructura el texto en párrafos bien diferenciados entre sí. Cada párrafo tiene que cumplir su función, tal como se presenta en el texto de ejemplo.
- Cuando escribas tu carta formal, **no olvides utilizar en todo momento la tercera persona usted/ustedes**.
- Del mismo modo, **emplea fórmulas de cortesía siempre que puedas**: "me gustaría denunciar una situación que me parece negativa", por ejemplo.
- **Recuerda que algunos de los encabezamientos más utilizados en español son:**

Don Doña Señores/as Estimado/a Sr./Sra. mío/a   + nombre o primer apellido Estimados Sres. Distinguido/a Sr./Sra. Excelentísimo Sr. (*ejemplo: Excelentísimo Señor Presidente*) Ilustrísimo Sr. (*ejemplo: Ilustrísimo Señor Alcalde*) Muy Sr. mío / Muy Sr. nuestro

- **Aquí hay otro listado con fórmulas de despedida frecuentes:**

A la espera de sus noticias A la espera de una pronta respuesta por su parte, le(s) saludo atentamente Quedando a su disposición me despido atentamente Quedo a la espera de sus noticias En espera de sus noticias En espera de su pronta respuesta Agradeciéndoles de antemano Dándoles las gracias por anticipado Sin otro particular le/s saluda atentamente Atentamente Muy atentamente Atte. Un saludo

- Trata de utilizar un **léxico adecuado**. De igual modo, intenta establecer **relaciones sintácticas complejas** (causa, finalidad, consecuencia, etc.) para componer un texto gramaticalmente rico.

PRUEBA 4 DESTREZAS INTEGRADAS: COMPRENSIÓN DE LECTURA Y EXPRESIÓN E INTERACCIÓN ORALES

- Esta prueba consta de **tres tareas**. La primera es de expresión, mientras que la segunda y tercera son de interacción.
- **Para las tareas 1 y 2 dispones de 20 minutos de preparación previa**, en los que puedes tomar notas y escribir un esquema que podrás consultar durante la prueba.
- Al comenzar la prueba, el entrevistador te hará algunas preguntas que no serán calificadas y cuyo único objetivo es romper el hielo y proporcionar un ambiente relajado.
- En esta prueba del examen DELE **lo más importante es no dejarse llevar por los nervios** y así poner lo mejor de ti para demostrar tu manejo del español hablado.
- Además de estar bien preparado para las tareas, es importante que te familiarices con la idea de que **en el momento del examen habrá dos examinadores en la sala**. Uno hablará contigo y el otro estará sentado detrás tomando algunas notas.
- Si bien ambos examinadores te calificarán, la evaluación de tu entrevistador será de tipo general, mientras que el otro será quien evalúe más en detalle. La función primordial del entrevistador es facilitar la conversación y ayudarte en el desarrollo de la prueba.
- Aunque es muy normal experimentar cierto estrés en este momento, debes hacer lo posible por no demostrar que estás nervioso y **relacionarte con el entrevistador de forma natural y confiada**.
- Es importante que tengas en cuenta que la evaluación de esta prueba del DELE **considerará cuatro aspectos fundamentales en tu desempeño:**
  - Coherencia: la pertinencia y estructura de tu discurso son puntos que se incluyen aquí, tal como la interacción con el entrevistador.
  - Fluidez: la pronunciación también forma parte de esta categoría.
  - Corrección: dominio correcto de las normas gramaticales.
  - Alcance: tiene relación con el repertorio lingüístico y léxico.
- Recuerda que **hablar de forma fluida no significa necesariamente hablar rápido**. Pronunciar muy deprisa solo puede acarrear confusiones.
- Cuanto más pausado sea el discurso, más tiempo tendrás de pensar en la selección de palabras (alcance), en la corrección gramatical y en la organización del contenido de tu discurso, utilizando los conectores apropiados.
- Al mismo tiempo, una elocución calmada te permitirá poner atención en la pronunciación correcta y clara, pero **hablar de forma pausada tampoco significa hablar lento**. Intenta no caer en extremos.
- En cuanto a la gramática, **el nivel C1 exige corrección y manejo de estructuras complejas**. Sin embargo, cierto margen de error es aceptado. No te pongas nervioso si fallas en alguna estructura. Y si te das cuenta a tiempo, **la autocorrección será bien evaluada** (Ej.: "Quería que *venías… Perdón. Quería que vinieras…").
- Otra recomendación en este aspecto es utilizar estructuras gramaticales complejas que manejes bien. Practica en casa algunas de estas estructuras (condicional compuesto, subjuntivo, etc.), para así llegar al examen con un manejo cómodo de las mismas.
- A la hora de conversar con el entrevistador, intenta utilizar expresiones apropiadas para tomar tu turno, así como algunas que te permitan retomar lo que el entrevistador ha dicho, para luego agregar tu punto de vista. Esto te ayudará a construir un discurso coherente y fluido.

Tarea 1

La tarea consiste en un monólogo breve sostenido a partir de un texto. En esta tarea se evalúa la capacidad para comprender información de textos extensos y complejos con el fin de transferirla en un resumen y valorar el texto de forma justificada.

- Lee el texto con calma y trata de entender **cada párrafo por separado**.
- **Toma notas** que sirvan de guía para la realización de la exposición oral.
- Recuerda que, como dice el enunciado, **no podrás limitarte a leer**. Tienes que hablar con soltura siendo consciente de lo que acabas de leer.
- Un buen truco puede ser **estructurar tu monólogo en diferentes partes**, por ejemplo: tema del texto, ideas más importantes e ideas secundarias y/o anécdotas.

TAREA RESUELTA CON CONSEJOS

Usted debe hacer una presentación oral sobre el texto adjunto. Su exposición debe incluir los siguientes puntos:

- *Tema central.*
- *Ideas principales y secundarias.*
- *Comentario sobre las ideas principales.*
- *Intención del autor, si procede.*

Dispone de entre tres y cinco minutos. Puede consultar sus notas, pero la presentación no puede limitarse a una lectura de las mismas.

Realidad aumentada, la última revolución digital

En una de las primeras escenas de *Terminator 2*, el ciborg interpretado por Arnold Schwarzenegger entra en un bar de moteros en busca de ropa, ya que, por algún extraño motivo nunca explicado, la increíble tecnología que le permite viajar en el tiempo le obliga a hacerlo completamente desnudo. Algunas de las tomas de esa escena están realizadas desde el supuesto punto de vista subjetivo del robot y, en ellas, se ve cómo aparece información superpuesta a lo que este Terminator T-800 ve. Se trata de datos que le revelan varias cosas, como si la persona que está viendo representa una amenaza o si es de la talla adecuada para que sus ropas le sirvan.

Dejando aparte cuestiones filosóficas de si para el ciborg esa forma de ver las cosas es la típica o no y de si para él representa su percepción habitual, **estas tomas dan una idea bastante aproximada de lo que supone el concepto de realidad aumentada (RA): disponer de alguna tecnología que permita añadir información de forma virtual a la realidad física ya existente, y normalmente en tiempo real**.

Sin necesidad de recurrir a las películas, lo cierto es que este tipo de tecnología se viene utilizando desde hace algún tiempo en distintos campos. Se usa, por ejemplo, **en los *head-up* displays de las aeronaves militares**, que son unas pantallas de visualización transparentes sobre las que se proyectan datos básicos del vuelo, como la altitud, la velocidad, el rumbo y la posición de otros aviones. De esta forma, el piloto no tiene necesidad de apartar la vista del exterior, ya que los datos aparecen ante él. Los modelos más recientes incorporan incluso esa pantalla en el propio casco del piloto, con lo que ya ni siquiera es necesario que este mire al frente para estar informado permanentemente.

Esta tecnología ha pasado también a utilizarse en aviones comerciales como el *Embraer 145* o el *Airbus A380*, por citar un par de ejemplos, y de hecho está empezando a ser ofertada como un extra en ciertos turismos, con esa misma idea de que el conductor no tenga que apartar la vista de la carretera más de lo necesario.

Otra área donde se aplica el sistema de realidad aumentada es el de la **ayuda a técnicos de mantenimiento, en especial en la industria aeronáutica**. En este caso, la proyección de información pertinente acerca de la tarea que se está desarrollando reduce el tiempo necesario para realizarla y, de paso, evita a los operarios tener que cargar con complejos y pesados manuales. Los sistemas más sofisticados son incluso capaces de superponer a lo que está viendo el técnico —mediante un software de reconocimiento— la información necesaria sobre el elemento con el que está trabajando.

La realidad aumentada también ha encontrado un hueco **en la medicina**, ya que puede aplicarse en numerosas situaciones, por ejemplo, para **superponer en un informe clínico datos procedentes de pruebas diagnósticas o para visualizar los bordes de un tumor, que son invisibles a simple vista**.

Incluso, siendo un poco generosos con la aplicación del término, también es posible incluir como un tipo de RA **algunas retransmisiones televisivas deportivas, donde se añaden gráficos a las imágenes** con el fin de comprobar si en efecto hubo un fuera de juego o si la bola botó dentro de la pista en un partido de tenis. El caso de estas retransmisiones es especial, porque pierden el elemento de interactividad que incluye la definición de realidad aumentada de Ronald Azuma, experto en ciencias computacionales del Nokia Research Center Hollywood, en California. Según su descripción —una de las más aceptadas—, **la RA tiene que combinar elementos reales y virtuales, ser interactiva y en tiempo real, y funcionar en 3D**.

Existen también interesantes **proyectos educativos**, como el desarrollado por la Unidad LabHuman, del Instituto I3BH, en la Universidad Politécnica de Valencia. Sus investigadores han creado unos cuadernos que incluyen unas cartulinas con un código. Estas sirven para que una webcam coloque en el monitor donde trabaja el alumno una imagen 3D acorde con los contenidos de la lección que está estudiando. La imagen se puede girar, acercar y alejar, ver desde distintas perspectivas y, según confirman los profesores que participan en el proyecto, el método ha servido para incrementar el rendimiento escolar [...].

[Extraído de *http://www.muyinteresante.es*]

ALGUNAS HERRAMIENTAS Y TRUCOS:

EXPRESIONES ÚTILES PARA CONSTRUIR EL MONÓLOGO
- Como afirma el autor…
- Como dice el texto…
- Según he podido leer…
- En relación con el tema del artículo…
- Como se afirma en el cuerpo del texto…
- La síntesis del artículo leído se puede resumir…
- La(s) idea(s) fundamental(es) del texto es/son…

La idea fundamental del texto es llamar la atención sobre uno de los últimos avances tecnológicos: la realidad aumentada. La novedad de esta tecnología es que se puede combinar con la realidad en tiempo real.

Como se dice en el texto, esta novedosa tecnología ya se está aplicando a diferentes campos. **Por ejemplo**, en la industria aeronáutica, se utiliza para facilitar el trabajo de los pilotos y poner la información a su alcance de una forma más fácil.

El autor aporta más ejemplos sobre las diferentes aplicaciones de la RA, algunos tan interesantes como el que se recoge al final del texto: su aplicación a la educación.

Realidad aumentada, la última revolución digital

La síntesis del artículo leído puede dividirse en dos partes. **Por un lado**, el avance tecnológico que hasta hace poco solo era imaginable en el cine y, **por otro**, su aplicación en el día a día de las personas.

Tarea 2

La tarea consiste en un debate formal a partir de la opinión expresada por el candidato en la tarea anterior. En esta tarea se evalúa tu capacidad para, a partir del texto anterior, intervenir en una conversación argumentando tu postura formalmente y respondiendo de manera fluida a preguntas, comentarios y argumentaciones contrarias de carácter complejo.

TAREA RESUELTA CON CONSEJOS

Después de leer el texto, ¿crees que la tecnología ha cambiado tanto en los últimos años?

¡Oh! ¡Seguro! **Creo que** lo que solo se podía imaginar en las películas o en las novelas de ciencia ficción ahora muchas veces ya es una realidad. **¡Es increíble!**

Hasta ahora, como recoge el texto, hemos hablado sobre los aspectos positivos de la tecnología, ¿crees que tiene alguno negativo?

Desde mi punto de vista, la tecnología no tiene ningún aspecto negativo... todo depende del uso que hagamos de ella. De los intereses comerciales y ese tipo de cosas.

¿Consideras que el desarrollo tecnológico seguirá avanzando al mismo ritmo? ¿Cómo imaginas el mundo dentro de 50 o 100 años?

¿En serio? Es muy difícil saber cómo será el mundo. Será muy diferente. **Mi opinión en relación con esto es clara**: será mejor. Habrá menos posibilidades de tener accidentes y mejorará mucho el campo de la medicina.

Algunas **expresiones que te ayudarán a expresar reacciones ante el interlocutor son:**

Sorpresa	Reacción negativa	Reacción positiva
- ¡Dios mío!	- ¡Qué mal!	- ¡Qué bien!
- ¿De verdad?	- ¡Qué horror!	- ¡Estupendo!
- ¡Es increíble!	- ¡Qué pena!	- ¡Qué divertido!
- ¡Qué dice(s)!	- ¡Qué barbaridad!	- ¡Fantástico!
- ¡No me lo puedo creer!	- ¡Qué raro!	- ¡Menos mal!
- ¿En serio?	- ¡Es horrible!	- ¡Genial!
- ¡Parece mentira!	- ¡Qué putada! (coloquial)	- ¡Qué guay! (coloquial)
- ¡No me diga(s)!		

Tarea 3

La tarea consiste en mantener una conversación formal con el entrevistador, a partir de estímulos visuales. En esta tarea se evalúa tu capacidad de negociar y de llegar a acuerdos, por medio de una conversación en la que intercambies, justifiques y expreses ideas, opiniones o valoraciones.

- En esta tarea deberás mantener una **conversación formal** con el entrevistador, que durará entre **4 y 6 minutos**.
- Para esta prueba **no hay tiempo de preparación**.
- El estímulo para la conversación consiste en una lámina que contiene cuatro imágenes (o anuncios, o textos breves). Estos **cuatro elementos reflejan diferentes aspectos de un mismo tema**, o diferentes opciones ante un mismo objetivo.
- La tarea consistirá en que el candidato y el entrevistador lleguen a un acuerdo para la selección de una de las cuatro opciones disponibles.
- Además de los estímulos gráficos, la lámina contiene una contextualización de la tarea, orientación sobre el tema u objetivo sobre el cual habrá que llegar a un acuerdo entre el candidato y el entrevistador, así como los criterios que han de tenerse en cuenta para la elección.

INSTRUCCIONES:

El colegio Gabriela Mistral ha detectado en sus alumnos un bajísimo interés por la lectura. Ante la preocupación del equipo docente, se está convocando a un concurso de ilustraciones para fomentar el gusto por la lectura en los niños y jóvenes, bajo el lema **Nos encanta leer.**

Para escoger la ilustración ganadora, el jurado tomará en cuenta los siguientes criterios:
- Que promueva la lectura como una actividad divertida y atractiva.
- Que aproxime la lectura al mundo de los niños y jóvenes.
- Que enfatice el acto de leer como fenómeno lúdico, muy distante del deber escolar.
- Que refleje la relación entre la lectura y el juego, las relaciones sociales y la imaginación.
- Su estética.
- Su originalidad.

Aquí tiene las cuatro ilustraciones finalistas. Teniendo en cuenta el lema del concurso y los criterios del jurado, ¿cuál debería ser, en su opinión, la foto ganadora? Discuta su elección con el entrevistador hasta que ambos lleguen a un acuerdo.

Recuerde que se trata de una conversación abierta y que por tanto puede interrumpir a su examinador, discrepar, pedir y dar aclaraciones, argumentar sus opiniones, rebatir las del entrevistador, etc.

La duración de la conversación será de entre cuatro y seis minutos.

ALGUNAS HERRAMIENTAS Y TRUCOS:

- Lo más importante aquí es que logres **negociar e intercambiar puntos de vista** con el entrevistador, por lo que no hay problema en que plantees puntos de vista diferentes.

> A mí me gusta la primera imagen, porque está ambientada en el espacio y eso se relaciona con la idea de explorar universos nuevos a través de la lectura.

> Estoy de acuerdo contigo/con usted en eso, pero ¿no cree/s que la imagen número tres tiene un significado similar? Esta me gusta más, porque tiene colores más claros...

- Tampoco es un problema si interrumpes al entrevistador. Recuerda que debéis tomar una decisión juntos, por lo que tus argumentos son muy válidos e importantes.

> Perdona/e que interrumpa, pero eso que dice/s también ocurre en la imagen número cuatro. Esta imagen, además, te da la idea de juego y de diversión asociada a la lectura.

- Si cometes algún error mientras hablas, no hay problema. **Autocorregirte en voz alta será bien evaluado por los examinadores**.

> La segunda imagen me parece fantástica, porque hay niños jugando dentro de un libro. Si yo fuera niña, me *encantara esta imagen, porque me recuerda las vacaciones. Perdón, si yo fuera niña me encantaría esta imagen, porque...

- Lo mismo ocurre si pierdes el hilo de la conversación. Puedes retomar y seguir adelante sin que ello te descuente puntos.
- En general, en todas las tareas de la prueba 4 vale la pena recordar que el examinador está ahí para ayudarte a que entregues lo mejor de tu español hablado. **Nunca intentará ponerte en apuros**, sino simplemente darte herramientas para que te expreses con confianza y fluidez.
- **No te limites a responder a las preguntas del entrevistador**. Propón temas, da tu opinión y pregunta por la del entrevistador, coméntale si estás de acuerdo o no con él (para eso son útiles las expresiones para indicar acuerdo y desacuerdo). Debes intentar que la conversación fluya entre tu interlocutor y tú.
- Aquí tienes algunas **expresiones para expresar acuerdo y descuerdo**:

CONECTORES QUE EXPRESAN ACUERDO	CONECTORES QUE EXPRESAN DESACUERDO
Estoy de acuerdo contigo / con usted / con…	Estoy en contra de…
Pienso lo mismo que usted / tú	No estoy de acuerdo contigo / con usted / con eso
Tiene(s) razón / Tiene(s) toda la razón	No tiene(s) razón / Está(s) equivocado
Por supuesto / Claro / Desde luego / Bueno	¡Claro que no! / En absoluto
Yo también / A mí también	Eso no es así / Eso no es cierto
Yo tampoco / A mí tampoco	Eso es absurdo / ¡De eso ni hablar!
Estoy a favor de…	Está(s) muy equivocado
	Por supuesto que no
	Yo no pienso lo mismo que usted / tú

EXAMEN 1

El mundo laboral

PRUEBA **1** COMPRENSIÓN DE LECTURA Y USO DE LA LENGUA

Duración de la prueba: **90 minutos**
Número de ítems: **40**

Tarea 1

Instrucciones:

A continuación leerá un contrato de trabajo.
Lea el texto y conteste a las preguntas (1-6). Seleccione la opción correcta (a / b / c).

TEXTO

MODELO DE CONTRATO DE TRABAJO DE CHÓFER DE TRANSPORTE DE CARGA EN UNA EMPRESA PRIVADA

En _____, a ____ de _____, de 20__, entre la Empresa de Transportes "_____", representada legalmente por don _____, en su calidad de _____ con domicilio en calle _____, N.º___, de la ciudad de _____ en adelante EMPLEADOR y don _____, de nacionalidad chilena, cédula de identidad N.º _____, de profesión chófer, nacido el ____de _____ de _____, en adelante el TRABAJADOR, se ha convenido el siguiente Contrato de Trabajo:

El TRABAJADOR se compromete y obliga a desempeñar las labores de chófer conductor de los camiones o vehículos de transportes que el EMPLEADOR le asigne y que estén destinados al servicio de acarreo de productos mineros, materiales de construcción, lubricantes, combustibles y en general cualquier otro tipo de bienes susceptibles de ser trasladados en camiones.

Atendida la naturaleza de los servicios, se entenderá por lugar de trabajo toda la zona geográfica comprendida entre _____ y _____ (Ejemplo: Santiago y Concepción), conforme a esta área de la economía nacional y a la actividad principal de la empresa.

El trabajo específico del chófer consistirá por tanto en el transporte de la carga interurbana antes indicada y básicamente en _____ (enumerar o detallar las tareas, en lo posible).

La jornada de trabajo ordinaria será de 192 horas mensuales. Los tiempos de espera serán imputables a la jornada, no así los tiempos de descanso a bordo, quedando su retribución o compensación al acuerdo de las partes.

En todo caso, el chófer tendrá derecho a un descanso ininterrumpido de ocho horas dentro de cada veinticuatro horas. En ningún caso, el chófer podrá manejar más de cinco horas continuas, después de las cuales deberá tener un descanso mínimo de dos horas.

El EMPLEADOR se compromete a remunerar al TRABAJADOR con un sueldo base equivalente a _____(en cantidad y letras) _____, incrementado con un incentivo de producción por viaje y carga movilizada, el que se pagará en las condiciones y modalidades establecidas en el Reglamento Interno de la Empresa o en anexo al presente contrato.

Las remuneraciones convenidas se pagarán por períodos mensuales, vencidos, en dinero efectivo, moneda nacional de curso legal y del monto de ellas el EMPLEADOR podrá efectuar los descuentos o deducciones legales. El TRABAJADOR firmará su liquidación de sueldos y otorgará el recibo correspondiente.

El EMPLEADOR se compromete a suministrar al TRABAJADOR un viático diario equivalente a _____ que se pagará en su totalidad cuando el viaje se efectúe en carreteras y por un período superior a 24 horas.

En los viajes fuera de la localidad y cuyo regreso se efectúe en un período de tiempo inferior a 24 horas solo se percibirá el 50% de la cantidad indicada.

En los casos en que por instrucciones del EMPLEADOR el chófer deba permanecer en bodega en espera de carga, o en garaje, solo percibirá un 25% del viático antes indicado.

Además se otorgarán los siguientes aguinaldos: (pueden omitirse)

De Fiestas Patrias y de Navidad.

El TRABAJADOR se compromete y obliga expresamente a cumplir las instrucciones que le sean impartidas por el EMPLEADOR a través de los jefes inmediatos y a respetar las normas contenidas en el Reglamento Interno de Orden, Higiene y Seguridad (cuando exista en la empresa), que declara conocer y que para estos efectos se consideran parte integrante del presente contrato, recibiendo un ejemplar en este acto.

Se establecen como obligaciones esenciales del TRABAJADOR, las contenidas en la reglamentación interna, para los efectos de lo establecido en el N.º _____ del art. _____ de _____, configurando el incumplimiento de estas la causa de cese de contrato *ipso facto.*

Serán prohibiciones específicas del TRABAJADOR las siguientes:

Transportar durante sus recorridos a persona diferente a su ayudante si lo tuviese y ajenos al trabajo encomendado;

Destinar el vehículo a otro objeto que no sean los correspondientes al trabajo asignado.

Por la naturaleza de los servicios, el TRABAJADOR laborará en la forma antes indicada, pero, tendrá un descanso de _____ horas diarias y, en la semana los días _____ de cada una de ellas, sobre los que se podrán establecer acuerdos previos.

El TRABAJADOR se responsabiliza de los daños materiales que le ocasione al vehículo a su cargo, por accidentes y por daños a terceros; además, se hace responsable de las notificaciones por infracciones que se le hagan y aquellas que se deriven del empadronamiento del vehículo.

Se deja constancia que el TRABAJADOR, don _____, ingresó al servicio de la Empresa el día ____ de _____ de 20 __

TRABAJADOR   EMPLEADOR

[Extraído de *http://www.dt.gob.cl*]

PREGUNTAS

1. Según el contrato, el TRABAJADOR se compromete y obliga a…

☐ a) transportar cualquier producto que se pueda transportar en camiones.

☐ b) transportar los productos que le sean asignados por el EMPLEADOR.

☐ c) transportar productor mineros, materiales de construcción, lubricantes y combustibles.

2. Como figura en el presente contrato, el tiempo que el TRABAJADOR dedica a la espera…

☐ a) no forma parte de la jornada laboral y por lo tanto se descuenta.

☐ b) forma parte de la jornada laboral pero se paga de manera alternativa, previo acuerdo de las partes.

☐ c) forma parte de la jornada laboral y está incluido en el sueldo base.

3. Además del salario estándar que percibirá el TRABAJADOR, según este contrato ¿qué otra compensación económica podrá recibir?

☐ a) Una compensación por transporte de mercancías peligrosas.

☐ b) Un sobresueldo por desplazamiento y cantidad de material transportado.

☐ c) Un incentivo económico por si se reducen los tiempos de entrega de la mercancía transportada.

4. Con respecto a la cuantía económica que percibirá el TRABAJADOR, esta será:

☐ a) Al inicio de cada semana, tras las deducciones hechas por el EMPLEADOR.

☐ b) Por trabajo realizado y en función del número de horas y transportes realizados.

☐ c) Al final de cada mes, mediante un pago en mano al que se le aplicarán las deducciones.

5. El TRABAJADOR a través de esta vinculación contractual, se verá obligado expresamente a no incurrir en las siguientes prohibiciones:

☐ a) No respetar las normas contenidas en el Reglamento Interno de Orden, Higiene y Seguridad.

☐ b) Llevar en sus recorridos a personas desvinculadas del trabajo y dar un uso alternativo al vehículo.

☐ c) No cumplir las instrucciones que le sean impartidas por el EMPLEADOR.

6. Según el contrato, en caso de multa ¿quién deberá hacerse responsable de las consecuencias que esto conlleve?

☐ a) El TRABAJADOR.

☐ b) El EMPLEADOR.

☐ c) Ambos previo acuerdo de las partes.

Tarea 2 **Instrucciones:**

Lea el siguiente texto, del que se han extraído seis párrafos. A continuación lea los siete fragmentos propuestos (A-G) y decida en qué lugar del texto (7-12) hay que colocar cada uno de ellos.

Hay un fragmento que no tiene que elegir.

TEXTO

EMIGRAR EN BUSCA DE TRABAJO DEJA DE SER UNA OPCIÓN Y SE CONVIERTE EN NECESIDAD

Sergi Pagés

7. _____ Eso es lo que se desprende de la opinión de los lectores de LaVanguardia.com, que han respondido a la cuestión que les trasladábamos y desde diversos canales nos han hecho llegar sus vivencias y experiencias relacionadas con la realidad de la emigración laboral. **8.** _____ La fuerte crisis que atraviesa el país empuja cada vez a más gente a hacer las maletas y buscar una oportunidad laboral fuera de nuestras fronteras. **9.** _____ Los destinos escogidos por los españoles son muchos y diversos aunque el que más interés despierta es, sin duda, Alemania. El país germano es el favorito de la mayoría de emigrantes, ya que también es el que oferta más puestos de trabajo. De cerca le siguen Inglaterra y los países del norte de Europa, desde los Países Bajos hasta los escandinavos, donde muchos españoles han decidido probar fortuna.

10. _____ aliñadas con experiencias de todos los gustos. Así lo hemos podido comprobar a través de las opiniones y comentarios de los lectores, que desde distintos canales nos han hecho llegar sus experiencias al respecto.

Una decisión difícil pero necesaria. La opinión mayoritaria es que el emigrar en busca de trabajo ha dejado de ser una opción para convertirse en una necesidad para muchos españoles, **11.** _____ La precariedad de muchos trabajos y el aumento del paro han dejado a muchas personas en un callejón sin salida. Es el caso del usuario 'Truck', que después de pasarse toda la vida trabajando como chófer de vehículos articulados ve como no le queda otra opción que marcharse a trabajar a Alemania. "Me va costar muchísimo y me va a saber muy mal irme de aquí pero hoy en día es muy difícil trabajar de esto en España".

La realidad de la emigración española no se ciñe tan solo a los jóvenes y encontramos también casos de gente adulta que está optando por la misma salida. **12.** _____ Es el destino de media humanidad, y no es ningún drama" nos cuenta el usuario 'Ernestbcn'.

Esta clara tendencia a emigrar, no obstante, conlleva un riesgo de mitificación de los otros países que algunos lectores quieren evitar. "Tengo amigos que están en Alemania trabajando y están hartos. Nada de tener el trabajo soñado, muchos ingenieros trabajan de lo suyo pero con empleos que no quieren los alemanes" asegura el usuario 'Nachoss'. "Con una carrera y sin hablar muy bien el francés, consigues solo un trabajo de camarero. Es una opción para empezar pero no esperéis que os lluevan las ofertas ni trabajar de lo vuestro" añade la usuaria 'Una catalana en París'.

[Extraído de *http://www.lavanguardia.com*]

FRAGMENTOS

A. El mal momento por el que pasa la economía española, con unos niveles de paro y de precariedad laboral crecientes, no es ajeno al día a día de los ciudadanos.

B. De hecho, se calcula que en el último año se ha multiplicado por 10 el número de emigrantes laborales, un dato que no hace más que reflejar una realidad cada vez más presente.

C. que ven como la situación económica del país no les deja otra elección.

D. Abandonar el hogar, a los amigos y, en definitiva, el país, es una difícil elección que no siempre conlleva el éxito laboral y personal.

E. No obstante, la suerte de aquellos que han emigrado es muy diversa y podemos encontrar desde historias con finales felices hasta vivencias menos positivas,

F. "A mis 42 me da mucha pereza irme de Barcelona. Pero es lo que hay, es el momento de echarle un par a la vida y buscarnos el camino.

G. Emigrar en busca de un trabajo ya no es una opción para muchos españoles, sino que se ha convertido en una necesidad para encontrar una salida a su situación.

Tarea 3 Instrucciones:

Lea el texto y responda a las preguntas (13-18). Seleccione la opción correcta (a / b / c).

TEXTO

EL TRABAJO INFANTIL NO ES UN JUEGO DE NIÑOS

Guy Ryder

El número de niños trabajadores en el mundo en la actualidad se sitúa en 168 millones, un tercio menos que en el 2000. Esto es a la vez estimulante y preocupante. Es alentador porque en Myanmar fueron rescatados niños soldados de 11 años, en Malawi las niñas ya no trabajan desde el amanecer hasta la noche realizando tareas domésticas y ahora pueden ir a la escuela, y en Rumanía niños forzados a mendigar ahora están a salvo en centros de rehabilitación.

Pero es preocupante porque 168 millones es todavía un número muy alto. Si se reuniesen a todos los niños trabajadores en un solo país, este sería el octavo país más poblado del mundo, incluso más que Bangladesh o Rusia.

Según las últimas estimaciones mundiales de la Organización Internacional del Trabajo, 85 millones de niños entre 5 y 17 años realizan trabajos que ponen directamente en peligro su salud, seguridad y desarrollo. La gran mayoría trabaja en la agricultura, pero también están presentes en otros sectores, trabajando en las minas, víctimas de la trata y de abusos en el comercio sexual, obligados a pedir limosna, explotados en el trabajo doméstico, forzados a enrolarse en milicias o ejércitos.

Poco menos de la mitad de los niños trabajadores tienen entre 5 y 11 años y la mayoría son varones (aunque es posible que las cifras subestimen la participación de las niñas en formas de empleo menos visibles, como el trabajo doméstico). En Asia y el Pacífico se encuentra el mayor número de niños trabajadores (78 millones) y África subsahariana registra la incidencia más alta de trabajo infantil (21 millones). Pero este no es un problema de los países pobres o en desarrollo: también hay niños trabajadores en los países ricos, incluso en Estados Unidos y Europa occidental.

El trabajo infantil es un problema global que precisa de una respuesta desde todos los ángulos. Esto significa medidas dirigidas a reducir la pobreza, mejorar la educación, exigir el cumplimiento de la ley, mejorar las perspectivas de empleo para los adultos y garantizar que emplear a niños por debajo de la edad mínima de admisión al empleo no produzca beneficios.

A través de la combinación correcta de políticas, la cooperación técnica y el apoyo de los donantes cuando es necesario, el trabajo infantil puede ser erradicado. Véase Malawi, por ejemplo, uno de los países más pobres del mundo, donde cerca del 30 por ciento de los niños entre 5 y 15 años está atrapado en trabajo infantil. Niños como Ethel, de ocho años, quien no va a la escuela para ayudar a sus padres a recoger la cosecha de tabaco y sufre de dolores de cabeza y de estómago.

Malawi adoptó un plan de acción nacional que combina un sistema de supervisión, inversiones en infraestructuras y participación de la comunidad, y comprende desde los funcionarios de distritos encargados del trabajo infantil que pueden arrestar a los hacendados que explotan a los niños, hasta los jefes tradicionales que promueven la erradicación del trabajo infantil. El plan, financiado por el Departamento de Trabajo de Estados Unidos desde 2009, ha permitido la liberación de 5 500 niños trabajadores.

Sin embargo, justo ahora que necesitamos redoblar los esfuerzos, algunos países podrían sentirse menos estimulados a financiar programas para combatir el trabajo infantil justamente porque los números están disminuyendo.

[…]

[Extraído de *http://www.ilo.org*]

PREGUNTAS

13. Según el autor, la realidad del trabajo infantil en la actualidad es…

☐ a) una situación ambivalente.

☐ b) algo predominantemente positivo, gracias a lo ocurrido en Myanmar, Malawi y Rumanía.

☐ c) un tema más preocupante que alentador.

14. Según los datos ofrecidos por el texto, la totalidad de los niños trabajadores del mundo…

☐ a) equivale en número a un país más grande que Rusia.

☐ b) equivale en número a un país más grande que Bangladesh y Rusia juntos.

☐ c) equivale en número a un país inferior a Bangladesh.

15. Según el texto…

☐ a) más de la mitad de los trabajos infantiles riesgosos forman parte del sector agrícola.

☐ b) el comercio sexual y la minería son algunos de los sectores mayoritarios que absorben el trabajo infantil.

☐ c) la salud de todos los niños trabajadores está en constante riesgo.

16. El autor afirma que el trabajo infantil es un problema global…

☐ a) porque debe ser combatido desde todos los ángulos.

☐ b) porque todos los países del mundo lo padecen.

☐ c) porque su solución es responsabilidad de todos los países del mundo, incluso de aquellos a los que no les afecta esta realidad.

17. En opinión del autor, ¿es posible acabar con el trabajo infantil?

☐ a) Sí. Por medio de la cooperación de los países más desarrollados con los más pobres.

☐ b) No. Pero sí es posible reducir las cifras, lo que ha ocurrido en los últimos tiempos.

☐ c) Sí. A través de un esfuerzo coordinado desde diferentes ángulos.

18. Del texto se desprende que la reducción del trabajo infantil en el último tiempo…

☐ a) es un incentivo para seguir avanzando en esta misma dirección.

☐ b) podría disminuir el compromiso internacional para su erradicación.

☐ c) es un ejemplo concreto, a través de los casos de Malawi y Estados Unidos, de que sí es posible acabar con este problema.

Tarea 4   Instrucciones:

A continuación tiene seis textos (A-F) y ocho enunciados (19-26). Léalos y elija la letra del texto que corresponde a cada enunciado

Recuerde que hay textos que deben ser elegidos más de una vez.

A continuación leerá un artículo que incluye reseñas sobre varios libros.

TEXTO

A.

Vuelve a nuestras manos una de las jefas más odiadas por los lectores, un gran diablo que no tiene cola puntiaguda pero con sus tacones hace el mismo daño, y es que en *La venganza viste de Prada* asistiremos a la presencia diabólica y perjudicial de Miranda Priestley, que si bien no es nuestra jefa, la odiaremos igual […] Supongo que, siendo todo lo precavido que puedo ser para no desbaratar el argumento de esta narración, habría que decir que sí, es una novela perfecta para la desconexión, para no pensar demasiado, para disfrutar con una lectura que dibuja una pequeña sonrisa y que convierte a Lauren Weisberger en una autora de éxito que ha sabido rentabilizar su odiado trabajo en historias que los lectores nos llevamos a las manos.

[Extraído de *http://www.librosyliteratura.es*]

B.

No busques trabajo no es un texto académico, ni siquiera un manual para que nos montemos la empresa de nuestra vida y vivamos de las rentas, qué va. Lo que tenemos aquí es un acicate, un avispero abierto en canal para que dejemos nuestra posición sumisa, nuestro miedo a seguir adelante, y nos convirtamos, por una vez (o quizá más, quién sabe) en eso que los políticos no quieren que hagamos: ser los dueños de nuestra propia vida laboral. Porque si ellos no quieren y ponen todas las trabas posibles, ¿será por algo, no? […] Si este libro sirve de algo es para tener más claro que aquello que se quiere no se regala, que es cosa nuestra, porque como bien dice el autor: "no busques trabajo, no busques algo que no existe. Olvida el verbo buscar y empieza a usar el verbo crear". No es sencillo, pero hay que intentarlo.

[Extraído de *http://www.librosyliteratura.es*]

C.

En estos días aciagos que nos han tocado vivir, en este tiempo en el que tener un trabajo parece ser que es tener un tesoro (que hay que guardar como oro en paño), va y llega un libro como *La oficina en The New Yorker* y te trastoca la visión, para mejorar con niveles que llegan a la carcajada un tema tan sacralizado como el trabajo, el curro, el empleo, transformándolo en un conjunto de risas y lágrimas que confirman algo que ya se sabía de antemano: el trabajo puede ser una jodienda, pero no está exento de un humor (aunque este sea negro).

[Extraído de *http://www.librosyliteratura.es*]

D.

Rebecka Martinsson antes era abogada pero ahora es fiscal del distrito, y por cierto, hay que ver qué distinta es la figura del fiscal en los distintos sistemas jurídicos, incluso dentro de la propia Europa. Ella es soltera y tiene curiosas visiones relacionadas son su trabajo y extraños fantasmas del pasado con lo que tiene que aprender a convivir. Por otra parte, la inspectora Anna-Maria Mella, al contrario que Rebecka, está casada y tiene miles de hijos pequeños, y aun así, parece que es capaz de conciliar su vida laboral con la familiar […] Buena descripción de las localizaciones a través de la acción y los diálogos de los propios personajes, lo que da mucha rapidez a la trama. En definitiva, *Cuando se pase la ira* me ha parecido muy correcto para lo que creo que el lector espera: hacer que uno se meta de forma rápida en la trama y pase unas horas de lectura entretenida ¿Un poco previsible? Sí, pero tampoco crean que importa mucho.

[Extraído de *http://www.librosyliteratura.es*]

E.

Dicen que Aramburu recuerda con *Años lentos* aquellos sórdidos mundos dickensianos. Será porque muestra a través de imágenes y personajes grotescos la dura realidad vista desde los ojos de un niño, la injusticia social, la actitud de la iglesia más cercana, pero yo creo que sobre todo porque muestra una crítica sutil que mantiene, como en todas las obras del escritor inglés, durante todo el relato. Jornadas laborales inacabables, niños que arrimaban el hombro para ganarse el sustento, mujeres fuertes que protegían a su prole como mejor sabían… y curas que discriminaban por no hablar vasco. Sí, fueron años lentos, años que trajeron unas sucesiones de hechos demasiado rápidos y demasiado dolorosos.

[Extraído de *http://www.librosyliteratura.es*]

F.

Márkaris rodea la trama con una atmósfera crítica con la sociedad en las que los problemas sociales, el racismo, la inmigración, la precariedad laboral y la corrupción están en todo momento presentes de forma patente, como refleja muy bien la frase "El griego que no piensa que el Estado le roba y no se cree en el deber de desquitarse, o está loco o no es griego." Y eso que la crisis aún ni asomaba los dientes… *Suicidio perfecto* es una lectura agradable, intrigante, de fácil lectura y comprensión. El autor nos lleva de la mano poco a poco para descubrir los detalles del caso a la vez que el comisario, pero sin llamar tonto al lector […] Mi primer libro de Márkaris me ha descubierto a un gran autor y a unos grandes personajes a los que espero volver a ver pronto, en otra aventura.

[Extraído de *http://www.librosyliteratura.es*]

ENUNCIADOS

19. Pese a que la historia no es muy original, la agilidad del relato es lo que da valor al libro.

A) ☐   B) ☐   C) ☐   D) ☐   E) ☐   F) ☐

20. La crítica social que propone la historia se adelanta, de forma visionaria, a sucesos históricos reales que ocurrieron con posterioridad a la publicación del libro.

A) ☐   B) ☐   C) ☐   D) ☐   E) ☐   F) ☐

21. La fortaleza del libro está basada en la excelente construcción de los personajes, su habla, sus escenarios y sus acciones.

A) ☐   B) ☐   C) ☐   D) ☐   E) ☐   F) ☐

22. Este libro presenta diversas correspondencias con la obra de un conocido autor de la literatura anglosajona.

A) ☐   B) ☐   C) ☐   D) ☐   E) ☐   F) ☐

23. La lectura de esta obra anima a los lectores a tomar las riendas de su vida de forma independiente.

A) ☐   B) ☐   C) ☐   D) ☐   E) ☐   F) ☐

24. Se trata de una novela policial que podría ser parte de una saga.

A) ☐   B) ☐   C) ☐   D) ☐   E) ☐   F) ☐

25. La novela genera en el lector sentimientos de aversión contra el personaje protagonista.

A) ☐   B) ☐   C) ☐   D) ☐   E) ☐   F) ☐

26. Este libro propone una nueva mirada en torno al mundo laboral, añadiendo humor a los frecuentes componentes negativos que se le asocian.

A) ☐   B) ☐   C) ☐   D) ☐   E) ☐   F) ☐

Tarea 5   Instrucciones:

Lea el texto y rellene los huecos (27-40) con la opción correcta (a / b / c).

TEXTO

ADOLESCENTES AL PODER
Sergio C. Fanjul

Con 12 años, el ovetense Luis Iván Cuende creó Asturix, un sistema operativo basado en el software libre Linux. Con solo 15 ganó el concurso HackNow, que lo _____**27**_____ como el mejor hacker europeo menor de 18 años. Desde entonces no ha parado: ha creado varias empresas, trabaja con Telefónica, es asesor de la vicepresidencia de la Comisión Europea que _____**28**_____ ocupa de la agenda digital y, en los próximos días, lanza su primer libro, _____**29**_____ título da una curiosa vuelta de tuerca al tan denostado concepto de *nini*: *Tengo 18 años y ni estudio ni trabajo: ¡monto empresas y vivo haciendo lo que me gusta!* (Gestión 2000). En él habla de emprendimiento juvenil y muchos otros temas tecnológicos, entre ellos el criptoanarquismo: una forma de mejorar la sociedad y distribuir el poder _____**30**_____ la tecnología.

El colegio no fue muy útil para él: "Me _____**31**_____ en clase, no me planteaban retos. No tengo intención de iniciar una carrera universitaria. Todo lo aprendí buscando en Google, en foros y con la ayuda de mi padre", dice. _____**32**_____ gusta el baloncesto, la bici y el *skate*. Se _____**33**_____ de mudar a Madrid _____**34**_____ se codea con profesionales que duplican y triplican su edad. Tiene 18 años.

No es el único joven inquieto que comenzó a montar empresas tecnológicas siendo un niño y que hoy apenas sobrepasa la mayoría de edad. Si buena parte de la anterior generación languideció en carreras universitarias eternas, viviendo la *dolce vita* (y menospreciando la formación profesional, que era vista como la hermana pobre), hasta acabar _____**35**_____ de bruces con un paro juvenil producido _____**36**_____ la crisis que ronda el 50%, algunos miembros de la nueva generación no se quedan de brazos cruzados y pisan fuerte desde muy pronto.

Jóvenes prodigiosos siempre los _____**37**_____: el actor imberbe que gana el Goya, el niño cantante, el bailarín o el poeta precoz (Arthur Rimbaud _____**38**_____ escritas sus seminales obras completas a los 19 años). _____**39**_____, ahora los nuevos jóvenes prodigiosos son nativos digitales y campan a sus anchas en el mundo de la tecnología y las empresas *start-up*. _____**40**_____, la clave es internet. Crear una empresa en el mundo analógico requería muchas cosas analógicas: en el mundo digital basta tener una buena idea y mucho tesón. La información está también en la web: estos jóvenes son autodidactas. Todo está ahí, a golpe de clic.

[Extraído de *http://elpais.com*]

OPCIONES

27. a) incentivaba   b) ratificaba   c) reconocía

28. a) se   b) lo   c) le

29. a) que   b) el cual   c) cuyo

30. a) dado que   b) ya que   c) gracias a

31. a) aburría   b) aburro   c) aburrí

32. a) Les   b) Le   c) Me

33. a) acabó   b) acaba   c) termina

34. a) el cual   b) lo cual   c) donde

35. a) dada   b) dándose   c) dando

36. a) para   b) por   c) en

37. a) ha habido   b) han habido   c) hubieron

38. a) dejó   b) puso   c) tuvo

39. a) Aunque   b) Sin embargo   c) Pero

40. a) De todos modos   b) Por otro lado   c) Por supuesto

PRUEBA 2 COMPRENSIÓN AUDITIVA Y USO DE LA LENGUA

Duración de la prueba: **50 minutos**
Número de ítems: **30**

Tarea 1 **Instrucciones:**

Usted va a escuchar una conferencia de la que se tomaron las siguientes anotaciones. Luego deberá elegir para cada anotación (1-6) la opción correcta entre las que aparecen debajo (A-L). Escuche la audición dos veces.

Ahora dispone de un minuto para leer las anotaciones.

1. En los últimos tiempos está circulando _____ optimista en torno al mercado laboral y a la posibilidad de encontrar un empleo.

2. En la actualidad enfrentamos _____ para la búsqueda de trabajo en España.

3. La mayoría de las ofertas de empleo se dan en _____ de ausencia de publicidad. Las empresas toman esta decisión por diversos motivos.

4. Al seleccionar su nuevo personal, en la mayoría de las empresas hay _____ por las personas que se manejan hábilmente en las redes sociales.

5. Gran parte de los currículos recibidos son desechados debido a _____ en los contenidos incluidos.

6. En cuanto a las entrevistas de trabajo, no son superadas en la mayoría de los casos debido a _____ insuficiente por parte de los candidatos.

A continuación escuchará una conferencia sobre las claves de la búsqueda de empleo.

OPCIONES

A	una persona
B	un mercado
C	un escenario desfavorable
D	un periodo
E	una improvisación
F	una imprecisión
G	una preparación
H	una situación
I	una predilección
J	un empleo
K	una información
L	una dificultad

Tarea 2   Instrucciones:

2-5

Usted va a escuchar cuatro conversaciones. Escuche cada conversación dos veces. Después debe contestar a las preguntas (7-14). Seleccione la opción correcta (a / b / c).

PREGUNTAS

Conversación 1

7. ¿Por qué pregunta la mujer a Jorge si está enterado de que el trabajo es en Santiago?

☐ a) Porque el requisito fundamental de la plaza es que sea presencial.

☐ b) Porque ve a Jorge un poco despistado.

☐ c) Porque, al leer la hoja de vida, ve que Jorge no vive en la capital.

8. ¿Qué documentación provee Jorge para sustentar sus cualidades adecuadas a la misión de la empresa?

☐ a) Un detalle de su formación académica y experiencia laboral en su hoja de vida.

☐ b) Una carta de recomendación.

☐ c) Una actitud segura y confiada.

Conversación 2

9. Sara está preocupada porque…

☐ a) las ganancias de la empresa han bajado considerablemente.

☐ b) se siente abrumada por las nuevas responsabilidades que le han asignado en el trabajo.

☐ c) considera que le están pagando menos de lo que corresponde.

10. Ante la solicitud de Sara, el jefe reacciona…

☐ a) comprensivo.

☐ b) sorprendido.

☐ c) muy contento.

Conversación 3

11. Silvina supone que el trabajo de Diego será:

☐ a) ofrecer un informe sobre los temas asociados a la gerencia de la que está a cargo.

☐ b) recibir a los socios australianos hablándoles en inglés.

☐ c) explicar a su jefe que no se siente preparado para hablar en inglés en la reunión.

12. A raíz de la conversación con Silvina, Diego decide:

☐ a) estudiar inglés como segunda lengua.

☐ b) ponerse a trabajar inmediatamente en la intervención que hará en la reunión.

☐ c) participar en la reunión de negociación.

Conversación 4

13. Hugo está apremiado porque…

☐ a) un alto ejecutivo de su empresa abandonará próximamente sus funciones.

☐ b) necesita contratar un servicio de *headhunters*.

☐ c) el gerente de finanzas de su empresa ha sido despedido.

14. ¿Cuál es el trabajo que ofrece la empresa de *headhunters*?

☐ a) Comunicarse con candidatos que trabajan en empresas de la competencia desempeñando cargos similares a los buscados.

☐ b) Hacer un levantamiento de perfil y presentar un conjunto de candidatos al cliente, eligiendo al más idóneo para el desempeño del puesto requerido.

☐ c) Establecer el perfil del candidato, buscar las mejores alternativas existentes, hacer un proceso de selección y ofrecer al cliente las tres opciones más adecuadas según lo requerido.

Tarea 3

Instrucciones:

Usted va a escuchar una entrevista. Después debe contestar a las preguntas (15-20). Seleccione la opción correcta (a / b / c). Escuche la entrevista dos veces.

PREGUNTAS

15. El propósito de la entrevista llevada a cabo es...

  ☐ a) celebrar las excelentes ventas de un producto hecho en España.

  ☐ b) conmemorar el aniversario de un producto español de éxito.

  ☐ c) recordar el estreno de una exitosa campaña publicitaria en televisión.

16. Según Jordi Folch, la explicación a la gran popularización de los *donuts* en nuestro país se debe a...

  ☐ a) la fórmula, que hace del producto un alimento muy tierno y rico.

  ☐ b) las múltiples campañas publicitarias que llegan a todo tipo de público.

  ☐ c) la agradable textura del producto, así como a su sistema de distribución.

17. ¿Cómo recuerda Albert el producto en su infancia?

  ☐ a) El sabor era diferente, más natural, porque no se había industrializado su producción.

  ☐ b) El *donuts* de su infancia era un producto de lujo y no todo el mundo podía comprarlo.

  ☐ c) El sabor y la textura eran los mismos que en la actualidad. En ese sentido el producto no ha evolucionado.

18. Albert recuerda con cariño una anécdota de su infancia, cuando trabajó en la promoción de los *donuts*. ¿Cuál es?

  ☐ a) Repartía *donuts* en residencias de ancianos a personas con pocos recursos económicos.

  ☐ b) Repartía *donuts* en los bares a todas las personas que lo reconocían.

  ☐ c) Donaba *donuts* los sábados a mendigos e indigentes en su ciudad natal.

19. Según el director de *marketing* de *Panrico-Donuts*, el secreto del éxito de las campañas publicitarias de *donuts* radica en...

  ☐ a) la frescura con la que se han hecho todos los *spots*, intentando transmitir ideas positivas.

  ☐ b) el gran sentido del humor que los ha caracterizado a lo largo de la historia de la marca.

  ☐ c) su sentido familiar, ya que los *spots* se han centrado en una idea amable de la familia.

20. Los consumidores dicen que lo que más les gusta del producto es...

  ☐ a) el sabor agradable y tierno que se caracteriza por la capa de azúcar.

  ☐ b) la capacidad que tiene para crear un momento placentero y agradable.

  ☐ c) la frescura que transmite su publicidad, haciendo que el mundo parezca un lugar feliz.

Tarea 4

7-16

Instrucciones:

Usted va a escuchar diez diálogos breves. Escuche cada diálogo dos veces. Después debe contestar a las preguntas (21-30). Seleccione la opción correcta (a / b / c).

PREGUNTAS

Diálogo 1

21. Luis le aconseja a la chica que…

☐ a) le vaya muy bien en su viaje.

☐ b) imite las costumbres locales.

☐ c) se vaya pronto a China.

Diálogo 2

22. La mujer intenta subir el ánimo de Javi…

☐ a) diciéndole que debe perseverar.

☐ b) proponiéndole que cambie de estrategia.

☐ c) sugiriéndole que siga a su jefa, para ganar su aprecio.

Diálogo 3

23. La mujer…

☐ a) encuentra que la nueva compañera de trabajo es sosa.

☐ b) está celosa por la nueva colega.

☐ c) entiende al hombre pero no comparte su opinión.

Diálogo 4

24. Ante las responsabilidades que le adjudica su jefa, Juan…

☐ a) se siente seguro.

☐ b) se muestra divertido.

☐ c) decide descuidar sus labores.

Diálogo 5

25. A partir del diálogo se deduce que…

☐ a) Romina es adicta al trabajo.

☐ b) Romina cree que el hombre es adicto al trabajo.

☐ c) El hombre es adicto al trabajo.

Diálogo 6

26. ¿Qué provocó que Manolo tomara finalmente la decisión de renunciar a su trabajo?

☐ a) Estaba muy cansado.

☐ b) Su solicitud de aumento salarial no fue aceptada.

☐ c) No le gustaba el ambiente de trabajo.

Diálogo 7

27. Frente a la gratitud de la mujer, Mario…

☐ a) plantea la opción de que el favor sea devuelto en otro momento.

☐ b) le dice que solo le está devolviendo un favor.

☐ c) le resta importancia al favor que le hizo.

Diálogo 8

28. ¿Cuál podría ser la relación entre estas dos personas?

☐ a) Compañeros de clase.

☐ b) Pareja.

☐ c) Compañeros de trabajo.

Diálogo 9

29. ¿Cuál es la actitud de Claudia?

☐ a) Frustrada.

☐ b) Triste.

☐ c) Escandalizada.

Diálogo 10

30. En el diálogo, el hombre se muestra…

☐ a) curioso por saber el motivo de la visita de Celia.

☐ b) comunicativo ante la presencia de Celia.

☐ c) abrumado por los rodeos en el discurso de Celia.

PRUEBA 3 DESTREZAS INTEGRADAS: COMPRENSIÓN AUDITIVA Y EXPRESIÓN E INTERACCIÓN ESCRITAS

Duración de la prueba: **80 minutos**

Tarea 1 | Instrucciones:

17

A continuación escuchará parte de una exposición en la que se habla de manera general sobre la posibilidad de trabajar desde casa. En la exposición se habla de algunas ventajas e inconvenientes. Escúchela dos veces. Durante la audición podrá tomar notas.

Después redactará un texto en el que deberá recoger los principales puntos de la misma y expresar de forma justificada su opinión al respecto.

Número de palabras: **entre 220 y 250 palabras.**

_____
_____
_____
_____
_____
_____
_____
_____
_____
_____
_____
_____
_____
_____
_____
_____
_____
_____
_____
_____
_____
_____
_____
_____
_____
_____
_____
_____
_____

Tarea 2   **Instrucciones:**

Elija solo una de las dos opciones que se lo ofrecen a continuación.

Número de palabras: **entre 220 y 250 palabras.**

OPCIÓN 1

Usted acaba de terminar su práctica profesional y le han encargado escribir un informe, en el cual usted deberá:
- Escribir sobre su experiencia laboral como empleado en la empresa.
- Detallar las actividades realizadas.
- Evaluar el funcionamiento de los equipos de trabajo y la relación con sus compañeros y jefes.
- Valorar los aprendizajes humanos y laborales extraídos de esta experiencia, que puedan ser de utilidad en su desempeño profesional futuro.
- Expresar su opinión sobre los pros y los contras de desempeñarse profesionalmente en la empresa, a modo de entregar orientación tanto a los encargados de recursos humanos como a futuros empleados que entren a trabajar ahí.

OPCIÓN 2

Usted quiere optar a un puesto de trabajo relacionado con la enseñanza de idiomas en una institución internacional. Para ello, es necesario que remita varias cartas de presentación en varios idiomas y uno de ellos es el español. A continuación deberá redactar su carta de presentación para que su candidatura sea tenida en cuenta en el proceso de selección de personal. En la carta, deberá:

- Presentarse de manera ordenada, ofreciendo la información oportuna en un contexto laboral.
- Describirse en el ámbito laboral, informando de cuáles cree que son las cualidades que le hacen adecuado para el puesto solicitado.
- Hablar de su experiencia pasada en el ámbito de la enseñanza-aprendizaje de lenguas.
- Hablar de su personalidad, gustos e intereses más allá del trabajo.
- Informar acerca de su disponibilidad y motivación.
- Despedirse de un modo adecuado.

PRUEBA 4 DESTREZAS INTEGRADAS: COMPRENSIÓN DE LECTURA Y EXPRESIÓN E INTERACCIÓN ORALES

Duración de la prueba: **20 minutos**
Tiempo de preparación: **20 minutos**

Tarea 1   Instrucciones:

Usted debe hacer una presentación oral sobre el texto adjunto. Su exposición debe incluir los siguientes puntos:
- Tema central.
- Ideas principales y secundarias.
- Comentario sobre las ideas principales.
- Intención del autor, si procede.

Dispone de entre tres y cinco minutos. Puede consultar sus notas, pero la presentación no puede limitarse a una lectura de las mismas.

TEXTO

SABER EMPRENDER, CONDICIÓN INDISPENSABLE PARA TENER ÉXITO CON EL PRIMER NEGOCIO

CEOE-Cepyme Formación acaba de lanzar un curso pionero en España para saber emprender. Se trata de un programa de 60 horas llamado "Emprender un negocio", donde se formará y asesorará a los futuros emprendedores para ayudarles a poner en marcha sus proyectos y nuevas aventuras empresariales.

El 90% de las nuevas empresas que se crean fracasan en los primeros dos años según la consultora *Bussines Worker*, por ello son tan importantes programas específicos centrados en formar y orientar a los emprendedores para que sus proyectos tengan éxito y se mantengan en el tiempo. La mayoría de las *pymes* (pequeñas y medianas empresas) pocas veces se plantean cuál es su misión, visión y valores.

"En España, el gran problema es que la *pyme* que se crea sucumbe en un porcentaje elevadísimo a los tres años y ello se debe a la falta de preparación del profesional o del emprendedor que pone en marcha un negocio con una buena idea, con mucha ilusión pero que no sabe gestionarla adecuadamente", indica Javier Calderón, director gerente de *CEOE-Cepyme Formación*.

¿Afrontar el mañana?

El curso "Emprender un negocio" aborda los cuatro aspectos clave de la gestión de la *pyme*: los recursos financieros, los clientes, la gestión operativa diaria y el talento de las personas y el futuro de la compañía. Se dirige a personas que tienen una idea de negocio, que quieren estructurarla para disponer de un plan de trabajo que les ayude a llevarla a cabo y que requieran de apoyo pedagógico para elaborar ese plan de empresa. Los asistentes llegan con preguntas como ¿cumplo lo que prometo a mis clientes?, ¿estoy preparado para afrontar el mañana? Para contestar a estas preguntas, es necesario comenzar por la gestión de proveedores, el plan operativo si fabrico u ofrezco servicios y qué *software* de gestión necesito para mi empresa.

También el contenido que imparte Miguel Fernández-Rañada, *coach*, formador de directivos y consultor, plantea el compromiso y la motivación de las personas; cómo innovar en el mercado, técnicas de creatividad y un aspecto muy importante como es "las buenas prácticas: hacer negocios con ética".

Otras cuestiones que plantea este programa es si tengo recursos para sobrevivir. Aquí es importante el dinero que se necesita, cómo y dónde conseguirlo. Aprender a gestionar el circulante, que supone el 90% del fracaso de las empresas, tener una estrategia y saber algo de la competencia en el mercado.

Cómo vender

Otro módulo enseña a cómo vender. "En España no sabemos vender, está en boca de todo el mundo y lo peor es que mucha gente hace poco por vender mejor" comenta Javier Calderón. El curso enseña a mejorar la estrategia de venta, el valor y precio; el proceso de la venta, técnicas para atraer y fidelizar y saber también el cómo hacerlo en las redes sociales.

También muestra cómo implantar ideas de mejora (el cuadro de mando integral aplicado a la *pyme*); las cualidades básicas del directivo (comunicar, negociar, gestión de equipos, toma de decisiones correctas). Hay un capítulo optativo en donde se incluyen materias como internacionalización, gestión de calidad total y gestión de proyectos.

La metodología es *e-learning*, con apoyo de un tutor virtual, se combinan materiales multimedia, participación en foros y debates, y elaboración de actividades.

Se otorga un certificado de aprovechamiento de la organización empresarial a todos los participantes.

Una vez terminado el programa, el nuevo empresario podrá identificar sus propias debilidades y fortalezas y un plan de empresa fuerte y estructurado que garantice la viabilidad y factibilidad del mismo antes de ponerlo en marcha.

A pesar de todas las iniciativas y oportunidades de organizaciones como la CEOE, o programas como el de la Comisión Europea o la nueva Ley de Emprendedores, España sigue por debajo de la media europea en emprendimiento, según el Informe *Global Entrepreneurship Monitor* (GEM. Aun así, la llamada cultura emprendedora parece estar brotando progresivamente, y es el joven español el que emprende más que el adulto y, a su vez, fracasa menos. Y es que esta última, el no tener miedo al fracaso, es una de las máximas que se deben tener en cuenta a la hora de embarcarse en un proyecto. Hay que perder el miedo al ridículo y aprender de los errores, es la mejor escuela para todo emprendedor.

[Extraído de *http://www.eleconomista.es*]

Tarea 2   Instrucciones:

Usted debe mantener una conversación con el entrevistador sobre el tema del texto de la Tarea 1. En la conversación, usted deberá:
- Dar su opinión personal sobre el tema.
- Justificar su opinión con argumentos.
- Rebatir, si procede, las opiniones que exprese su interlocutor.

La conversación durará entre cuatro y seis minutos.

MODELO DE CONVERSACIÓN

1. Opinión del candidato y justificación.

¿Qué le parecería montar su propio negocio?
¿Conoce amigos o familiares que hayan emprendido y ahora tengan su propia empresa?

2. Turnos de intervención candidato-examinador.

Ejemplos de intervención del examinador:
Usted dice que le parece interesante fundar su propia empresa ¿piensa que sería fácil ser su propio jefe?
¿Qué ideas se le ocurrirían a usted para crear una empresa?
¿Contrataría como personal para su empresa a sus amigos? ¿Por qué?
¿Cree usted que la creatividad es importante para mejorar la economía de un país?

Tarea 3   **Instrucciones:**

Una importante compañía internacional del sector de las telecomunicaciones está abriendo nuevas sedes en Latinoamérica, para lo cual creará numerosos puestos de trabajo que serán anunciados mediante una campaña de selección de personal. Esta campaña será encabezada por el eslogan "Tendiendo puentes entre Europa y Latinoamérica", así como por una fotografía a ser escogida por un jurado. Para seleccionar esta fotografía se tendrán en cuenta los siguientes criterios:

- Que enfatice un ambiente laboral grato, participativo y de cooperación.
- Que destaque una idea de empresa que entrega proyección y desarrollo profesional integral a sus empleados.
- Que promueva la importancia de la generación de alianzas culturales entre Europa y Latinoamérica.
- Su estética y originalidad.

Aquí tiene las cuatro fotografías finalistas. Teniendo en cuenta el lema del concurso y los criterios del jurado, ¿cuál debería ser, en su opinión, la foto ganadora? Discuta su elección con el entrevistador hasta que ambos lleguen a un acuerdo.

Recuerde que se trata de una conversación abierta y que por tanto puede interrumpir a su examinador, discrepar, pedir y dar aclaraciones, argumentar sus opiniones, rebatir las del entrevistador, etc.

La duración de la conversación será de entre cuatro y seis minutos.

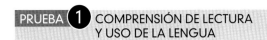

PRUEBA 1 COMPRENSIÓN DE LECTURA Y USO DE LA LENGUA

Tarea 1

1. A

"[…] en general cualquier otro tipo de bienes susceptibles de ser trasladados en camiones".

2. B

"Los tiempos de espera serán imputables a la jornada […] quedando su retribución o compensación al acuerdo de las partes".

3. B

"[…] un incentivo de producción por viaje y carga movilizada, el que se pagará en las condiciones y modalidades establecidas en el Reglamento Interno de la Empresa".

4. C

"Las remuneraciones convenidas se pagarán por períodos mensuales, vencidos, en dinero efectivo, moneda nacional de curso legal y del monto de ellas el EMPLEADOR podrá efectuar los descuentos o deducciones legales".

5. B

"Serán prohibiciones específicas del Trabajador las siguientes:

- Transportar durante sus recorridos a persona diferente a su ayudante si lo tuviese y ajenos al trabajo encomendado;

- Destinar el vehículo a otro objeto que no sean los correspondientes al trabajo asignado".

6. A

"El TRABAJADOR […] se hace responsable de las notificaciones por infracciones que se le hagan".

Tarea 2

7. G

8. A

9. B

10. E

11. C

12. F

Tarea 3

13. A

"El número de niños trabajadores en el mundo en la actualidad se sitúa en 168 millones, un tercio menos que en el 2000. Esto es a la vez estimulante y preocupante. Es alentador porque en Myanmar fueron rescatados niños soldados de 11 años […] Pero es preocupante porque 168 millones es todavía un número muy alto".

14. A

"Si se reuniesen a todos los niños trabajadores en un solo país, este sería el octavo país más poblado del mundo, incluso más que Bangladesh o Rusia".

15. A

"El número de niños trabajadores en el mundo en la actualidad se sitúa en 168 millones […] 85 millones de niños entre 5 y 17 años realizan trabajos que ponen directamente en peligro su salud, seguridad y desarrollo. La gran mayoría trabaja en la agricultura, pero también están presentes en otros sectores […]".

16. B

"En Asia y el Pacífico se encuentra el mayor número de niños trabajadores (78 millones) y África subsahariana registra la incidencia más alta de trabajo infantil (21 millones).

Pero este no es un problema de los países pobres o en desarrollo: también hay niños trabajadores en los países ricos, incluso en Estados Unidos y Europa occidental. El trabajo infantil es un problema global que precisa de una respuesta desde todos los ángulos".

17. C

"A través a la combinación correcta de políticas, la cooperación técnica y el apoyo de los donantes cuando es necesario, el trabajo infantil puede ser erradicado".

18. B

"Sin embargo, justo ahora que necesitamos redoblar los esfuerzos, algunos países podrían sentirse menos estimulados a financiar programas para combatir el trabajo infantil justamente porque los números están disminuyendo".

Tarea 4

19. D

"*Cuando se pase la ira* me ha parecido muy correcto para lo que creo que el lector espera: hacer que uno se meta de forma rápida en la trama y pase unas horas de lectura entretenida ¿Un poco previsible? Sí, pero tampoco crean que importa mucho".

20. F

"Márkaris rodea la trama con una atmósfera crítica con la sociedad en las que los problemas sociales, el racismo, la inmigración, la precariedad laboral y la corrupción están en todo momento presentes de forma patente […] Y eso que la crisis aún ni asomaba los dientes…".

21. D

"Rebecka Martinsson antes era abogada pero ahora es fiscal del distrito […] es soltera y tiene curiosas visiones relacionadas son su trabajo […] Por otra parte, la inspectora Anna-Maria Mella, al contrario que Rebecka, está casada y tiene miles de hijos pequeños […] Buena descripción de las localizaciones a través de la acción y los diálogos de los propios personajes, lo que da mucha rapidez a la trama".

22. E

"Dicen que Aramburu recuerda con **Años lentos** aquellos sórdidos mundos dickensianos. Será porque muestra a través de imágenes y personajes grotescos la dura realidad vista desde los ojos de un niño, la injusticia social, la actitud de la iglesia más cercana, pero yo creo que sobre todo porque muestra una crítica sutil que mantiene, como en todas las obras del escritor inglés, durante todo el relato".

23. B

"Lo que tenemos aquí es un acicate, un avispero abierto en canal para que dejemos nuestra posición sumisa, nuestro miedo a seguir adelante, y nos convirtamos, por una vez (o quizá más, quién sabe) en eso que los políticos no quieren que hagamos: ser los dueños de nuestra propia vida laboral".

24. F

"Mi primer libro de Márkaris me ha descubierto a un gran autor y a unos grandes personajes a los que espero volver a ver pronto, en otra aventura".

25. A

"Vuelve a nuestras manos una de las jefas más odiadas por los lectores, un gran diablo que no tiene cola puntiaguda pero con sus tacones hace el mismo daño, y es que en **La venganza viste de Prada** asistiremos a la presencia diabólica y perjudicial de Miranda Priestley, que si bien no es nuestra jefa, la odiaremos igual".

26. C

"[…] llega un libro como *La oficina en The New Yorker* y te trastoca la visión, para mejorar con niveles que llegan a la carcajada un tema tan sacralizado como el trabajo […] el trabajo puede ser una jodienda, pero no está exento de un humor (aunque este sea negro)".

Tarea 5

27. C

En este caso, la respuesta correcta está asociada al nivel léxico. Recordemos que "incentivar" tiene relación con "estimular", mientras que "ratificar" significa "confirmar". Por su parte, "reconocer" tiene diferentes acepciones, entre las cuales se encuentra la de "distinguir" a alguien por sus cualidades o talento. De estos tres verbos, "reconocer" resulta el más apropiado en un contexto en que alguien recibe un premio como reconocimiento a sus habilidades, en este caso, como mejor hacker europeo menor de 18 años.

28. A

En esta pegunta nos encontramos con una construcción verbal que cambia de significado según incluya o no el pronombre "se". Así, "ocupar" tiene un significado muy diferente al verbo "ocuparse", teniendo el primero varios significados entre los que destacamos "usar" o "llenar un espacio". Por su parte, el verbo pronominal "ocuparse" estaría relacionado con asumir una responsabilidad, lo que concuerda con el sentido de la oración, en que el personaje ostenta un trabajo en la Comisión Europea. Lo anterior nos lleva a descartar las alternativas "b" y "c", pues la presencia de pronombres de objeto directo (lo) u objeto indirecto (le) antes del verbo no incluye adicionalmente el pronombre "se" necesario para darle sentido la oración.

29. C

Las tres alternativas corresponden a nexos relativos, es decir, aquellas expresiones necesarias para unir la oración principal con la oración subordinada en una oración de relativo (o subordinada adjetiva). Le elección del nexo adecuado en este caso debe evaluarse según el sentido de la oración que, en este caso, hace referencia al título de un libro. Considerando que el título pertenece al libro, necesitamos un nexo con valor posesivo, y "cuyo" es el único de los tres que se ajusta a este requerimiento. Recordemos en este punto que "cuyo" concuerda en género y número con el sustantivo al que acompaña, en este caso "el libro".

30. C

En esta oración subordinada adverbial hace falta un conector de tipo causal, que exprese que "el criptoanarquismo [es] una forma de […] distribuir el poder a causa de la tecnología." Si bien las tres alternativas propuestas son conectores causales, es decir, unen palabras u oraciones expresando la razón o la causa de lo que sucede, solo una de ellas permite establecer un solo nombre ("la tecnología") como la causa. Así, "dado que" y "ya que" requieren la presencia de un verbo ("dado que la tecnología lo permite"), lo que no existe en esta oración. "Gracias a", por su parte, puede ir seguido tanto por un verbo (si se le antecede "que") como por un nombre únicamente. Hay que agregar, además, que este conector tiene una connotación de valoración positiva a la causa expresada, lo que concuerda con el sentido de la oración, que adjudica a la tecnología el valor de permitir las bondades del criptoanarquismo.

31. A

Al hablar el propio Luis Iván Cuende sobre sus experiencias en la etapa escolar, recuerda la clase como una situación aburrida. Aun planteada en singular, la clase hace referencia a la asistencia cotidiana de Luis al colegio. Tomando en cuenta lo anterior, elegiremos la opción "a", presentada en pretérito imperfecto, como la correcta, en el entendido de que este tiempo verbal es utilizado para narrar experiencias cotidianas, rutinarias, en el pasado. Diferente es lo que ocurre con el pretérito indefinido (opción "c"), que se utiliza para marcar un momento específico y singular en el pasado. La opción "b", por su parte, conjugada en presente, no resulta coherente con el acto de recordar, que necesariamente requiere de un tiempo verbal en pasado.

32. B

Como es sabido, el verbo gustar en español debe ir antecedido por un pronombre de objeto indirecto para indicar quién experimenta el gusto por algo. En este caso, el narrador del texto habla de los gustos de Luis (él), por lo que necesitaremos un pronombre de objeto indirecto conjugado en tercera persona singular: le (opción "b")**.** De este modo, descartamos "les", que alude a "ellos", así como "me", que se refiere a "yo" como sujetos que experimentan la acción del gusto por el baloncesto, por la bici y por el *skate*. Vale la pena recordar que el verbo gustar debe ir siempre conjugado en concordancia de género y número con la(s) cosa(s) que gusta(n) a la persona reflejada en el pronombre de objeto indirecto.

33. B

De las tres opciones ofrecidas en esta pregunta, la "b" es la que le otorga sentido completo a la oración. "Acabar de + infinitivo" es una perífrasis verbal que indica una acción que se ha producido poco antes de la enunciación. De este modo, al afirmar que "se acaba de mudar a Madrid", sabemos que Luis se ha mudado recientemente a esa ciudad. Conjugada en presente, la expresión ya hace referencia, entonces, al pasado inmediato, por lo que esta perífrasis no suele conjugarse en pretérito indefinido (aunque sí en pretérito imperfecto para indicar una acción del pasado que ocurrió inmediatamente antes que otra acción del pasado: "acababa de llegar cuando me llamaste").

34. C

En esta pregunta se nos invita a escoger el pronombre de relativo adecuado para esta oración subordinada. Para ello tenemos tres opciones. Ahora bien. Considerando que en la oración principal el antecedente se refiere a un lugar ("Se acaba de mudar a Madrid"), "donde" es el pronombre apropiado para referirse a lugar. Cabe destacar que este pronombre se puede sustituir por "en que, en el cual, en la cual, en los cuales, en las cuales", pero en ningún caso por las opciones "el cual", que es utilizada para referirse a personas y cosas, ni "lo cual", que se usa para hacer referencia a ideas o acciones ya mencionadas.

35. B

Esta oración nos plantea el desafío de encontrar la perífrasis adecuada para expresar de qué modo concluyó el proceso de "languidecer" para "la generación anterior". La perífrasis terminativa "acabar + gerundio" nos permite justamente expresar la culminación de un proceso. De este modo, podemos descartar la alternativa "a", en tanto "dado" conformaría una perífrasis de participio, que también da la idea de conclusión de una acción, aunque con énfasis en el resultado más que en el proceso. Finalmente, de los dos gerundios propuestos en las alternativas "b" y "c", la correcta es aquella que contiene el pronombre "se", dado que la construcción "darse de bruces" es pronominal, es decir, requiere de la presencia de un pronombre para adquirir su significado.

36. B

De las tres preposiciones que se presentan aquí, necesitamos una que indique **quién produce el paro juvenil**. De las tres opciones, "por" es la que cumple la función, entre muchas otras, de expresar el agente que origina la acción: en este caso, la crisis es el agente que produce el paro juvenil.

37. A

La elección del **pretérito perfecto** como opción correcta se debe a la situación definida por **el marcador temporal "siempre"**, que da cuenta de un proceso que se desarrolla desde el pasado hasta el presente. Las alternativas "b" y "c" no resultan adecuadas en este caso, pues el verbo "haber" nunca debería conjugarse en plural cuando indica existencia.

38. A

Tanto las alternativas "a" como la "c" constituyen perífrasis verbales que podrían resultar adecuadas para el contexto de la oración. Sin embargo, atendiendo al sentido de la misma, la perífrasis "dejar + participio" resulta la más coherente, en tanto perífrasis terminativa que indica el resultado de una acción o situación anteriores: en este caso, la oración se refiere a las obras que Rimbaud terminó de escribir a temprana edad. En tanto, la perífrasis "tener + participio" de la opción "c" es de tipo acumulativa resultativa, es decir, indica la acumulación de una acción en el tiempo, dando cuenta de un resultado que podría no ser el definitivo. Lo anterior no resulta, por tanto, coherente con el sentido de la oración. Para finalizar, no existe en el español una perífrasis conformada por "poder + participio", por lo que la alternativa "c" queda descartada.

39. B

Este párrafo se inicia proponiendo una idea que se opone a la mencionada en el párrafo anterior. Específicamente, propone las diferencias de los "nuevos jóvenes prodigiosos" en oposición a los que han existido en la historia. Para expresar dos proposiciones que indican oposición o adversidad necesitamos una oración adversativa, marcada por un nexo adversativo. Las alternativas "b" y "c" proponen nexos adversativos ("sin embargo" y "pero", respectivamente), pero elegiremos la primera, porque es la única que admite ir seguida por una coma. Por otro lado, la alternativa "a" ("aunque"), representa un nexo concesivo, que se diferencia del adversativo al indicar algo que dificulta la realización de la acción que le sigue. En otras palabras, si a opción correcta fuera "aunque", estaríamos asumiendo que la propuesta sobre los "nuevos jóvenes prodigios" no se realiza, al tiempo que necesitaríamos añadir a la operación aquella propuesta que sí se concreta.

40. C

Atendiendo al sentido de la oración, la alternativa más coherente es aquella que funciona como una locución adverbial de afirmación: La locución "por supuesto", en efecto, tiende a afirmar y reforzar lo que se propone (en este caso, que "la clave es internet"), tal como lo harían las expresiones "desde luego" o "efectivamente", entre otras. La no pertinencia de las otras dos alternativas se explica asimismo a nivel del sentido de la oración. Así, "de todos modos" es un marcador de discurso que reformula lo dicho, agregando un distanciamiento con lo anteriormente expresado, lo que no concuerda con el sentido del texto. Por su parte, "por otro lado" es también un marcador de discurso utilizado para estructurar la información, ordenándola para proponer otra idea diferente distinta de la precedente, lo que tampoco se condice con lo expresado en esta parte del texto.

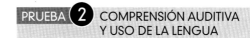

PRUEBA 2 COMPRENSIÓN AUDITIVA Y USO DE LA LENGUA

Tarea 1

1. K

"[…] en las últimas semanas, en los últimos tiempos, estamos escuchando **noticias** que parecen más positivas o…".

2. C

"**El entorno, la realidad, el contexto en el que vivimos,** sin duda, no es el más propicio para buscar empleo en España".

3. H

"Estas son **las ofertas** que nos podemos encontrar en las redes sociales, en los portales de empleo, en las webs de empresas… eso quiere decir que, alrededor de un 70% de ofertas no las conocemos. **Forman parte de lo que se llama 'el mercado oculto'**".

4. I

"El 64% de las empresas dijo que, **si tiene que elegir entre un candidato activo o un candidato inactivo** en redes sociales, elegiría siempre un candidato activo…".

5. F

"El 75% de los currículums se descartan por no contener la información adecuada. Puede ser porque no refleja la información que se necesita enseñar para una posición determinada; puede ser porque son muy generalistas…".

6. G

"Candidatos que van a una entrevista y no han mirado absolutamente nada de la empresa para la que van a hacer la entrevista; no han profundizado en las características del puesto y no lo han preparado…".

Tarea 2

7. C

"M: […] He estado revisando su currículum vítae y me gustaría que profundizáramos en la información que nos ha proporcionado. […] ¿Sabía que esta plaza es para Santiago?

J: Sí. En realidad soy de Concepción, pero me acabo de cambiar a Santiago […]".

8. B

"M: […] Sabrá usted que nuestra compañía pone especial énfasis en el trabajo en equipo y en propiciar un clima laboral grato y respetuoso, sin descuidar, desde luego, el logro de objetivos. ¿Cree usted que podría desenvolverse adecuadamente de acuerdo a nuestra filosofía? […]

J: ¡Sin duda! Una de mis fortalezas es justamente el trabajo en equipo y la coordinación de grupos de trabajo, como puede ver en la carta de recomendación que adjunto a mi solicitud".

9. C

"Me gustaría hablar con usted sobre algo que realmente me preocupa. […] el salario que estoy recibiendo es el mismo de hace cuatro años, a pesar de mi ascenso a este puesto y los logros obtenidos en la sección ventas".

10. A

"Estoy muy contento con su desempeño, Sara".

11. A

"[…] me imagino que vos, como gerente técnico, tenés que dar un informe sobre las operaciones en las áreas de diseño, mantenimiento y producción".

12. B

"Dale. Me voy ya mismo a preparar el informe usando los datos que preparé para la cuenta anual".

13. A

"[…] la verdad es que tenemos mucha prisa. El director financiero nos ha comunicado hoy su renuncia y tenemos que encontrar lo antes posible a alguien idóneo para sustituirlo. ¿Tarda mucho la búsqueda?".

14. C

"Lo primero es reunirnos con el cliente para definir la experiencia y las competencias requeridas para el cargo. A eso le llamamos levantamiento de perfil. Posteriormente procedemos a la búsqueda de candidatos, seguida de una preselección por medio de entrevistas y una evaluación psicolaboral. Luego se eligen los tres candidatos más idóneos: el cliente procede a entrevistar personalmente a los tres candidatos finales para tomar la decisión de contratación".

Tarea 3

15. B

"[…] vamos a hablar de una suculenta efeméride. En abril de 1962 llegaba a las panaderías españolas un novedoso producto de bollería, inspirado en las rosquillas que se venden en Estados Unidos…".

16. C

"El secreto de los *donuts* radica en dos cosas, ¿no?, en primer lugar el producto en sí, muy tierno por dentro y con esa capilla de azúcar que lo hace irresistible, y eso que muchos han intentado copiarlo sin lograrlo ¿no?… y después, probablemente, también tiene que ver nuestra red de reparto. Nosotros tenemos 3000 repartidores que cada día visitan casi 130000 puntos de venta…".

17. C

"Sigue siendo el mismo, antes comentábamos, que sigue teniendo el mismo gusto, melancólico de cuando era pequeño, lo noto igual ahora".

18. A

"[…] trabajé con un cura que íbamos a geriátricos que había ancianos que no tenían dinero y la casa *Donut* me daba X cantidad de *donuts* y hacíamos una representación el sábado y repartíamos *donuts* a todos los ancianos que, claro,

en aquel tiempo, posiblemente, no tenían, igual, ni televisión".

19. B

"*Donuts* siempre ha contado con el sentido del humor o ha jugado con el sentido del humor en sus campañas, desde la primera […] probablemente por eso es un producto que quizás es simpático ¿no? hacia la gente".

20. B

"Nuestros consumidores lo que nos dicen que les gusta más del producto es que convierte o su desayuno o su merienda en un momento donde se pueden abstraer ¿no? del mundanal ruido y disfrutar, aunque sea por pocos minutos, de algo tan bueno como un *donuts*".

Tarea 4

21. B

"[…] Que te irá de maravilla. Donde fueres, haz lo que vieres".

22. A

"¡No te desanimes, chico! El que la sigue la consigue".

23. C

"[…] Es que no se me hace nada guapa. Pero bueno, sobre gustos no hay nada escrito".

24. A

"Descuide, jefa. Eso es pan comido".

25. B

"- Y… me salió que soy 100% adicto.
- ¡Ja! ¡Dio en el clavo!".

26. B

"[…] y, la gota que colmó el vaso es que me rechazaron la solicitud de aumento de sueldo que pedí".

27. A

"Y no tienes nada que agradecer. Hoy por ti, mañana por mí".

28. C

"- Lucía, ¿cómo te cae el chico nuevo que contrataron?
- Pues… es majo, pero le hace la pelota todo el día al jefe".

29. A

"Ah… me llueve sobre mojado".

30. C

"Vamos al grano, Celia. Qué la trae por aquí".

PRUEBA **1** COMPRENSIÓN DE LECTURA Y USO DE LA LENGUA

Duración de la prueba: **90 minutos**
Número de ítems: **40**

Tarea 1 **Instrucciones:**

A continuación leerá un contrato de seguro de viaje.
Lea el texto y conteste a las preguntas (1-6). Seleccione la opción correcta (a / b / c).

TEXTO

CONTRATO DE SEGURO DE ASISTENCIA EN VIAJE

CONDICIONES GENERALES
El presente Contrato de Seguro se rige por lo convenido en las Condiciones Generales, Particulares y Especiales, de conformidad con lo establecido en la *Ley de Contrato de Seguros*. En este contrato se entiende por:
ASEGURADOR: Compañía Española de Seguros, S.A., con domicilio en Madrid, Avda. Alcántara, número 28.
ASEGURADO: Cada una de las personas físicas, titulares del objeto del seguro y que figuran en las Condiciones Particulares de la póliza, bajo este epígrafe.
Normas que regulan el seguro en general
1. EXTENSIÓN GEOGRÁFICA
Las garantías de este seguro surten efecto en el mundo entero. En España las garantías de asistencia serán válidas, únicamente, a más de 30 kilómetros del domicilio habitual del ASEGURADO, salvo en Baleares y Canarias, donde lo será a más de 15 kilómetros.
2. DURACIÓN DEL CONTRATO
La duración del contrato será anual, de acuerdo con las fechas indicadas en las Condiciones Particulares de la póliza. Si dos meses antes de la expiración del plazo anual de vigencia, ninguna de las partes notifica a la otra su voluntad de rescisión del contrato, este se entenderá prorrogado tácitamente por un nuevo periodo de un año, y así sucesivamente.
3. GARANTÍAS
3.1 Pérdida de Equipaje.
El ASEGURADOR garantiza el pago de la indemnización de las pérdidas materiales sufridas por el equipaje, durante los viajes y estancias fuera del domicilio habitual del ASEGURADO, a consecuencia de:
• Robo (a estos efectos, se entiende por robo únicamente la sustracción cometida mediante violencia o intimidación a las personas o fuerza en las cosas).
• Averías o daños causados directamente por incendio o robo.
• Averías y pérdida definitiva, total o parcial, ocasionadas por el transportista.
3.2 Demora en la entrega
Queda cubierta por el seguro, contra la presentación de facturas, la compra de artículos necesarios, debidamente justificados, ocasionada por la demora de 24 o más horas en la entrega del equipaje facturado, cualquiera que sea la causa.
En el caso de que la demora se produzca en el viaje de regreso, solo estará cubierta si la entrega del equipaje se retrasa más de 48 horas desde el momento de la llegada.
4. EXCLUSIONES
a) En las estancias superiores a 90 días consecutivos fuera del domicilio habitual, el equipaje solo queda garantizado en los viajes de ida y vuelta a España.
b) La joyas y pieles están garantizadas únicamente contra el robo y solamente cuando se depositen en la caja de seguridad de un hotel o las lleve consigo el ASEGURADO.
c) Los equipajes dejados en vehículos automóviles se consideran asegurados solamente si están en el maletero y este permanece cerrado con llave. Desde las 22 horas hasta las 6 horas el vehículo ha de permanecer en el interior de un aparcamiento cerrado y vigilado. Se exceptúan de esta limitación los vehículos confiados a un transportista.
d) En ningún caso quedarán garantizados los robos del equipaje depositado en vehículos que carezcan de maletero con cierre independiente, como es el caso de furgonetas, monovolúmenes, todoterreno o similares.

No están cubiertas por esta garantía:

a) Las mercancías y el material de uso profesional, los billetes de banco, billetes de viaje, títulos de cualquier naturaleza, documentos de identidad y en general, todo documento y valores en papel, tarjetas de crédito, cintas y/o discos con memoria, documentos registrados en bandas magnéticas o filmados, colecciones y material de carácter profesional, prótesis, gafas y lentes de contacto. A estos efectos no se consideran material profesional los ordenadores personales.

b) El hurto, salvo en el interior de las habitaciones de hotel o apartamento, cuando estas se encuentren cerradas con llave. A estos efectos, se entiende por hurto aquella sustracción cometida al descuido, sin que medie violencia ni intimidación a las personas ni fuerza en las cosas.

c) La rotura, a menos que sea producida por un accidente del medio de transporte, por robo simple o con fractura, por agresión a mano armada, por incendio o por extinción del mismo.

d) Los daños causados directa o indirectamente por hechos de guerra, desórdenes civiles o militares, motín popular, huelgas, terremotos y radioactividad.

e) Los daños causados intencionadamente por el ASEGURADO, o negligencia grave de este y los ocasionados por derrame de líquidos que vayan dentro del equipaje.

f) Todos los vehículos a motor, así como sus complementos y accesorios.

[Extraído de *www.europeadeseguros.com*]

PREGUNTAS

1. Según el contrato…

☐ a) si el asegurado no quiere renovar el contrato por un año más, debe comunicarlo con dos meses de antelación.

☐ b) la renovación del contrato por un año más es responsabilidad del asegurado.

☐ c) la duración del contrato es anual, a menos que ambas partes decidan prorrogarlo.

2. El seguro cubre la pérdida de objetos materiales causada por:

☐ a) incendio.

☐ b) hurto.

☐ c) pérdida dentro del maletero de un autobús.

3. Si se pierde la maleta del asegurado durante un vuelo, el seguro…

☐ a) se compromete a devolver el equipaje antes de 24 horas.

☐ b) se compromete a devolver el equipaje antes de 48 horas, si el vuelo es de regreso.

☐ c) cubrirá los gastos de artículos de primera necesidad que tenga el asegurado durante el tiempo de espera del equipaje después de uno o dos días de espera, según las características del viaje.

4. Este seguro es recomendable para personas que…

☐ a) realizarán un viaje largo, durante un año o más.

☐ b) hacen muchos viajes al año.

☐ c) hacen viajes superiores a tres meses (90 días consecutivos).

5. Si el equipaje se pierde durante un viaje de tipo laboral o profesional, el seguro…

☐ a) se hace cargo de la pérdida.

☐ b) cubre todo, incluido el ordenador portátil.

☐ c) no cubre ni el *pendrive* ni el pasaporte, entre otros objetos.

6. Si se pierde o se daña el equipaje debido a un incendio provocado por un acto terrorista, el seguro…

☐ a) garantiza su reposición.

☐ b) no garantiza su reposición.

☐ c) garantiza la reposición con la presentación de facturas.

Tarea 2 **Instrucciones:**

Lea el siguiente texto, del que se han extraído seis párrafos. A continuación lea los siete fragmentos propuestos (A-G) y decida en qué lugar del texto (7-12) hay que colocar cada uno de ellos.

Hay un fragmento que no tiene que elegir.

TEXTO

UBUD: VIAJE AL INTERIOR DE UNO MISMO EN BALI
Carmen Gómez Menor

Restaurantes de comida orgánica, tiendas de ropa blanquísima y estudios de meditación y yoga se alternan con talleres de crecimiento espiritual, regresiones a vidas pasadas y otras terapias alternativas. Ubud parece haberse convertido en una Disneylandia de los seguidores de la *New Age*. Algunas terapias, como el yoga, la meditación o los masajes, tienen beneficios fácilmente comprobables y son seguras en el sentido de que nadie dudará de nuestra cordura cuando regresemos a casa hablando de ellas: **7.**_____.

8._____. Esta vez, me digo a mí misma después de varios viajes a Bali, voy a probar suerte. La idea de hallarme ante una persona con presuntos poderes espirituales que me diga algo sobre mí misma me provoca a la vez emoción, curiosidad y ganas de salir corriendo, algo parecido a cuando de niña hacía cola en la montaña rusa.

Ubud proviene del término balinés "ubad", que significa "medicina". Mucho antes de que Julia Roberts pusiera de moda encontrar sentido a la vida y de paso novio en Ubud en su película *Come, Reza y Ama*, los balians, o curanderos balineses, han estado compartiendo su sabiduría ancestral con quien se haya interesado. **9.**_____. El pintor español nacido en Manila, Antonio Blanco, fue uno de los primeros que llegaron a Ubud para quedarse en los años 50. Su casa museo aún puede visitarse en la isla.

Los balians tratan las heridas físicas y espirituales (a su entender conectadas) con una mezcla de meditación, pociones de hierbas caseras, acupuntura y psicoanálisis local. **10.**_____ y, además de aplicar su poción particular, puede que dé consejos espirituales, técnicas de acupuntura y una sesión de reequilibrio que desbloquee "el atasco emocional" que causa el dolor físico. Visto así, no parece tan excéntrico.

11._____. Algunos anuncios que prometen la "absorción de la energía chamánica de los volcanes sagrados" o "procesos de transformación armónicos". Hay que ser precavido, pues se ha asentado en la ciudad toda una red de impostores que se ganan la vida a costa de la ingenuidad de los turistas con poca experiencia.

12._____. ¿Mi consejo? Informarse bien sobre qué esperar, comprobar las cualificaciones de los especialistas y tener una mente abierta para adentrarse en el fascinante viaje al interior de uno mismo.

[Extraído de *http://www.traveler.es*]

FRAGMENTOS

A. Otras, como la realineación de los chakras, los tratamientos de energía con cristal o las curas tradicionales balinesas, requieren algo más de arrojo al hablar de ellas una vez traspasada la frontera indonesia

B. No cabe duda de que en Ubud se respira una atmósfera especial, ya sea magia, energía o serenidad que transmiten su paisaje y sus templos, y estoy convencida de que algunas experiencias espirituales que se practican en Ubud deben ser muy enriquecedoras

C. Pero entre los muchos curanderos y profesionales auténticos, también han llegado a Bali profesionales del engaño, que ven en esta ansia de buscar soluciones rápidas y fáciles a los problemas de la vida moderna una oportunidad de negocio

D. Debido a esto, Bali es en todos los aspectos un lugar para encontrar la paz interior y el bienestar con uno mismo, la espiritualidad está por todas partes, en las calles, las casas, el paisaje y la gente

E. Desde hace más de medio siglo, abundan los relatos de artistas que llegaban hasta aquí y quedaban impactados por la energía especial del lugar, instalando su campamento entre el paisaje de jungla y campos de arroz tan característico de la zona

F. de los maravillosos masajes balineses o de lo bien que se siente una después de practicar yoga a diario durante una semana

G. Imagina por ejemplo que tienes un dolor de tripa que no te abandona por un tiempo. El curandero intentará encontrar la causa emocional de ese dolor, el por qué tu cuerpo no se recupera por sí solo

Tarea 3 · Instrucciones:

Lea el texto y responda a las preguntas (13-18). Seleccione la opción correcta (a / b / c).

TEXTO

CAMINO DE SANTIAGO: TRAS LA ESTELA DEL APÓSTOL
Ramón Núñez Centella

En tiempos del poeta Dante, los peregrinajes a la tumba de Santiago, en Compostela, solo eran superados en número y prestigio por los realizados a Roma. Sin embargo, el *Poeta supremo* opta por valorar mejor los realizados a Galicia, razonando que aunque en sentido amplio ambos son peregrinajes, Santiago es el apóstol que reposa más lejos de su tierra y es el que convoca a los auténticos peregrinos. No era mala esa publicidad para una ruta turística que había de contribuir a la vertebración de Europa. Dante concluye que los peregrinajes son, ante todo, situaciones de educación y que, por tanto, los caminos largos son los más enriquecedores.

Según la tradición, Santiago — hermano de Juan Evangelista, hijo de Zebedeo el pescador y de Salomé —, tras predicar el Evangelio en España sin alcanzar gran audiencia, retornó a Jerusalén donde en el año 44 fue decapitado por orden de Herodes Agripa. Unos discípulos consiguieron embarcar su cuerpo hacia estas tierras, donde permaneció ignorado hasta que, a comienzos del siglo IX, se produce el hallazgo de su tumba, que desde entonces competirá con Jerusalén y Roma como lugar de destino de andaduras. Un siglo antes de que Dante dejara en su *Vita Nuova* aquella apología del peregrinaje a Galicia, ya se había escrito la primera guía turística de la Historia, con su mapa incluido. Forma parte del *Liber Sancti Jacobi*, un compendio de escritos relativos a Santiago y al camino de peregrinación que, aunque redactado en distintos tiempos, estaba ya reunido a mediados del siglo XII. El manuscrito más notable correspondiente a ese libro es el *Códice Calixtino*.

[…]

[En dicho Códice], en una aparición a Carlomagno, Santiago le aclara: "El camino de estrellas que viste en el cielo significa que desde estas tierras hasta Galicia has de ir con un gran ejército a combatir a las pérfidas gentes paganas, y a liberar mi camino y mi tierra, y a visitar mi basílica y sarcófago. Y después de ti irán allí peregrinando todos los pueblos, de mar a mar, pidiendo el perdón de sus pecados y pregonando las alabanzas del Señor, sus virtudes y las maravillas que obró" (*Códice Calixtino*, folio 162).

La Vía Láctea y el Camino de Santiago

En un día de verano, antes de que comience el amanecer, si gozamos de un cielo oscuro, sin nubes y sin luna, puede verse una llamativa singularidad entre las estrellas de la noche: la Vía Láctea forma un arco luminoso que recorre el firmamento de este a oeste. […] Aquel "extenso rastro blanquecino" que cruza el firmamento había comenzado a llamarse también Camino de Santiago y habría de sugerir durante siglos para muchos peregrinos, de todos los credos y culturas, un camino.

[…]

Los astros están desde siempre vinculados a los viajes. No olvidemos que la palabra "desastre" significa "sin ayuda de los astros", expresión que, entre otras interpretaciones, representa la adversidad que puede suponer para un viajero el no poder orientarse en su camino si no ve las estrellas. De este modo no resulta nada extraño llamar vía o camino a esa banda blanquecina. De hecho, existen otras varias denominaciones en esa clave y, por ejemplo, en algunos países del Asia oriental, se le conoce como el Camino del Elefante Blanco, y para muchos tártaros musulmanes se trata del Camino a la Meca.

Como queda dicho, desde el siglo XII, entre nosotros se ha popularizado el nombre de Camino de Santiago, denominación que creo extendida de manera general, al menos por España y Francia. […] En nuestra tradición, el hecho de llamar camino a la Vía Láctea tendrá como principal objeto recordar el sentido religioso del peregrinaje y crear un símbolo entre las estrellas, más que disponer de un instrumento de orientación. Por encima del posible valor icónico de la banda lechosa está el valor simbólico.

[Extraído de *http://www.muyinteresante.es*]

PREGUNTAS

13. Según el autor, Dante opina que el camino de Santiago es…

☐ a) más educativo que el peregrinaje a Roma.

☐ b) menos educativo que otros caminos.

☐ c) más largo que otros caminos.

14. Las tumbas de Jerusalén y de Roma fueron…

☐ a) lugares de peregrinaje hasta comienzos del siglo XIX.

☐ b) parte del *Liber Sancti Jacobi* del siglo XII.

☐ c) un lugar importante de destino para los peregrinos.

15. La primera guía turística de la historia…

☐ a) fue escrita por Dante.

☐ b) incluía mapas y relatos.

☐ c) fue escrita en el siglo XII.

16. El *Códice Calixtino* relata la invitación que hizo el apóstol Santiago al emperador Carlomagno para que…

☐ a) abriera un camino con su ejército para alcanzar su tumba.

☐ b) siguiera las estrellas en el cielo.

☐ c) pidiera perdón por sus pecados.

17. El autor considera que hay una relación entre los infortunios y los astros porque…

☐ a) la palabra "desastre" deriva de la palabra "astro".

☐ b) los viajeros del Asia oriental morían durante el Camino del Elefante Blanco.

☐ c) los viajeros perdían la ruta al no reconocer la posición exacta de las estrellas.

18. Según el autor, La Vía Láctea es…

☐ a) un símbolo para muchas culturas.

☐ b) uno de los caminos más antiguos, pues data del siglo XII.

☐ c) una importantísima estrella que guía a los peregrinos.

Tarea 4   Instrucciones:

A continuación tiene seis textos (A-F) y ocho enunciados (19-26). Léalos y elija la letra del texto que corresponde a cada enunciado
Recuerde que hay textos que deben ser elegidos más de una vez.

A continuación leerá un artículo que incluye reseñas sobre varios libros.

TEXTO

A.

[*París insólito* es un] verdadero reportaje sobre el terreno, exploración de París con la premura del *clochard, para quien la velocidad es indispensable, […] aquel que no reconoce ningún lugar como propio, "el tío que se encuentra en casa dondequiera que esté", ya que su hogar es el vagabundeo, pero a quien nadie le quita esa agradable sensación del regreso, sin pretensiones de exhaustividad ni de objetividad; captación del instante fugaz que constituye por sí solo la acción; sucesión dramática de instantáneas que revelan el mundo que subyace en los márgenes de la gran ciudad en tiempos en que lo que distingue a las urbes modernas no son los populosos centros comerciales, sino los barrios periféricos, verdaderos tensiómetros del pulso de la vida real.

*clochard es la palabra francesa para vagabundo.

[Extraído de *http://revistadeletras.net*]

B.

La acción [de *Tren a Pakistán*] se sitúa en la ficticia localidad de Mano Majra, en el umbral del punto caliente del conflicto [entre la India y Pakistán]. Es un pueblo anodino donde sus habitantes siguen sin cuestionarse ancestrales tradiciones. La paz predomina y nada hace intuir que pueda quebrarse. Sin embargo, su autor […] empieza fuerte anunciando tormenta. Estallará cuando unos rufianes asesinen al prestamista local. Las sospechas recaen sobre un inocente, un ladrón Sij que la noche de autos incumplía las premisas de su libertad para intimar con una joven musulmana. Más tarde, junto a la policía encargada de averiguar los entresijos del crimen, llegará un activista político educado en la cultura europea al que se encarcelará sin motivo alguno, dejando las autoridades que se pudra entre rejas junto al delincuente a la espera de cómo evolucionen los acontecimientos.

[Extraído de *http://revistadeletras.net*]

C.

Este libro [*Cómo viajar sin ver*] nace del viaje que llevó a Andrés Neuman a 19 países de Latinoamérica para presentar por allá su novela *El viajero del siglo*, un viaje en constante tránsito que parecía no dar para mucho, pero que en la mente de Andrés se convirtió en un reto. [El autor] convirtió el "tránsito" en una ventaja y se dedicó a ver, oír y escribir, robándole a la realidad el relámpago de los momentos, deteniendo las instantáneas para revelarnos sentimientos, contradicciones y sensaciones. Este texto está elaborado con el equilibrio de los buenos aforismos, con la estética de los buenos poemas. Es fácil perderse en su vértigo de idas y venidas para terminar encontrándose en un bar de Buenos Aires o en lo alto de un rascacielos en Panamá. Aquí estamos en constante movimiento, en constante contacto, listos siempre para saltar de un párrafo a otro como si fuese una suerte de metáfora de ese despegar y aterrizar constante que vivió su autor.

[Extraído de *http://www.elplacerdelalectura.com*]

D.

La nueva versión 2011 [de la *Guía Repsol*] se transforma en una gran compañera de rutas y está al alcance de la mano, pues además de la clásica versión impresa se puede acceder a ella a través de internet o bien desde el iPhone, el iPad y diversas redes sociales (Facebook, Twitter, Flickr y YouTube). Atenta a los tiempos que corren, el gran objetivo es ofrecer la información de forma ágil y dinámica y, en ese sentido, *Repsol* no ha olvidado la dimensión que ha cobrado la tecnología en los últimos tiempos. Así es como viajeros del mundo entero pueden acceder a la información más completa, con una completa cartografía, resúmenes de más de dos mil restaurantes y hoteles, paseos e itinerarios en diferentes ciudades y recomendaciones de ocio y turismo al aire libre.

[Extraído de *http://www.lasescapadas.com*]

E.

La novela [*El globo de oro*] es un viaje turístico por los bajos fondos y la farándula de los Ocho Mundos y poco más. Esto puede sonar injusto, por cuanto se trata de un viaje fascinante y bien contado y en cada escala el narrador se encuentra con personajes lo bastante enloquecidos y bien descritos como para animarnos a seguir leyendo, y los ambientes con los que nos encontramos son descabelladamente creíbles. Por si fuera poco, el autor es capaz de meternos en la sociedad que ha creado sin interrumpir el ritmo de la novela, algo más infrecuente de lo que parece en la ciencia-ficción; [...] Sin embargo, acabada la novela, uno no puede evitar la impresión de que le ha sabido a poco, de que quería más y de que Varley es un narrador lo bastante bueno como para habérnoslo dado.

[Extraído de *http://www.bibliopolis.org*]

F.

En *Por no mencionar al perro* se nos presenta el mismo método (y el mismo entorno) que en *El libro del día del juicio final*: la comunidad de historiadores en Oxford que utilizan la máquina del tiempo como indispensable herramienta para su labor. Gracias a ciertas limitaciones hábilmente asignadas a su particular máquina del tiempo, Willis ha conseguido esquivar, o presentar de forma distinta, los manidos temas de las paradojas, las ucronías y las historias paralelas. Un detalle que ejemplifica perfectamente esta frescura es el hecho mismo de que la máquina del tiempo solo la utilicen los historiadores: como el tiempo se protege a sí mismo, no es posible enviar a nadie a una fecha en la que pueda alterar significativamente el curso de la historia, ni es posible traer nada del pasado. Por lo tanto, la máquina del tiempo no es rentable, y se demuestra útil solamente a los historiadores.

[Extraído de *http://www.bibliopolis.org*]

ENUNCIADOS

19. La obra se origina en una experiencia biográfica del escritor.

A) ☐   B) ☐   C) ☐   D) ☐   E) ☐   F) ☐

20. El final de la historia deja al lector con ganas de más.

A) ☐   B) ☐   C) ☐   D) ☐   E) ☐   F) ☐

21. El libro trabaja con un tópico bastante utilizado en la literatura, pero logra darle un nuevo giro y presentarlo como una novedad.

A) ☐   B) ☐   C) ☐   D) ☐   E) ☐   F) ☐

22. El viaje del protagonista resta importancia a las rutas y destinos tradicionales, de sobra conocidos.

A) ☐   B) ☐   C) ☐   D) ☐   E) ☐   F) ☐

23. En este libro el lector puede sentirse realmente viajando por la ciudad, a través de los ágiles ojos del protagonista.

A) ☐   B) ☐   C) ☐   D) ☐   E) ☐   F) ☐

24. Se trata de una clásica novela policial, pero con un claro trasfondo político.

A) ☐   B) ☐   C) ☐   D) ☐   E) ☐   F) ☐

25. Es una herramienta muy recomendable para viajar.

A) ☐   B) ☐   C) ☐   D) ☐   E) ☐   F) ☐

26. La demencia es una presencia central del libro.

A) ☐   B) ☐   C) ☐   D) ☐   E) ☐   F) ☐

Tarea 5 Instrucciones:

Lea el texto y rellene los huecos (27-40) con la opción correcta (a / b / c).

TEXTO

FOTO-TURISMO
Por Javier Reverte

_____**27**_____ unas semanas, en no recuerdo qué revista, contemplé una fotografía que me _____**28**_____ absolutamente perplejo. Estaba tomada en las islas Galápagos y en ella _____**29**_____ una veintena de turistas —por supuesto, con uniforme de turistas viajeros, sombrero de safari incluido— rodeando una pequeña charca de aguas verdosas en donde descansaba, escondida _____**30**_____ su enorme caparazón, una tortuga gigante. Ni uno solo de los miembros del grupo carecía de cámara. Además, algunos de ellos lo fotografiaban con potentes *zooms*, a pesar de encontrarse a menos de tres metros de distancia del animal. Por supuesto que respeto a todo el mundo que se _____**31**_____ a una tortuga para fotografiarla en lugar de despedazarla para _____**32**_____. Pero ¿para qué demonios la quieren fotografiar? Creo que si yo _____**33**_____ una tortuga, cobraría por posar.

El fenómeno de la fotografía no deja de asombrarme. Recientemente, tras estar bastante tiempo sin _____**34**_____ la más bella de las ciudades, he pasado varios meses viviendo en Roma y, naturalmente, me acerqué de nuevo a sus magníficos museos e iglesias para admirar tanta maravilla como atesora. Turistas _____**35**_____ siempre en la capital italiana, si me apuran desde la antigüedad clásica, pero jamás he visto en la ciudad tanta cámara fotográfica. […]

Contemplar un rato en la basílica de San Pedro *La Pietà*, de Miguel Ángel, por ejemplo, suponía abrirse camino a codazos entre turistas furibundos que reclamaban espacios para poder disparar sus fotografías. Y yo me preguntaba: ¿para qué quieren hacer una fotografía con lo bonita que sale la escultura en las postales?

[...]

Hace una década visité las cataratas Victoria. Había una legión de turistas recorriendo las terrazas _____**36**_____ asoman a las imponentes cascadas. Y me llamó la atención una familia española formada por el matrimonio y dos hijos adolescentes. Los cuatro _____**37**_____ sombreros surafricanos de safari y el padre rodaba con una cámara de vídeo. En cada balconada abierta a los sucesivos saltos, la mujer y los hijos posaban _____**38**_____ la cascada de turno y el padre los rodaba. Luego decía: "¡Ya está!". Y se iban hacia el siguiente salto de agua sin apenas haber mirado lo que dejaban atrás. […]

En todo caso, uno puede, más o menos, _____**39**_____ acostumbrando a pegar codazos entre los turistas fotografiadores para hacerse un hueco y poder observar *La Pietà*. No obstante, a lo que es difícil acostumbrarse es a que un amigo, al regreso de un viaje, te invite a cenar con un grupo de gente y se empeñe, a los postres, en mostrarte sus vídeos y sus fotografías. No lo _____**40**_____ nunca, amigo lector: ninguno de sus amigos volverá a una de sus cenas para verle sonreír delante de unas cataratas o posando junto a un borrico.

[Extraído de *http://viajar.elperiodico.com*]

OPCIONES

27.	a) Desde	b) Hace	c) Hacía
28.	a) quedé	b) hacía	c) dejó
29.	a) estaba	b) hubo	c) aparecía
30.	a) debajo	b) bajo	c) sobre
31.	a) acerca	b) acercara	c) acerque
32.	a) comer	b) comerle	c) comérsela
33.	a) sería	b) fuese	c) estuviera
34.	a) visitando	b) visitada	c) visitar
35.	a) han habido	b) hubieron	c) ha habido
36.	a) quienes	b) que	c) los cuales
37.	a) llevaron	b) llevaban	c) habían llevado
38.	a) frente	b) enfrente	c) ante
39.	a) ir	b) irse	c) estar
40.	a) haga	b) hace	c) hiciera

PRUEBA 2 COMPRENSIÓN AUDITIVA Y USO DE LA LENGUA

Duración de la prueba: **50 minutos**
Número de ítems: **30**

Tarea 1

Instrucciones:

Usted va a escuchar una ponencia de la que se tomaron las siguientes anotaciones. Luego deberá elegir para cada anotación (1-6) la opción correcta entre las que aparecen debajo (A-L). Escuche la audición dos veces.

Ahora dispone de un minuto para leer las anotaciones.

1. En el mundo del turismo de interior, la idea asociada a traspasar las fronteras locales y llegar a todas partes ha adquirido _____ especial en el último tiempo.

2. En el sector turístico en general estamos asistiendo al desarrollo de _____. Esta realidad se da en el contexto del llamado marketing 3.0.

3. Para mejorar la competitividad del sector turístico español es fundamental afrontar _____ del sistema actual.

4. Para que la industria del turismo sea competitiva, es muy importante que exista _____ entre los servicios prestados y el precio que se cobra por ello.

5. La marca turística España actualmente está experimentando _____.

6. INTURTECH se concibe como un espacio en el que se busca _____ de la información con el objeto de seguir abriendo los horizontes del sector turístico de interior.

A continuación escuchará una ponencia sobre el estado del turismo de interior español en el contexto de la celebración de una Feria Internacional de Turismo.

OPCIONES

A	un ideal
B	un nuevo paradigma
C	un control
D	un equilibrio.
E	una renovación
F	una transformación
G	una evolución
H	un flujo
I	una difusión
J	un rejuvenecimiento
K	una palabra
L	una notoriedad

Tarea 2

Instrucciones:

19-22

Usted va a escuchar cuatro conversaciones. Escuche cada conversación dos veces. Después debe contestar a las preguntas (7-14). Seleccione la opción correcta (a / b / c).

PREGUNTAS

Conversación 1

7. La mujer está decidida a tener unas vacaciones este año porque...

☐ a) le apetece conocer otra cultura lejana.

☐ b) está agotada de trabajar mucho y no tener descanso.

☐ c) desea estar a la última en lo que a viajar se refiere.

8. El hombre se muestra reticente a viajar de vacaciones a Dinamarca debido a que...

☐ a) es un país muy frío y además carece de interés.

☐ b) considera que es un capricho de su mujer.

☐ c) no encaja con su idea de vacaciones.

Conversación 2

9. La turista afirma que un aspecto positivo de la ciudad que está visitando es...

☐ a) que las distancias entre los diferentes lugares de interés son muy reducidas.

☐ b) que hay muchos lugares para degustar la comida típica de la zona.

☐ c) que cuenta con muchos monumentos interesantes que hay que visitar.

10. ¿Qué tipo de comida recomienda el peatón a la turista cuando esta le pregunta al respecto?

☐ a) Un buen chuletón porque la carne es típica de la zona.

☐ b) Cualquier plato está bien, ya que todos los menús del día son buenos.

☐ c) Un plato de cuchara para aplacar las inclemencias del tiempo.

Conversación 3

11. Ernesto quiere que Carolina le confirme si la visita a la bodega incluirá una cata de vinos. ¿Qué se deduce de la respuesta que ella le da?

☐ a) Que habrá una cata de vino como él pretende.

☐ b) Que la cata es imposible porque no lo ha propuesto con la suficiente antelación.

☐ c) Que la cata no está confirmada pero que, presumiblemente, podrá celebrarse.

12. Ernesto pide a Carolina que modifique el número de personas que asistirán al evento porque...

☐ a) hay dos socios que a última hora han informado de que no pueden ir a la visita.

☐ b) hay dos socios que a última hora han informado de que quieren ir a la visita.

☐ c) hay dos socios que a última hora han informado de la posibilidad de que no asistan a la visita.

Conversación 4

13. Al comprobar que su maleta excede el peso permitido, ¿qué le pide la señora al asistente?

☐ a) Que le deje pasar aun sabiendo que su maleta lleva sobrepeso.

☐ b) Que le ayude a comer las galletas y así aligerar su maleta.

☐ c) Que le indique dónde puede sentarse para comer las galletas.

14. A la sugerencia que hace el asistente con respecto a tirar las galletas, la señora alega...

☐ a) que no está bien tirar comida. Va contra sus principios.

☐ b) que le da mucha pena no llevar ningún regalo para su nieta.

☐ c) que el precio de las galletas ha sido demasiado elevado para tirarlas.

Tarea 3   Instrucciones:

23

Usted va a escuchar una tertulia sobre el turismo sostenible. Después debe contestar a las preguntas (15-20). Seleccione la opción correcta (a / b / c).
Escuche la entrevista dos veces.

PREGUNTAS

15. Según la entrevistadora, ¿cuál es el propósito de la entrevista-tertulia?

☐ a) Conocer a personas que han desarrollado diferentes proyectos en el ámbito del ecoturismo.

☐ b) Hablar sobre el estado del turismo sostenible en nuestro país.

☐ c) Reflexionar sobre la ecología en momentos de ocio.

16. Según la afirmación de Ana, la movilidad turística…

☐ a) tiene un impacto ambiental muy grande en el sector.

☐ b) provoca la mayoría de los gases de efecto invernadero.

☐ c) prácticamente no tiene repercusión a nivel ambiental.

17. Desde el punto de vista de Elisabeth, la mejora de la sostenibilidad turística es un tema que…

☐ a) implica un cambio en el modelo turístico.

☐ b) ha de legislarse con más dureza.

☐ c) se tiene que abordar desde un punto de vista educativo.

18. Para Jesús, buena parte de la solución al problema de la sostenibilidad tiene que ver con…

☐ a) dejar de viajar tanto como se hace en las sociedades industrializadas.

☐ b) ser conscientes de que hay una necesidad de responsabilidad cuando se viaja.

☐ c) aprovechar los recursos que nos ofrece el destino en cada viaje.

19. ¿Qué propone Elisabeth para mitigar el impacto ecológico durante las vacaciones en segundas viviendas?

☐ a) Que se vean sometidas a la misma normativa de ahorro y respeto al medio ambiente que los hoteles.

☐ b) Que se encarezcan los precios para que los turistas tomen conciencia del problema.

☐ c) Que se hagan campañas de concienciación en el sector turístico a este respecto.

20. Ana también da su opinión sobre pasar las vacaciones en segundas viviendas. ¿Cuál es?

☐ a) Habla de la necesidad de legislar las segundas viviendas.

☐ b) Afirma que es uno de los mayores problemas para el turismo sostenible en España.

☐ c) Dice que es necesario perseguir este fenómeno, ya que su ocupación es mínima.

Tarea 4 Instrucciones:

24-33

Usted va a escuchar diez diálogos breves. Escuche cada diálogo dos veces. Después debe contestar a las preguntas (21-30). Seleccione la opción correcta (a / b / c).

PREGUNTAS

Diálogo 1

21. Irene prefiere...

☐ a) alquilar una casa, porque no hay mucha diferencia respecto de un apartamento.

☐ b) alquilar un piso, porque es muy difícil de encontrar una casa con jardín.

☐ c) alquilar un apartamento, porque es la opción más económica.

Diálogo 2

22. ¿Cuál podría ser la relación entre estas dos personas?

☐ a) Pareja.

☐ b) Padre e hija.

☐ c) Amigos.

Diálogo 3

23. Del diálogo anterior se puede suponer que Fernando:

☐ a) quiere aprovechar para conocer lo más posible de Europa en un mes completo.

☐ b) desea abarcar muchos sitios.

☐ c) prefiere conocer en profundidad pocos destinos, en lugar de recorrer varios.

Diálogo 4

24. La mujer...

☐ a) dice que no pagará ningún recibo al restaurante, a causa de los problemas ocurridos.

☐ b) considera que el trato por parte del camarero es inapropiado.

☐ c) piensa que los fallos en el servicio del restaurante no se ajustan a lo esperable.

Diálogo 5

25. Elisa...

☐ a) está de acuerdo con la opinión del hombre.

☐ b) le asegura al hombre que todo entrará en la maleta.

☐ c) no sabe si será capaz de meter toda su ropa en la maleta.

Diálogo 6

26. Pablo sugiere que...

☐ a) Alejandra está mintiendo.

☐ b) Silvia siempre está ligando con chicos.

☐ c) Alejandra tiene razón.

Diálogo 7

27. A partir del diálogo podemos suponer que el hombre...

☐ a) considera que el impermeable es imprescindible para ir de acampada.

☐ b) no tiene mucha experiencia en acampadas.

☐ c) es precavido.

Diálogo 8

28. Marcos…

☐ a) piensa que el traje de baño de la chica es bonito, pero no le queda muy bien.

☐ b) llena de cumplidos a la chica, pero no son verdad.

☐ c) hace ruborizarse a la chica.

Diálogo 9

29. De acuerdo con el diálogo, el hombre…

☐ a) prefiere el té al café.

☐ b) está cansado.

☐ c) cree que el café helado quitará la sed inmediatamente.

Diálogo 10

30. De acuerdo con el diálogo, podemos concluir que…

☐ a) Manolo prefiere viajar en bus que en tren.

☐ b) a Manolo le da igual viajar en tren o autobús.

☐ c) Manolo cree que es mejor viajar en tren.

PRUEBA (3) DESTREZAS INTEGRADAS: COMPRENSIÓN AUDITIVA Y EXPRESIÓN E INTERACCIÓN ESCRITAS

Duración de la prueba: **80 minutos**

Tarea 1

🎧
34

A continuación escuchará una parte de un monólogo en el que se exponen algunos puntos de vista en torno a viajar en avión. Escúchela dos veces. Durante la audición podrá tomar notas. Después redactará una argumentación en la que deberá recoger los puntos principales de las posturas presentadas y expresar de forma justificada su punto de vista.

Número de palabras: **entre 220 y 250 palabras.**

Tarea 2

Instrucciones:

Elija solo una de las dos opciones que se lo ofrecen a continuación.

Número de palabras: **entre 220 y 250 palabras.**

OPCIÓN 1

Usted va a escribir una reseña en un blog de viajes. En dicha reseña usted deberá:
- Escribir sobre un viaje que usted haya realizado (puede ser un destino o una ruta por varios destinos).
- Comentar las características generales del destino o ruta escogidos.
- Describir el itinerario y los puntos más relevantes para visitar.
- Aconsejar a los lectores que decidan hacer ese mismo viaje, proporcionando datos prácticos.
- Expresar su opinión y la valoración de su experiencia durante el viaje.

OPCIÓN 2

A usted le apasiona viajar y ha encontrado el siguiente anuncio en un periódico. Escriba una carta de solicitud siguiendo las pautas indicadas en el anuncio.

LA EDITORIAL RUTAS

Busca escritores viajeros para su nueva serie de Guías de Viaje. Si eres un viajero apasionado, esta es tu oportunidad. Se convoca a concurso para formar un equipo de escritores para la publicación de una nueva serie de guías de viajes. No es necesario ser periodista ni escritor para participar, solo es necesario tener espíritu aventurero y escribir correctamente en español. Las guías que se publicarán contemplan los siguientes destinos:
- España.
- Centroamérica y Caribe.
- China.
- Capitales europeas.
- Patagonia chilena y argentina.
- Estados Unidos.
- La India y Pakistán.
- Sudeste asiático.

Los interesados deben mandar una carta a escritores@editorialrutas.com, en la que deberán incluir:
- Su especial interés por el destino escogido (aspiraciones personales, por qué ese destino).
- Las razones por las que deberían ser contratados como escritores para la editorial (formación, experiencia, aptitudes, características personales, etc.).
- Información personal como los gustos, preferencias, su afición a algún deporte, etc.

PRUEBA 4 DESTREZAS INTEGRADAS: COMPRENSIÓN DE LECTURA Y EXPRESIÓN E INTERACCIÓN ORALES

Duración de la prueba: **20 minutos**
Tiempo de preparación: **20 minutos**

Tarea 1

Instrucciones:

Usted debe hacer una presentación oral sobre el texto adjunto. Su exposición debe incluir los siguientes puntos.
- Tema central.
- Ideas principales y secundarias.
- Comentario sobre las ideas principales.
- Intención del autor, si procede.

Dispone de entre tres y cinco minutos. Puede consultar sus notas, pero la presentación no puede limitarse a una lectura de las mismas.

TEXTO

ENOTURISMO: MUCHO MÁS QUE UNA MODA

El interés por la cultura del vino y el mundo rural da forma a cuantiosos proyectos que aúnan turismo y enología. En los últimos años, la palabra "enoturismo" se ha incorporado definitivamente a nuestro vocabulario. Se trata de una nueva forma de turismo temático de carácter rural que propone el vino como eje fundamental. En líneas generales, por enoturistas entendemos personas aficionadas al vino (no profesionales) que tienen un interés cultural hacia este producto y aprovechan vacaciones o tiempo libre para conocer zonas vitivinícolas, visitar bodegas, aprender los procesos de elaboración e incluso vivir de cerca la experiencia de la vendimia.

Según una encuesta realizada a cerca de un centenar de bodegas al menos un 89% de ellas realizan actualmente alguna actividad relacionada con el enoturismo. Pero ¿cuáles son las motivaciones para que una firma vinícola decida embarcarse en esta aventura, en algunos casos con la necesidad de realizar inversiones cuantiosas? La razón más evidente es la económica. Nadie niega ya que en España sobran bodegas, en gran medida debido a que el interés que despierta el vino (y que no acaba de traducirse en un incremento de su consumo) ha llevado a personas ajenas al sector a poner en marcha bodegas propias. Y no siempre son rentables. Por ello, el enoturismo se convierte en una salida para aquellas explotaciones que con su actividad principal (vender vino) no consiguen sobrevivir y optan por rentabilizar su negocio a través de actividades paralelas (visitas, alojamientos, restaurantes, tiendas, etc.).

Sea esta o no la motivación principal, la realidad es que la mayoría de las bodegas han visto en el enoturismo una forma no solo de ganar dinero, sino de publicitar de una manera mucho más rentable sus vinos, de fidelizar a los clientes implicándolos en el proceso de elaboración y en el "encanto" del entorno y de las prácticas rurales que rodean a este producto natural. En concreto, según la mencionada encuesta, el 89% de las empresas consultadas permiten las visitas a sus instalaciones y el 79% ofrece la posibilidad de catar sus vinos. Algunas bodegas incluso han puesto a la venta paquetes turísticos que incluyen visitas guiadas con cata, con posibilidad incluso de almuerzo. Otras, ofrecen visitas en diferentes épocas del ciclo de la viña, como la poda, la floración, el envero y la vendimia.

Por otro lado, un 70% de las bodegas que participaron en la encuesta cuentan con una tienda que en muchos casos vende, además de sus vinos, otros productos típicos de la zona, como aceite, frutos secos y miel. También resulta destacable que el 23% de las viñas disponga de museos, en los que frecuentemente se exponen antiguos aperos de labranza, maquinaria, tinajas, etc.

Asimismo, la mitad de las bodegas encuestadas ofrece servicio de restaurante y el 19% dispone de alojamiento. De hecho, siete nuevas compañías han anunciado su intención de abrir un hotel rural, la mayoría de las cuales incorporarán un número muy reducido de habitaciones, pues la intención es mantener, en la medida de lo posible, el ambiente de "exclusividad". De las bodegas que disponen de hotel propio, cuatro cuentan también con servicios como spa y/o piscina climatizada. Sin duda, el turismo en España da para mucho, y en el último tiempo, crisis económica mediante, la creatividad de los empresarios está diversificando las alternativas. El enoturismo convoca turismo de todas las latitudes del planeta, así como turismo propiamente español, amantes del buen vino, pero sobre todo de la exclusividad, la buena mesa, la cultura y el paisaje español.

[Adaptado del texto de Marta Castillo en *http://www.alimarket.es*]

Tarea 2

Instrucciones:

Usted debe mantener una conversación con el entrevistador sobre el tema del texto de la Tarea 1. En la conversación, usted deberá:
- Dar su opinión personal sobre el tema.
- Justificar su opinión con argumentos.
- Rebatir, si procede, las opiniones que exprese su interlocutor.

La conversación durará entre cuatro y seis minutos.

MODELO DE CONVERSACIÓN
1. Opinión del candidato y justificación.
¿Qué le parece el enoturismo?
¿Había oído alguna vez hablar de este tipo de oferta turística?

2. Turnos de intervención candidato-examinador.
Ejemplos de intervención del examinador:
Usted dice que le parece interesante ofrecer una alternativa turística en torno al vino... ¿piensa usted que se podría ofrecer algo similar con otros productos? ¿Hacer un turismo en torno a la paella o a los productos del mar, por ejemplo?
¿Cree usted que la creatividad es importante para mejorar la economía de un país?
¿Qué ideas se le ocurrirían a usted para crear una empresa turística?
¿Le gusta este tipo de turismo en hoteles y restaurante exclusivos o prefiere viajar de otra forma?

Tarea 3   Instrucciones:

La revista *Viajeros* está convocando a un concurso de fotografía llamado "España: Vacaciones inolvidables".

Para escoger la foto ganadora, el jurado va a tener en cuenta los siguientes criterios:

- Que refleje aspectos propios de la cultura española.
- Que destaque a España como un destino turístico atractivo.
- Su originalidad.
- Su estética.

Aquí tiene las cuatro fotografías finalistas. Teniendo en cuenta el lema del concurso y los criterios del jurado, ¿cuál debería ser, en su opinión, la foto ganadora? Discuta su elección con el entrevistador hasta que ambos lleguen a un acuerdo.

Recuerde que se trata de una conversación abierta y que por tanto puede interrumpir a su examinador, discrepar, pedir y dar aclaraciones, argumentar sus opiniones, rebatir las del entrevistador, etc.

La duración de la conversación será de entre cuatro y seis minutos.

PRUEBA 1 COMPRENSIÓN DE LECTURA Y USO DE LA LENGUA

Tarea 1

1. A

"Si dos meses antes de la expiración del plazo anual de vigencia, ninguna de las partes notifica a la otra su voluntad de rescisión del contrato, este se entenderá prorrogado tácitamente por un *nuevo periodo de un año*, y así sucesivamente".

2. A

"Averías o daños causados directamente por *incendio* o *robo*".

3. C

"*Queda cubierta por el seguro*, contra la presentación de facturas, la *compra de artículos necesarios*, debidamente justificados, *ocasionada por la demora de 24 o más horas* en la entrega del equipaje facturado, cualquiera que sea la causa. En el caso de que la demora se produzca en el viaje de regreso, solo estará cubierta si la entrega del equipaje se retrasa más de 48 horas desde el momento de la llegada".

4. B

"En las estancias superiores a 90 días consecutivos fuera del domicilio habitual, el equipaje solo queda garantizado en los viajes de ida y vuelta a España".

5. C

"No están cubiertas por esta garantía:

a) Las mercancías y el material de uso profesional, la moneda, los billetes de banco, billetes de viaje, títulos de cualquier naturaleza, *documentos de identidad* y en general, todo documento y valores en papel, tarjetas de crédito, cintas y/o *discos con memoria*, documentos registrados en bandas magnéticas o filmados, colecciones y material de carácter profesional, prótesis, gafas y lentes de contacto. A estos efectos no se consideran material profesional los ordenadores personales".

6. B

"*No están cubiertas* por esta garantía: (…) d) Los daños causados directa o indirectamente por hechos de *guerra, desórdenes civiles* o *militar*es, *motín popular, huelgas, terremotos* y *radioactividad*".

Tarea 2

7. F
8. A
9. E
10. G
11. C
12. B

Tarea 3

13. A

"Sin embargo el *poeta opta por valorar mejor los realizados a Galicia*, razonando que aunque en sentido amplio ambos son peregrinajes, Santiago es el apóstol que reposa más lejos de su tierra y es el que convoca a los auténticos peregrinos. No era mala esa publicidad para una ruta turística que había de contribuir a la vertebración de Europa. *Dante* concluye que los peregrinajes son, ante todo, situaciones de educación y que, por tanto, *los caminos largos son los más enriquecedores*".

14. C

"Según la tradición, Santiago —hermano de Juan Evangelista—, tras predicar el Evangelio en España sin alcanzar gran audiencia, retornó a Jerusalén donde en el año 44 fue decapitado por orden de Herodes Agripa. Unos discípulos consiguieron embarcar su cuerpo hacia estas tierras, donde permaneció ignorado hasta que, a comienzos *del siglo IX*, se produce el hallazgo de su tumba, que *desde entonces competirá con Jerusalén y Roma como lugar de destino de andaduras*".

15. C

"Un siglo antes de que Dante escribiera aquella apología del peregrinaje a Galicia, ya se había *escrito la primera guía turística de la Historia*, con su mapa incluido. Forma parte del Liber Sancti Jacobi, un compendio de escritos relativos a Santiago y al camino de peregrinación que, aunque redactado en distintos tiempos, estaba ya reunido a *mediados del siglo XII*".

16. A

"En dicho Códice se narra la aparición de Santiago al emperador Carlomagno, oportunidad en la cual el apóstol le aclara al emperador: "El camino de estrellas que viste en el cielo significa que desde estas tierras hasta Galicia *has de ir con un gran ejército* a combatir a las pérfidas gentes paganas, liberar mi camino y mi tierra, y *visitar mi basílica y mi sarcófago*".

17. C

"No olvidemos que la palabra "desastre" significa "sin ayuda de los astros", expresión que representa la adversidad que puede suponer para un *viajero el no poder orientarse en su camino si no ve las estrellas*".

18. A

"En nuestra tradición, el hecho de llamar camino a *la Vía Láctea* tendrá como principal objeto recordar el sentido religioso del peregrinaje y crear un símbolo entre las estrellas, más que disponer de un instrumento de orientación. Por encima del posible valor icónico de la banda lechosa está *su valor simbólico*".

Tarea 4

19. C

"*Este libro* [Cómo viajar sin ver] *nace del viaje que llevó a Andrés Neuman a 19 países de Latinoamérica para presentar por allá su novela **El viajero del siglo***, un viaje en constante tránsito que parecía no dar para mucho pero que en la mente de Andrés se convirtió en un reto. *[El autor] convirtió el "tránsito" en una ventaja y se dedicó a ver, oír y escribir, robándole a la realidad el relámpago de los momentos*, deteniendo las instantáneas para revelarnos sentimientos, contradicciones y sensaciones".

20. E

"Sin embargo, *acabada la novela, uno no puede evitar la impresión de que le ha sabido a poco, de que quería más* y de que Varley es un narrador lo bastante bueno como para habérnoslo dado".

21. F

"Como ya ha demostrado en sus otros trabajos sobre el viaje en el tiempo, Willis *posee una visión sobre el tema devastadoramente fresca e innovadora*. En *Por no mencionar al perro* se nos presenta la clásica figura de los historiadores en Oxford que utilizan una máquina del tiempo como indispensable herramienta para su labor".

22. A

"[…] sucesión dramática de *instantáneas que revelan el mundo que subyace en los márgenes de la gran ciudad* en tiempos en que lo que distingue a las urbes modernas no son los populosos centros comerciales, sino los *barrios periféricos, verdaderos tensiómetros del pulso de la vida real*".

23. A

"[*París insólito* es un] verdadero reportaje sobre el terreno, *exploración de París con la premura del *clochard, para quien la velocidad es indispensable*, […] aquel que no reconoce ningún lugar como propio, *"el tío que se encuentra en casa dondequiera que esté"*, ya que su hogar es el vagabundeo, pero a quien nadie le quita esa agradable sensación del regreso, sin pretensiones de exhaustividad ni de objetividad".

24. B

"*Las sospechas recaen sobre un inocente, un ladrón Sij que la noche de autos incumplía las premisas de su libertad para intimar con una joven musulmana.* Más tarde, *junto a la policía encargada de averiguar los entresijos del crimen, llegará un activista político educado en la cultura europea al que se encarcelará sin motivo alguno*, dejando las autoridades que se pudra entre rejas junto al delincuente a la espera de cómo evolucionen los acontecimientos".

25. D

"Así es como *viajeros del mundo entero pueden acceder a la información más completa*, con una completa *cartografía*, resúmenes de más de *dos mil restaurantes y hoteles*, paseos e *itinerarios en diferentes ciudades* y *recomendaciones* de ocio y turismo al aire libre".

26. E

"[…] en cada escala el narrador se encuentra con *personajes lo bastante enloquecidos* y bien descritos como para animarnos a seguir leyendo, y los *ambientes* con los que nos encontramos *son descabelladamente creíbles*".

Tarea 5

27. B

El comienzo del texto ofrece una contextualización temporal de los hechos que se relatan a continuación. Para esto, hace falta una expresión que nos permita *localizar una acción en el pasado*. Esa es la función que cumple la estructura *"hace + cantidad de tiempo + tiempo pretérito"* (alternativa "b"): *el narrador observó una fotografía ayer/hace unas semanas/ en 2003*. La alternativa "a" no cumpliría la función requerida, pues *"desde"* se orienta hacia la definición del *comienzo de una acción* que se extiende hasta el momento presente, lo que no resulta coherente con el verbo "contemplé", propuesto en pasado. La alternativa "c", por su parte, aun cuando cumple con la función de localizar una acción en el pasado, debería ir seguida de un verbo anterior en el tiempo: *"el narrador había observado una fotografía el día anterior/hacía unas semanas/ en 2003"*.

28. C

Las tres alternativas propuestas corresponden a *tres verbos "de cambio"*, de entre los numerosos verbos de estas características que existen en la lengua española, y que cumplen la función de *denotar el proceso de pasar de un estado a otro*. Los verbos "quedar", "hacer" y "poner" entonces, funcionarían bien en el contexto de la narración, en el que de una fotografía *modifica el estado anímico del observador quien, como resultado, está "perplejo"*. Para escoger la alternativa correcta, podemos poner atención en los tiempos verbales utilizados. Si el texto hace referencia a una acción específica ocurrida en el pasado (*contemplé una fotografía y el resultado fue mi perplejidad*), sabemos que el tiempo a utilizar debe ser pretérito indefinido, lo que nos ayuda a descartar la alternativa "b", conjugada en pretérito imperfecto. Para elegir entre las alter-

nativas "a" y "b", hace falta poner atención en el agente de la acción, lo que redunda en la persona en que están conjugados los verbos. En este caso, hay una fotografía que modifica el estado anímico del narrador, lo que podemos identificar gracias al pronombre "me": La fotografía *me provocó* perplejidad. De este modo, *la persona gramatical requerida es la tercera* (la fotografía), lo que nos permite eliminar la alternativa "a", conjugada en primera persona.

29. C

Los *verbos "estar", "haber" y "aparecer" pueden ser utilizados para indicar existencia*, por lo que todas las alternativas podrían ser correctas, considerando que el texto hace referencia a la presencia de turistas en determinado sitio. Ahora bien, si ponemos atención a los tiempos verbales, recordaremos que *toda descripción en pasado suele hacerse utilizando el pretérito imperfecto*, lo que nos permite eliminar la alternativa "b" como opción, pues está conjugada en pretérito indefinido. Luego, para decidir entre las alternativas restantes, ambas conjugadas en pretérito imperfecto, debemos recordar que el verbo "estar", cuando indica existencia, debe ir seguido por un artículo determinado (*el, la los, las*) seguido por un nombre, o bien por un nombre propio (en tanto "hay" suele presentarse seguido por artículos indeterminados y nombres plurales). Considerando que el texto hace referencia a *"una veintena de turistas"*, la existencia del artículo indeterminado "una" nos sugiere que la alternativa correcta es la "c".

30. B

De las tres opciones presentadas en las alternativas, por coherencia semántica sabemos que es difícil que una tortuga se esconda "sobre" su caparazón, puesto que tal gesto la dejaría al descubierto en lugar de guarecerla. En consecuencia, *"bajo" y "debajo" serían las opciones a considerar, puesto que tienen exactamente el mismo significado*. La razón de que "b" sea la alternativa correcta es simplemente que, a diferencia de la preposición "bajo", *la preposición "debajo" requiere ir seguida por "de"*, palabra que no se encuentra en el texto.

31. C

Para responder esta pregunta tenemos que recordar uno de los numerosos *usos del subjuntivo en español*, relacionado con la *alusión a eventos, cosas o personas desconocidas o hipotéticas*. En este caso, la oración "[yo] respeto a todo el mundo que se _____ a una tortuga […]", *"todo el mundo" es una expresión referida a una cantidad indefinida de personas desconocidas*, por lo que asumimos que la alternativa correcta debe ir en subjuntivo y que, por tanto, no es la "a", planteada en modo indicativo. Hay que recordar que si nos refiriéramos a una persona conocida, necesitaríamos usar indicativo ("[yo] respeto a *la chica pelirroja* que se *acerca* a una tortuga […]". *A la hora de decidir entre "acercara" (imperfecto de subjuntivo) y "acerque" (presente de subjuntivo)*, solo debemos fijarnos en el tiempo verbal en que está conjugado el verbo principal de la oración: *"yo respeto" es presente, por lo que la alternativa correcta es la "c"*.

32. C

Esta pregunta pone el foco en el uso de los pronombres de objeto directo e indirecto. El texto habla de *fotografiar una tortuga* (fotografiar*la*) y de *despedazar una tortuga* (despedazar*la*), donde la adición del pronombre *"la"* al final de cada verbo sustituye al objeto directo femenino *"la tortuga"*. En el caso de *comer una tortuga*, lo lógico sería continuar con la adición del pronombre de objeto directo al final del verbo (*comerla*) pero, como esa opción no figura dentro de las alternativas, tendremos que escoger la más coherente de las tres. La primera de ellas es un verbo que no incluye pronombre alguno (comer), por lo que quedamos faltos de información al no saber *qué es lo comido*. La segunda alternativa sí lleva un pronombre, pero es de objeto indirecto (*"le"*), lo que no cumple la función de sustituir el nombre "la tortuga", que es un objeto directo. *La opción "c" es correcta pues incluye "la" (pronombre de objeto directo) y, adicionalmente,* incluye el *pronombre de objeto indirecto "se" como alomorfo de "le",* que en este caso *cumple una función enfática,* intensificadora de la acción de comer.

33. B

Esta oración corresponde a una *cláusula con "si" en situaciones irreales o hipotéticas* (que el narrador sea una tortuga es, de hecho, una situación definitivamente irreal), lo que gramaticalmente se constituye del siguiente modo: *si + imperfecto de subjuntivo + condicional* (hay que precisar que *el orden de esta estructura también se puede alterar* para quedar de la siguiente forma: *condicional + si + imperfecto de subjuntivo.*) Atendiendo a la oración presentada en el texto, que se inicia con "si" y acaba con "cobraría", vemos la *necesidad de incluir un imperfecto de subjuntivo después de "si"*. Lo anterior nos lleva a descartar la alternativa "a", conjugada en condicional, pero nos presenta como opciones válidas las dos formas de imperfecto de subjuntivo del español, que puede ir finalizado en "-ra" o en "-se" indistintamente. El criterio utilizado para decidir entre las alternativas "b" y "c", entonces, debe atender a la pertinencia de los verbos, y no a su conjugación. Atendiendo al contenido de la oración, el narrador claramente habla de la *hipótesis de ser una tortuga,* puesto que *no es coherente la utilización del el verbo estar en este caso.* Así, *la alternativa correcta es la "b",* en tanto "fuese" es una forma de imperfecto de subjuntivo del verbo ser.

34. C

Esta pregunta nos presenta una situación en que un individuo se ha enfrentado con la ausencia total de una acción durante un periodo de tiempo. *Ha pasado "bastante tiempo" en que el narrador no ha visitado "la más bella de las ciudades".* Para indicar la *ausencia total de una acción durante un periodo de tiempo* existe la *perífrasis "estar + sin + infinitivo".* Esto nos hace descartar el gerundio y el participio de las alternativas "a" y "b", para seleccionar el *infinitivo de la alternativa "c" como la opción correcta.*

35. C

La alternativa correcta de esta pregunta tiene que ver con la utilización del tiempo verbal adecuado al contexto de esta narración. Si la situación va acompañada por el *marcador temporal "siempre",* asumimos que *se trata de una acción que comienza en el pasado y que se mantiene hasta el momento de la enunciación (el presente de la narración). En consecuencia, el pretérito imperfecto es el tiempo verbal más coherente,* lo que nos permite descartar la opción "b", propuesta en pretérito indefinido. De las dos alternativas restantes, ambas en imperfecto, *la "a" conjuga el verbo auxiliar haber en plural y la "c" en singular.* En este punto, debemos recordar aquella norma general que plantea que *el verbo haber, cuando refiere existencia, solo se conjuga en singular y nunca en plural,* aun cuando haga referencia a elementos plurales, como el caso de los turistas, en la narración. *La respuesta correcta, entonces, es la "c":* "turistas ha habido siempre en la capital italiana".

36. B

En este caso, nos hallamos en presencia de una oración adjetiva (o de relativo), y el desafío es escoger el pronombre de relativo adecuado, entre los tres que se proponen en las alternativas. Para esto, lo primero es identificar el antecedente de la oración que, en este caso, es "las terrazas". Desde esta certeza podemos descartar la alternativa "a", pues "quienes" se refiere a antecedentes humanos, así como la "c", en tanto el pronombre "los cuales" (masculino y plural), si bien hace referencia a objetos, presenta una incoherencia de género con las terrazas (femenino y plural). El pronombre "que" de la alternativa "b", que suele ser el más utilizado en este tipo de construcciones, no varía en género y número, y se puede referir a personas y cosas, es entonces la alternativa correcta.

37. B

La alternativa correcta en este caso tiene que ver con la selección del *tiempo pretérito más adecuado para describir cosas y personas en el pasado,* pues el texto se refiere a la caracterización física, a la ropa (los sombreros) de unas personas que protagonizaron una acción del pasado. Por norma general, el tiempo adecuado para estos fines es el *pretérito imperfecto,* y la alternativa "b" es correcta porque es la única que presenta este tiempo verbal.

38. C

De las tres alternativas propuestas, *todas son preposiciones de lugar que se refieren en términos generales a lo mismo (estar delante de algo).* La única diferencia radicaría en que "frente" requiere ir seguido de "a" ("sus hijos posaban *frente a* la cascada de turno"), "enfrente" requiere ir seguido de "de" ("sus hijos posaban *enfrente de* la cascada de turno") y *ante no necesita ir seguido de ninguna otra preposición.* Como en el texto la palabra que buscamos cumple esta última condición, concluimos que *la alternativa correcta es la "c":* "sus hijos posaban ante la cascada de turno".

39. B

Esta pregunta nos pone frente a una *perífrasis verbal con valor progresivo,* es decir, que hace referencia a un proceso paulatino en que alguien se va acostumbrando –poco a poco– a algo. La *perífrasis ir + gerundio* cumple justamente esta función, lo que nos lleva a poner la atención en las dos primeras alternativas (descartando la "c", que no resulta coherente seguida de un verbo en gerundio). La pregunta a continuación es si incluir o no el pronombre "se" dentro del verbo "ir" de nuestra perífrasis. En este caso, debemos recordar que *el verbo "acostumbrarse" es pronominal,* es decir, *requiere de un pronombre para mantener su sentido.* Sea cual sea la conjugación y el contexto, *las personas "se acostumbran" a las cosas, por lo que la alternativa correcta es la "b":* "irse acostumbrando".

40. A

En esta oración el *narrador se dirige directamente al lector, apelándolo a través de un mandato (imperativo) negativo.* Recordemos que *los mandatos negativos se construyen usando la estructura "no" seguida por una forma verbal equivalente a la del presente de subjuntivo,* a la que se añadirán diferentes terminaciones según vaya dirigido a tú (no haga<u>s</u>), vosotros (no hagá<u>is</u>) o ustedes (no haga<u>n</u>), pero que *se mantendrá igual en subjuntivo cuando se le habla a "usted" (no haga).* Así, considerando las opciones disponibles, la más coherente es la "a", en tanto la "b" plantea un verbo en indicativo y la "c" un verbo en imperfecto de subjuntivo, conjugaciones que no tienen relación alguna con la construcción del imperativo negativo.

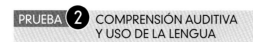

PRUEBA 2 COMPRENSIÓN AUDITIVA
Y USO DE LA LENGUA

Tarea 1

1. L
"Un año en el que cobra también un protagonismo muy especial *el concepto de globalización aplicado al turismo*".

2. B
"Tres ámbitos que, sin ninguna duda, también, configuran un *nuevo modelo turístico*, también bajo el paraguas de lo que ya se viene denominando como el *nuevo marketing, el marketing 3.0*".

3. E
"En primer lugar yo creo que es importante, y así es como se manifiesta desde los ámbitos profesionales del sector a todos los niveles, *regenerar nuevos productos turísticos*".

4. D
"Y para hacerlos más competitivos, habremos de tener en cuenta que hay que tener siempre en el horizonte *la relación de la calidad y del precio* para que ninguna de estas dos se escapen de los niveles de competitividad".

5. F
"La marca turística de España también está *en un momento de cambio*, me van a permitir que de más de en un momento de cambio hablemos de *un momento de reconfiguración* de la marca".

6. H
"El grupo Pasión por el Turismo y la feria de Valladolid, configuran INTURTECH, un espacio de debate, de reflexión para profesionales, para medios de comunicación, para emprendedores, para hoteles, para restauradores…".

Tarea 2

7. B
M: "Vamos a ver Miguel… yo creo que *nos merecemos un descanso después de todo el año "pringaos" con los trabajos.* Además, *llevamos dos años sin vacaciones*, ¡ya está bien!".

8. C
H: "¡Ah! Ahora entiendo… Tú quieres ir a Dinamarca porque tus amigos han estado allí, y cómo van de modernos… ¡Ni hablar! *Para ir de vacaciones a un lugar sin sol ni playa ni cervecitas frías, ¡no cuentes conmigo!*".

9. A
T: "Lo bueno de esta ciudad es que *se puede recorrer de punta a punta caminado en un suspiro…*".

10. C
P: "Hay muchas cosas, pero en un día como hoy *cualquier plato caldoso le vendrá bien*. Para entrar en calor, ya sabe…".

11. C
C: "Mmm… *Todavía no lo sé*, Ernesto. *Yo lo consulto, déjame que llame a la bodega* y a lo largo de esta tarde te cuento, ¿ok? *Espero que no haya problema con eso*, pero prefiero indagarlo, ¿entendés?".

12. B
E: "Claro, por supuesto. No hay problema con eso. Yo espero noticias, ¿ok? Otra cosa Carolina, *necesito transporte para dos personas más de las que te coment*é. A última hora dos nuevos socios se interesaron por la actividad. ¿Hay algún problema?".

13. A
S: "¡Qué faena! Y ahora, ¿qué hago yo? Oiga, ¿no puede hacer la vista gorda?".
A: "No señora. *Si la hiciera cada vez que alguien me lo pide, el avión nunca podría despegar por sobrepeso*".

14. C
S: "¿Tirarla? ¿Con lo que me ha costado? Son unas galletas buenísimas. No las puedo tirar…".

Tarea 3

15. C
"Empezamos preguntándonos si se han detenido a pensar en *cuánto contaminan nuestras actividades estivales de ocio, quién protege la salud del planeta durante las vacaciones o si la conciencia ecológica se relaja en verano*".

16. A
"[…] de hecho, yo quiero… también *querría remarcar que la movilidad turística es uno de los componentes con más impacto ambiental del turismo*".

17. C
"Yo creo que este tema también *se tiene que ir trabajando desde el punto de vista de formación*, de *formar a todas las personas*, ya *desde pequeñitas*, y que tengamos todos esta conciencia de cómo queremos luego desarrollar nuestro turismo personal".

18. B
"Yo creo que más está en la *concienciación de cada uno de nosotros*, ¿no?, en el hecho de saber que tenemos que *ser responsables en nuestra manera de viajar*, ¿no?, y en ese sentido *lo que es importante es tener conciencia*".

19. A
"A ver, yo creo que hay tema… que *con las residencias* también *se pueden aplicar políticas igual que aplicamos en los hoteles*, porque en los hoteles ya, en general, todos aplicamos muchas de *respeto con el medio ambiente*, con relación a mil cosas…".

20. C
"De hecho, yo creo que también es interesante, aparte de estas políticas más domésticas, *también luchar contra la estacionalidad*".

Tarea 4

21. C
"¡Hombre! ¡Menuda diferencia! *No hay duda de que vamos a un piso. Una casa cuesta un ojo de la cara*".

22. B
"- Vaya cara que llevas, *Laura. ¿No querías salir de vacaciones?*
- […] Tenía ganas. Pero como *no me dejaste traer el ordenador* […]
- Ufff… Había leído sobre el *"síndrome de adicción a internet" en adolescentes*, pero ahora veo que existe".

23. C
"*Solo estaré en Londres y Madrid*. Ya sabes… *quien mucho abarca, poco aprieta*".

24. C
"Vale, pero además haré un queja formal. *Dos faltas así de graves en un día… No es de recibo*".

25. B
"- ¡Esos cuatro pares de zapatos no entran ni en sueños!
- ¿Que no? *Pues ya verás*".

26. A

"¡Ay, Alejandra! ¡A otro perro con ese hueso!".

27. C

"deberíamos llevar también un *impermeable, por si las moscas*".

28. C

"¡Pero Marcos! *Vas a hacer que me ponga roja...*".

29. B

"Como *estoy que muero* de calor y *de sueño*, pues así mato dos pájaros de un tiro".

30. C

"- […] Yo creo que es más cómodo ir en tren que en autobús.

- *Desde luego, María*".

EXAMEN 3

Humanidades y producción artística

PRUEBA **1** COMPRENSIÓN DE LECTURA Y USO DE LA LENGUA

Duración de la prueba: **90 minutos**
Número de ítems: **40**

Tarea 1

Instrucciones:

A continuación leerá las bases de un concurso.
Lea el texto y conteste a las preguntas (1-6). Seleccione la opción correcta (a / b / c).

TEXTO

XVIII CONCURSO DE ARTE "PROPUESTAS"

La Concejalía de Juventud del Ayuntamiento de Alicante, con la finalidad de fomentar la creación artístico-plástica de los jóvenes, programa y organiza muestras expositivas de creación de jóvenes artistas. Por ello, y con el propósito de que se cumplan los principios de objetividad, publicidad y libre concurrencia en la Programación de Exposiciones organizadas por el Departamento de Juventud, se convoca Concurso Público, de acuerdo con las siguientes bases.

A. PARTICIPANTES:

A1.- Podrán concurrir a este concurso todos los jóvenes artistas, nacidos o residentes en el territorio nacional y que a fecha de la publicación de esta convocatoria tengan entre 18 y 35 años de edad.

A2.- Se podrá concurrir de manera individual o colectiva. En este último caso, solo se aceptarán obras de realización y firma conjunta o proyectos de exposiciones colectivas de obras individuales.

B. REQUISITOS:

El artista deberá presentar la siguiente documentación:

a) *Currículum vítae*

b) Fotocopia del DNI

c) Proyecto de exposición, con siete fotografías (mínimo) de las obras a exponer, con indicación de las medidas y la técnica utilizada.

d) Cualquier otra documentación que considere pertinente para la mejor valoración de su obra. En el caso de documentos en soporte informático, se adjuntará una copia en papel.

e) En caso de exposición colectiva los datos serán cumplimentados por un representante del mismo, quién deberá presentar un documento que acredite dicha representación.

C.- INSCRIPCIONES

C.1.- La documentación exigida se presentará a través de las Oficinas de Correos, con gastos a cuenta del participante, o personalmente en la Unidad de Actividades del Centro 14 (C/ Labradores n.º 14, C.P. 03002 Alicante). El plazo de presentación de solicitudes comienza el día 3 de marzo y finaliza el 2 de junio, a las 13:00 hrs. A la presentación de la misma se expedirá un justificante acreditativo.

C.2.- El día 9 de junio la Concejalía de Juventud publicará un edicto provisional, en el Tablón de Edictos del Ayuntamiento y del Centro 14, con la lista de admitidos y excluidos al Concurso, abriéndose un plazo hasta el 19 de junio para posibles reclamaciones. El día 20 de junio se publicará un edicto, en los lugares antes indicados, con la lista definitiva de admitidos al Concurso.

D.- JURADO

El Jurado será nombrado por la Concejalía de Juventud del Excmo. Ayuntamiento de Alicante y estará compuesto por:

• Presidente: Sr. Concejal de Juventud o persona en quien delegue.

• Un representante del Consejo de la Juventud de Alicante.

• Un representante de cada uno de los grupos políticos del Excmo. Ayuntamiento de Alicante.

• Cinco vocales de reconocido prestigio en el mundo del arte.

• Secretario: Un técnico de la Concejalía de Juventud.

E. FALLO:

E1.- El Jurado seleccionará a un máximo de 10 artistas para la organización y programación de las correspondientes exposiciones. La Concejalía de Juventud, en el caso de que el Jurado seleccione un número menor de artistas, se reserva el derecho a seleccionar a aquellos que considere oportuno para cubrir el total de las exposiciones previstas.

E2.- El fallo del Jurado será dado a conocer a todos los participantes en la Convocatoria mediante la publicación del mismo en el Tablón de Edictos del Excmo. Ayuntamiento de Alicante y en los medios de difusión utilizados por la Concejalía de Juventud (web, redes sociales). El fallo será inapelable.

F. ORGANIZACIÓN DE LAS EXPOSICIONES

La Concejalía de Juventud fijará las fechas en las que se realizarán las exposiciones individuales de cada uno de los seleccionados, así como la exposición colectiva.

G. OBLIGACIONES DE LA CONCEJALÍA DE LA JUVENTUD:

G1.- La Concejalía de Juventud se compromete a:

a) Realizar la difusión publicitaria de las exposiciones, que será la misma para todos.

b) Realizar, con la presencia del artista, el montaje y desmontaje de las exposiciones.

c) Asegurar las obras que integran la exposición, durante el tiempo que permanezcan en el CENTRO 14 (limitando este a 48 horas antes y después de las horas de inauguración y clausura, respectivamente).

d) Mantener las exposiciones abiertas al público en la Sala del Centro 14 o espacio expositivo que determine el Departamento de Juventud, durante un plazo no superior a dos semanas cada una.

e) La Concejalía de Juventud se reserva el derecho a elaborar una Guía Didáctica correspondiendo con la Exposición colectiva.

f) En la muestra expositiva, la Concejalía de Juventud se reserva el derecho de exponer aquella obra que no haya sido seleccionada por el jurado.

G2.- A los efectos de lo dispuesto en el punto G1, la Concejalía de Juventud, como difusora del material publicitario, se reserva el derecho de ampliar, acortar o modificar los textos que les sean entregados. […]

[Extraído de *http://www.alicante.es*]

PREGUNTAS

1. El Ayuntamiento de Alicante organiza muestras expositivas de creación de jóvenes artistas para…

☐ a) suscitar el interés por el mundo del arte entre los jóvenes.

☐ b) que los jóvenes se animen a experimentar con el arte.

☐ c) divulgar la creación artística de los jóvenes de la región.

2. Según las bases del concurso, podrán presentarse participantes de manera colectiva siempre y cuando…

☐ a) exista una realización conjunta de las obras certificada por la firma de los artistas.

☐ b) se presenten candidaturas para exposiciones colectivas integradas por diferentes artistas.

☐ c) se dé uno de los dos supuestos anteriores.

3. Los artistas deberán entregar, además de la documentación obligatoria,…

☐ a) cartas de recomendación redactadas para la ocasión.

☐ b) una biografía detallada, poniendo especial énfasis en la trayectoria artístico-profesional.

☐ c) cualquier otra que sirva para reforzar el valor de su obra.

4. El 9 de junio, una semana después de que finalice el plazo de presentación de candidaturas, la concejalía publicará una lista con los artistas admitidos…

☐ a) que tendrá un carácter no definitivo.

☐ b) que será definitiva.

☐ c) que solo podrá ser consultada en la página web del Ayuntamiento.

5. Como se expone en el texto, en caso de que el jurado no seleccione al número máximo de artistas para la organización de las exposiciones, la concejalía…

☐ a) está obligada a seleccionar al resto hasta llegar al número máximo.

☐ b) podrá seleccionar a otros artistas a fin de cumplir con sus compromisos.

☐ c) deberá invalidar el proceso y convocar un nuevo concurso público.

6. En el texto se dice que las exposiciones patrocinadas por la Concejalía de Juventud…

☐ a) estarán enteramente conformadas por los artistas seleccionados por el jurado.

☐ b) podrán estar integradas por artistas que no hayan sido reconocidos por el jurado.

☐ c) no podrán estar integradas por artistas que no hayan sido seleccionados por el jurado.

Tarea 2 Instrucciones:

Lea el siguiente texto, del que se han extraído seis párrafos. A continuación lea los siete fragmentos propuestos (A-G) y decida en qué lugar del texto (7-12) hay que colocar cada uno de ellos. Hay un fragmento que no tiene que elegir.

TEXTO

DE CÓMO EL CINE SE CONVIRTIÓ EN EL PADRE DE LOS ESCRITORES
Oswaldo Osorio

Con la misma rapidez y facilidad con que el cine pasó de ser una invención a una atracción de feria, se convirtió después en espectáculo y luego en expresión artística. Desde hace mucho tiempo es un poco de cada una de esas cosas y, también desde hace mucho, hace parte esencial de nuestra cultura y sociedad, a tal punto de haber significado un cambio trascendental en ciertos aspectos de la vida del hombre, **7.**_____.

Antes de que los hermanos Lumière apostaran su cámara afuera de su fábrica, a la espera de la salida de las obreras, las personas solo podían hablar (o escribir) sobre dos experiencias: las vividas por propia cuenta y las que otras personas les contaran (oral o por escrito). **8.**_____, pues gracias a la experiencia cinematográfica, que ya hace parte de la vida de casi todo mundo desde muy temprana edad (aunque sea a través de la televisión, esa hija boba del cine), hemos podido conocer lugares, hombres, costumbres e, incluso, épocas remotas; **9.**_____. Pero esta tercera forma de conocimiento no se conforma con una tercera parte de influencia sobre nuestras experiencias, sino que se impone a la segunda, lo que nos cuentan, y trata de suplantar a la primera, lo que vivimos.

10._____. Desde hace cien años ese espejo literario coincide con el espejo en que se ha constituido también el cinematógrafo. Ninguno de los dos podrían ignorarse, por más que lo quisieran, así que inevitablemente han terminado por reflejarse mutuamente, prestándose, robándose y multiplicándose entre sí las imágenes y las ideas reproducidas por uno y otro. A estas alturas, entonces, resulta que hay muchos de esos reflejos que han ido y vuelto sucesivamente entre un espejo y otro, al punto de no poder discernir en cuál de ellos empezó, y convertidos en imágenes-ideas que han evolucionado o mutado por completo, debido a este singular paso de un lado a otro.

11._____. Esta influencia directa tiene que ver con aspectos como la elección de temas, de la intriga y de las técnicas literarias, así como la transformación de géneros y de formas narrativas. David Wark Griffith, quien descubrió una nueva gramática para el cine en sus primeros años, no negó nunca que tomaba la obra de un Charles Dickens como modelo, una obra en la que se encontraban recursos narrativos que Griffith aplicó sistemáticamente en sus películas, **12.**_____, que equivale al "entre tanto" de la literatura [...].

[Extraído de *http://www.cinefagos.net*]

FRAGMENTOS

A. además, hemos conocido también sentimientos que no habíamos experimentado, o por lo menos no plenamente, como el amor, el heroísmo, la violencia o el miedo

B. como, por mencionar solo uno, el montaje de acciones paralelas

C. Es bien sabido que el cine, cuando apenas daba sus primeros pasos, recurrió a la literatura como fuente de inspiración y cantera temática

D. De acuerdo con una definición ya clásica, toda novela es un espejo que se pasea por un camino reflejándolo todo

E. la tradición cinematográfica se ha construido desde su origen con relatos literarios que los directores tomaban como base para sus películas

F. aunque a simple vista parezca un mero entretenimiento que solo algunas veces alcanza el carácter de arte

G. Pero con la llegada del cine, se abrió una tercera forma de conocimiento y creatividad

Tarea 3 **Instrucciones:**

Lea el texto y responda a las preguntas (13-18). Seleccione la opción correcta (a / b / c).

TEXTO

AHORA SÍ, *SELFIES* CON REMBRANDT

Hay cosas que no se pueden hacer pero casi todos hacemos, aunque de vez en cuando nos cueste el disgusto de que se nos venga un vigilante encima hablando en lenguas: sacarse fotos, *selfies* para ser precisos, con las obras de los grandes museos de fondo, por ejemplo. A veces, esas cosas que no se pueden hacer y hacemos igual, se legalizan: las *selfies* en los grandes museos, por ejemplo. Desde el domingo, la *National Gallery* de Londres lo permite. Antes, rendidos ante la imposibilidad de imponer la prohibición, habían cedido el Moma y el Louvre. [En Argentina] El Malba y el Museo Nacional de Bellas Artes lo permiten e incluso, en el caso del primero, pide a sus visitantes que le manden esas fotos y las usa en las redes. Por supuesto, como suele suceder en estos casos, hay gente que está de acuerdo y gente que se lanza a la arena de la disputa.

¿Qué se le objeta a tan saludable medida, permitir que el arte se incorpore a las formas contemporáneas de la experiencia —porque eso es hoy sacarse fotos casi todo el tiempo—? Que se desacraliza el arte. ¿Qué clase de sacralidad tiene una mercancía? Difícil de medir, pero seguramente algo de eso, de la creencia en un aura, en algo de lo sagrado presente en la obra de arte, hace que se llegue a los precios locos que se llega en el mercado del arte. El historiador del arte Michael Savage, entre otros, critica que, con esta medida, se pierde "el último bastión de la contemplación". El diario *The Guardian*, en un editorial, dice que de este modo se prefiere fotografiar o ser fotografiado a ver.

Hay gente más realista: el escritor Sam Leith, que en el *Evening Standard* señaló que la idea de que se produce un encuentro entre una conciencia y una singularidad artística "es una fantasía", recuerda que esas obras sagradas tienen un precio de mercado (igual que, digamos, un par de zapatillas, un ladrillo o una boda en una iglesia: igual que casi cualquier cosa). Repara, además, en que, entre la conciencia y la singularidad artística de la obra apreciada en el museo, median el humor del turista o visitante el día en cuestión, la cantidad de gente que transita por el museo y se detiene ante la misma obra, la forma en que está colgado el cuadro, la iluminación, el precio que se pagó para entrar a la institución; en fin, muchas cosas. Y dice, hablando por las mayorías: "Una gran parte del placer que sentimos frente a una obra de arte se debe al solo hecho de estar ahí". Y con la *selfie* se agrega, claro, la posibilidad de mostrárselo a todos a través de las redes sociales. Una imagen que vale por tres palabras: "Yo estuve ahí".

¿Cambia la experiencia del museo la *selfie*? Zoe Williams, de *The Guardian*, dice que sí, que el mero hecho de fotografiar una obra la cambia, que es algo más del orden de la documentación que de la experiencia. Y ni hablar de la *selfie*: se parece, dice, menos al arte que a ir a la playa y poner, para la foto, la cabeza de uno sobre el cuerpo de un luchador en malla. Sabe por qué lo dice: la semana pasada fue a la *National Gallery* y se sacó *selfies* con todas las obras que le llamaron la atención. Sintió, cuenta, vergüenza. Sintió la desaprobación del público presente, incluso hubo quien llegó a chistarle. Termina su nota diciéndoles a los puristas que se queden tranquilos, que no va a haber mucha gente sacándose *selfies* en la galería por el mismo motivo que no hay mucha gente por ahí en bikini.

[Extraído de *http://www.clarin.com*]

PREGUNTAS

13. La *National Gallery* de Londres…

- ☐ a) ha sido el primer museo en legalizar las *selfies* en su interior.
- ☐ b) ha cedido ante la imposibilidad de prohibir las fotografías dentro de los museos.
- ☐ b) el domingo permite a los visitantes hacerse *selfies* dentro del museo.

14. La incorporación a las redes sociales de fotografías tomadas por visitantes dentro de los museos…

- ☐ a) es un fenómeno que se da en los museos argentinos.
- ☐ b) genera opiniones encontradas.
- ☐ b) es un proyecto del Museo Nacional de Bellas Artes de Argentina, actualmente en disputa.

15. La atribución de un carácter sagrado a la obra de arte…

- ☐ a) se ve reflejado, por ejemplo, en los elevados precios que alcanza la industria artística.
- ☐ b) se pierde cuando se hacen fotografías al interior de los museos, según el autor.
- ☐ b) es el argumento de quienes defienden la realización de fotografías en los museos.

16. La opinión del autor…

- ☐ a) se aproxima a los planteamientos del historiador del arte Michael Savage.
- ☐ b) considera poco realistas los argumentos a favor de la sacralidad del arte.
- ☐ b) fluctúa entre dos puntos de vista.

17. Sam Leith considera "una fantasía" el encuentro entre una conciencia y una singularidad artística porque…

- ☐ a) a los turistas por lo general no les interesa el arte.
- ☐ b) los altos precios de acceso al arte, entre otros factores, no permiten este encuentro.
- ☐ b) hay numerosas variables (no artísticas) que intervienen y alteran este encuentro.

18. Zoe Williams…

- ☐ a) defiende las *selfies* dentro de los museos e incluso las ha practicado.
- ☐ b) cree que la aprobación para fotografiarse con las obras de la *National Gallery* va a incrementar drásticamente el número de turistas haciendo *selfies*.
- ☐ b) considera ridículo fotografiarse con las obras de arte.

Tarea 4

Instrucciones:

A continuación tiene seis textos (A-F) y ocho enunciados (19-26). Léalos y elija la letra del texto que corresponde a cada enunciado

Recuerde que hay textos que deben ser elegidos más de una vez.

A continuación leerá un artículo que incluye reseñas sobre varias exposiciones.

TEXTOS

A.

In your face es el título de esta provocadora muestra que con 122 fotografías de tamaño gigante no hace más que estimular no solo al espectador, sino también a aquella disputa intelectual en la cual se pone en juego la valoración artística de la fotografía como pieza de arte. La interpelación es directa. ¿Quién hubiera pensado ver el trasero de Demie Moore en un salón de exposiciones? O que alguien se atreviera a mostrar un retrato de una mujer, solo vestida con un delgado cinturón negro, tomando con sorbete de un frasco de Channel N°5. En tu cara, Testino muestra una instantánea de Kate Moss sin *make up*, un hombre que se pinta los labios de rojo carmín y una publicidad de Versace en donde la modelo combina un lujoso vestido de alta costura con unas Converse. Pero para resaltar su posición irónica, la serie también incluye delicadas fotografías situadas en el salón dorado del Palacio de Versalles y pomposos retratos victorianos.

[Extraído de *http://www.artecriticas.com.ar*]

B.

Un paisaje en formato panorámico nos transporta a otro tiempo, es una obra de Honorio Mossi: "Córdoba en 1895" (1895). Pintada ese mismo año retrata desde las sierras la ciudad cordobesa. Las casas, bajas y rojizas, se distinguen entre el cielo celeste y el verde de la naturaleza. Córdoba pacífica reposa lejana en el horizonte. Inmediatamente al lado de esta obra encontramos fotografías panorámicas de una Córdoba más actual. La serie es de Manuel Pascual y es del año 2007. Notamos la proliferación de negocios, carteles publicitarios. Un torbellino de marcas y colores.

El lugar es el mismo pero la distancia temporal y sensible entre lo que estas obras transmiten es abismal. Y de eso se trata esta muestra, *Córdoba en el centro*. De contrastes y similitudes, asociaciones entre épocas diferentes, matices subjetivos y técnicas disímiles que van desde el dibujo y la pintura hasta la fotografía y el *collage*.

[Extraído de *http://www.artecriticas.com.ar*]

C.

Carlos Herrera, de origen rosarino, es el creador de *Autorretrato sobre mi muerte*, obra ganadora del certamen [arteBA - Petrobras a las artes visuales]. Un par de zapatos que contienen calamares en descomposición dentro de una bolsa de plástico blanca constituyen la artisticidad que, en el piso y bajo un destello de luz blanca, apenas sobresale. Sin embargo, la soledad que rodea a esta obra la magnifica y hace que el público se acerque indefectiblemente a ver de qué se trata.

Radicalidad artística y austeridad estética fueron las premisas de selección de las obras, además de establecer como pauta de trabajo la exigencia de identificar la temporalidad de estas a la temporalidad de la feria, nociones pensadas como tendencias del arte más moderno.

[Extraído de *http://www.artecriticas.com.ar*]

D.

La obra de Steve McCurry atraviesa una parte enorme y fundamental del siglo XX: con más de treinta años de labor fotográfica, el norteamericano fue testigo de acontecimientos que resultaron claves para el fin del milenio como el conflicto entre la Unión Soviética y Afganistán, el enfrentamiento Irán-Irak o la guerra del golfo pérsico. Además, McCurry también documentó la vida cotidiana de países pobres y con altos índices de marginalidad como Cambodia, Beirut o Filipinas. Mundialmente reconocido, miembro de *Magnum photos* y fotógrafo estable de *National Geographic*, McCurry hizo su gran aparición en el mapa global de la fotografía y el periodismo con la que probablemente sea una de las fotos más emblemáticas del siglo pasado: *La niña afgana.* Esa foto fue la gran atracción de la reciente muestra *Culturas* sobre McCurry que se pudo ver desde febrero hasta mayo en el Centro cultural Borges. La muestra contó con la presencia del fotógrafo, que además vino a presentar su libro *Retratos.*

[Extraído de *http://www.artecriticas.com.ar*]

E.

En estos días tenemos el privilegio de poder ver en el MALBA la obra de la artista plástica brasileña Tarsila Do Amaral (1886-1973), representante del movimiento modernista brasilero. Su obra *Abaporu* (1928), inspiró la confección del llamado Manifiesto antropofágico, redactado por el escritor Oswald de Andrade y su colega Raúl Bopp.

Los viajes de la artista son el eje fundamental de la muestra *Tarsila viajera*, que abarca el período comprendido entre los años 1918 y 1933, y cuatro son las secciones que orientan un recorrido posible: *Descubrimiento de Brasil, Viaje a medio oriente, Viaje a la Unión Soviética y Brasil mágico.*

[Extraído de *http://www.artecriticas.com.ar*]

F.

Vuelo de cabotaje es como un avión antiguo, ya casi convertido en chatarra, que va recorriendo un camino por zonas marginales del país [Argentina]. Pero como no puede mantenerse en el aire por mucho tiempo, decide descansar a ratos y, para hacerlo, elige lugares particulares: bares casi clandestinos, milongas retroactivas, casas de techos altos y grifería de principios de siglo, vestidos rancios y paredes cubiertas de empapelados floreados. […] Provocador, humorístico, sarcástico, irónico. Todo esto piensa el avión mientras despega, antes de volver a descansar en un nuevo paraje. La chatarra se ríe de todo lo que él es parte, de su propia esencia. [El fotógrafo Marcos] López innova su mundo infantil, profano y sagrado a la vez, transformando esos mitos populares marcadamente argentinos en poética ácida e incómoda. Su búsqueda es fielmente retratada en esta obra que se descubre en niveles de profunda crítica y belleza, agazapados detrás de los colores enceguecedores.

[Extraído de *http://www.artecriticas.com.ar*]

ENUNCIADOS

19. La muestra combina la alta cultura y la cultura pop, desde un punto de vista satírico.

A) ⬜ B) ⬜ C) ⬜ D) ⬜ E) ⬜ F) ⬜

20. La serie consiste en una recopilación de imágenes que dan cuenta de la identidad de una cultura.

A) ⬜ B) ⬜ C) ⬜ D) ⬜ E) ⬜ F) ⬜

21. Esta exposición ofrece un recorrido temporal por las diferentes etapas en la historia de una ciudad.

A) ⬜ B) ⬜ C) ⬜ D) ⬜ E) ⬜ F) ⬜

22. La exhibición presenta el trabajo de un artista contemporáneo distinguido con un galardón.

A) ⬜ B) ⬜ C) ⬜ D) ⬜ E) ⬜ F) ⬜

23. La propuesta genera atracción y curiosidad en los observadores.

A) ⬜ B) ⬜ C) ⬜ D) ⬜ E) ⬜ F) ⬜

24. Consiste en una exposición que combina diferentes técnicas plásticas.

A) ⬜ B) ⬜ C) ⬜ D) ⬜ E) ⬜ F) ⬜

25. La muestra se estructura tomando como hilo conductor un recorrido biográfico por momentos claves de la vida del autor.

A) ⬜ B) ⬜ C) ⬜ D) ⬜ E) ⬜ F) ⬜

26. El artista acredita una extensa trayectoria en la que integra arte y testimonio.

A) ⬜ B) ⬜ C) ⬜ D) ⬜ E) ⬜ F) ⬜

Tarea 5   Instrucciones:

Lea el texto y rellene los huecos (27-40) con la opción correcta (a / b / c).

TEXTO

¿POR QUÉ ESCUCHAR MÚSICA TE HACE FELIZ?

La música es el arte de organizar sensible y lógicamente una mezcla de sonidos y silencios utilizando los principios fundamentales de la melodía, la armonía y el ritmo. La conjugación de estos elementos, provoca en las personas distintos sentimientos, que van _____**27**_____ una sensación agradable hasta el más profundo éxtasis. A diferencia de otras artes, la música es una rama que agrada a la mayoría de las personas. Todo el mundo _____**28**_____ una canción y/o grupo favorito.

_____**29**_____con recientes estudios, cuando escuchas canciones que te gustan, tu cerebro segrega dopamina, un químico relacionado _____**30**_____ la motivación y la adicción. Incluso con apenas percibir los primeros acordes de *Las Cuatro Estaciones* de Vivaldi o *Just Enjoy Myself* de Phish, la sustancia comienza a pasearse libremente por tu organismo.

Los descubrimientos ofrecen una explicación biológica de por qué la música _____**31**_____ una parte tan importante en la cultura desde el inicio de la historia humana, así como elementos que explican _____**32**_____ funciona el sistema del placer cerebral.

Música para los oídos

"El intenso placer que obtenemos al escuchar música que nos agrada, biológicamente refuerza al cerebro, y por eso es que _____**33**_____ ha sobrevivido el paso del tiempo", menciona Valorie Salimpoor, neurocientífica de la universidad McGill en Montreal.

Junto con otros colegas, Salimpoor ha realizado diversas investigaciones que muestran la conexión _____**34**_____ el placer y la música. Entre las diversas emociones detectadas, se percibieron cambios en el ritmo cardiaco, el pulso, la velocidad de la respiración, entre otros; del mismo modo, las personas aseguran experimentar escalofríos y la famosa "piel de gallina". Cuando todas estas reacciones suceden, la sangre fluye hacia diversas áreas del cerebro encargadas de producir dopamina.

Para reforzar las hipótesis, el equipo juntó a ocho melómanos, _____**35**_____ trajeron muestras de canciones que les provocaban placer. En su mayoría se encontraron piezas clásicas, algo de jazz, rock, y música popular como Led Zeppelin y Dave Matthews Band. La selección más popular _____**36**_____ el "Adagio para cuerdas" (*Adagio for Strings*) de Samuel Barbe.

Después de quince minutos de _____**37**_____ escuchado las composiciones, se _____**38**_____ a los participantes con una sustancia radioactiva que se unía con los receptores de dopamina. Mediante una máquina llamada *Pet scanner*, era posible ver si la sustancia fluía por la sangre de los participantes, lo que indicaría que estos _____**39**_____ una enorme cantidad de la hormona.

La técnica _____**40**_____, por primera vez, que el cerebro humano segrega grandes cantidades de dopamina si el individuo se encuentra escuchando canciones que le den escalofríos […].

[Extraído de *http://revistaconozcamas.com*]

OPCIONES

27. a) hacia   b) por   c) desde
28. a) tienen   b) tiene   c) poseen
29. a) Según   b) De acuerdo   c) Conforme
30. a) a   b) por   c) con
31. a) ha sido   b) fue   c) era
32. a) cómo   b) por qué   c) si
33. a) está   b) este   c) esta
34. a) de   b) entre   c) mediante
35. a) quienes   b) lo cual   c) cuyos
36. a) era   b) fue   c) ha sido
37. a) haber   b) habiendo   c) habido
38. a) inyectaron   b) inyectaban   c) inyectó
39. a) produjeron   b) habían producido   c) producían
40. a) mostrará   b) mostró   c) mostraba

PRUEBA 2 COMPRENSIÓN AUDITIVA Y USO DE LA LENGUA

Duración de la prueba: **50 minutos**
Número de ítems: **30**

Tarea 1

35

Instrucciones:

Usted va a escuchar una ponencia de la que se tomaron las siguientes anotaciones. Luego deberá elegir para cada anotación (1-6) la opción correcta entre las que aparecen debajo (A-L).
Escuche la audición dos veces.

Ahora dispone de un minuto para leer las anotaciones.

1. En su objetivo por crear un lugar único, el cocinero decidió crear su restaurante desde _____ que va más allá de lo netamente gastronómico.

2. En opinión del cocinero, la claridad en los objetivos que se quieren alcanzar es _____ que explica los buenos resultados obtenidos por el restaurante.

3. Los galardones y distinciones obtenidos por el restaurante no responden a _____ en sí mismo, sino más bien a los resultados del trabajo realizado.

4. Según el cocinero, el momento más emocionante de su actividad creativa se produce al ver _____ práctica de sus ideas o sueños.

5. Según afirma el cocinero, en el desarrollo de su proyecto no basta con tener ideas creativas, pues es necesario también desarrollar _____ para concretarlas.

6. El cocinero recomienda mantener _____ optimista y ambiciosa, aun cuando los proyectos tengan éxito.

A continuación escuchará una ponencia de un famoso cocinero en la que habla sobre su experiencia al frente de un restaurante de prestigio y de la relación entre gastronomía y arte.

OPCIONES

A	una concreción
B	una recompensa
C	un trabajo práctico
D	un concepto
E	un camino
F	una ilusión
G	un motivo
H	una disposición
I	un pensamiento
J	un objetivo
K	una euforia
L	una razón

Tarea 2 **Instrucciones:**

36-39

Usted va a escuchar cuatro conversaciones. Escuche cada conversación dos veces. Después debe contestar a las preguntas (7-14). Seleccione la opción correcta. (a / b / c).

PREGUNTAS

Conversación 1

7. Miguel afirma que cada vez que va a un museo de arte moderno…

☐ a) se siente contrariado y enfadado.

☐ b) se siente frustrado y estafado.

☐ c) se siente desafortunado y triste.

8. Miguel se niega a acompañar a Manuela y a sus amigos al museo porque dice que…

☐ a) es gente muy aburrida y nunca tiene un buen tema de conversación.

☐ b) hablan sin descanso durante horas del mismo tema.

☐ c) cuando hablan gritan tanto que le provocan dolor de cabeza.

Conversación 2

9. Borja insta a Esther a ir al cine diciéndole: "¡No seas muermo!". ¿Qué significa esta expresión?

☐ a) No seas aguafiestas.

☐ b) No seas tonto.

☐ c) No seas inactivo.

10. Esther le dice a Borja que ella "no se ha hecho mucho de rogar", es decir…

☐ a) que a Borja no le ha costado mucho esfuerzo convencerla.

☐ b) que aunque Borja ha insistido poco, ha tardado mucho tiempo en convencerla.

☐ c) que ella se ha resistido mucho para ser convencida.

Conversación 3

11. ¿Cómo se muestra Lucía cuando Matías le pregunta si sabe que bajarse música de internet es ilegal?

☐ a) Reivindicativa.

☐ b) Avergonzada.

☐ c) Incrédula.

12. Matías le pide a Lucía que "no le dé el sermón", ¿qué le pide?

☐ a) Que no le dé una charla.

☐ b) Que no lo dé un consejo.

☐ c) Que no le dé una opinión.

Conversación 4

13. Según Antonio, ¿qué le ocurre a Conchi con la novela que está leyendo?

☐ a) Está atrapada en su argumento y no puede parar de leer.

☐ b) Quiere terminarla cuanto antes y no quiere dejar de leer.

☐ c) Le gusta mucho leerla por la noche porque le ayuda a dormir mejor.

14. Como afirma Conchi, Antonio no puede leer en la cama por las noches porque…

☐ a) es demasiado incómodo para su espalda.

☐ b) se duerme muy rápidamente.

☐ c) prefiere leer en el sofá.

Tarea 3   **Instrucciones:**

Usted va a escuchar una tertulia sobre arte contemporáneo. Después debe contestar a las preguntas (15-20). Seleccione la opción correcta (a / b / c).
Escuche la entrevista dos veces.

PREGUNTAS

15. Según afirma el presentador, uno de los tres invitados a la tertulia colabora de forma regular con el programa ¿cuál de ellos es?

   ☐ a) Jorge de los Santos, artista plástico.

   ☐ b) Rafael Tous, coleccionista de arte.

   ☐ c) Arnau Puig, sociólogo y crítico de arte.

16. Según Rafael Tous, ¿cuál es el problema en torno a la definición de arte contemporáneo?

   ☐ a) Que se aplica esta etiqueta a obras que ya no pertenecen al momento actual.

   ☐ b) Que se trata de definir mediante catálogo algo que no tiene definición.

   ☐ c) Que se pueden considerar arte contemporáneo obras de hasta doscientos años de antigüedad.

17. Según el artista plástico Jorge de los Santos, el arte…

   ☐ a) es una herramienta inofensiva en las sociedades modernas.

   ☐ b) solo sirve para producir emociones estéticas en el espectador.

   ☐ c) cultiva los valores de independencia y autonomía en los individuos.

18. Para el coleccionista de arte Rafael Tous, por encima de todo el arte es una cuestión de…

   ☐ a) disfrute personal.

   ☐ b) sentimiento.

   ☐ c) amor.

19. Según la opinión de Jorge de los Santos, ¿por qué comienza el mercado a adueñarse de las obras de arte?

   ☐ a) Porque los artistas dejan de cumplir con su cometido.

   ☐ b) Porque los artistas empiezan a ganar mucho dinero vendiéndolas.

   ☐ c) Porque a los artistas les deja de interesar la venta directa de su producto.

20. ¿Por qué considera Arnau Puig que "La Fuente" de Marcel Duchamp es una obra de arte?

   ☐ a) Porque Duchamp es considerado ya un artista clásico y, por tanto, no hay ninguna duda.

   ☐ b) Porque Duchamp consiguió vender este objeto en 1917 por una gran suma de dinero.

   ☐ c) Porque Duchamp colocó este objeto en un museo, invitando al espectador a reflexionar.

Tarea 4

Instrucciones:

41-50

Usted va a escuchar diez diálogos breves. Escuche cada diálogo dos veces. Después debe contestar a las preguntas (21-30). Seleccione la opción correcta (a / b / c).

PREGUNTAS

Diálogo 1

21. Paco…

    ☐ a) está impresionado por la coincidencia ocurrida.

    ☐ b) se muestra sorprendido por las buenas noticias que recibe.

    ☐ c) no cree nada de lo que dice la chica.

Diálogo 2

22. La mujer…

    ☐ a) está feliz por Juan y muy confiada en que su trabajo como poeta será cada día más exitoso.

    ☐ b) cree que Juan podría descuidar su trabajo debido al exceso de confianza provocado por el premio.

    ☐ c) presiente que Juan no merece el galardón.

Diálogo 3

23. Aintzane no tiene buen aspecto porque…

    ☐ a) se asustó mucho con la película que vio la noche anterior.

    ☐ b) tiene problemas de vista que se agudizan cuando pasa mucho tiempo frente a una pantalla.

    ☐ c) está muy cansada.

Diálogo 4

24. En opinión del padre…

    ☐ a) la hija debería poner atención en sus intereses y objetivos primordiales y escoger su carrera en consecuencia con ellos.

    ☐ b) estudiar la carrera de Bellas Artes supone para la chica el riesgo de llevar una vida desordenada.

    ☐ c) la opción de su hija es totalmente acertada.

Diálogo 5

25. ¿Qué opina Ricardo sobre la novela?

    ☐ a) Le es indiferente.

    ☐ b) La encuentra muy aburrida.

    ☐ c) Prefiere no emitir una opinión al respecto, por tratarse de la obra de un amigo.

Diálogo 6

26. El chico…

    ☐ a) en cuanto a citas, prefiere cenar que ir al cine.

    ☐ b) opina que la película que vieron era muy aburrida.

    ☐ c) cree que hay que ir al cine más temprano (no a la hora de cenar). De lo contrario se queda dormido.

Diálogo 7

27. El artista, ante su cansancio y su encuentro con la mujer…

☐ a) decide pedir ayuda a la mujer con el montaje.

☐ b) solamente se queja de la falta de apoyo del museo a los artistas expositores.

☐ c) hace caso omiso del cansancio y coquetea con la mujer.

Diálogo 8

28. ¿Qué tipo de relación se puede deducir que existe entre los personajes?

☐ a) Son pareja.

☐ b) Son jefe y empleada.

☐ c) Son compañeros de trabajo.

Diálogo 9

29. Ante los requerimientos de la mujer, el hombre…

☐ a) se manifiesta molesto por la cantidad de exigencias que se le hacen para ingresar al teatro.

☐ b) ironiza, dejando entrever su disgusto frente al trato recibido.

☐ c) accede, de forma cortés y respetuosa.

Diálogo 10

30. Frente a la invitación que le hace la chica, el hombre…

☐ a) la rechaza por no contar con el calzado adecuado para bailar en la coreografía grupal.

☐ b) no acepta, pues considera que el baile no forma parte de sus habilidades.

☐ c) acepta encantado y agradecido de que lo hayan considerado como parte del grupo de baile.

PRUEBA 3 DESTREZAS INTEGRADAS: COMPRENSIÓN AUDITIVA Y EXPRESIÓN E INTERACCIÓN ESCRITAS

Duración de la prueba: **80 minutos**

Tarea 1

Instrucciones:

🎧
51

A continuación escuchará un monólogo en el que se exponen algunas diferencias entre el cine comercial y el cine independiente. Escúchelo dos veces. Durante la audición podrá tomar notas.

Después redactará una argumentación en la que deberá recoger los puntos principales de las posturas presentadas y expresar de forma justificada su punto de vista.

Número de palabras: **entre 220 y 250 palabras.**

Tarea 2

Instrucciones:

Elija solo una de las dos opciones que se lo ofrecen a continuación.

Número de palabras: **entre 220 y 250 palabras.**

OPCIÓN 1

Usted va a escribir una reseña en una revista de música. En dicha reseña usted deberá:
- Escribir sobre un evento musical al que usted haya asistido (puede ser el concierto de una banda, orquesta o cantante, un festival que reúne diferentes espectáculos musicales, números musicales callejeros, etc.).
- Comentar las características generales del espectáculo, haciendo referencia a artistas, público, contexto y aquello que resulte relevante para bosquejar una idea general del evento.
- Describir la estructura del evento y destacar los elementos o momentos más sobresalientes.
- Expresar su opinión y valorar el espectáculo, proporcionando justificación y ejemplos.

OPCIÓN 2

A usted le gusta mucho ir al teatro y ha sabido que el teatro de su localidad sortea un abono para toda la temporada entre todos aquellos espectadores que envíen un correo electrónico a la dirección que figura más abajo, con arreglo a los siguientes requisitos:

El Teatro Principal invita a sus espectadores a disfrutar de la temporada de teatro gratis. Sí, ha leído bien: gratis.

El Teatro Principal, en colaboración con La Caja de Ahorros, sortea un abono de temporada valorado en 250€.

Para optar al sorteo, todas aquellas personas que así lo deseen, y que sean mayores de edad, tienen que enviar un correo electrónico a la dirección sorteoabono@teatroprincipal.com en el que especifiquen los siguientes datos personales:

–Nombre

–Edad

–País de origen

En el correo electrónico se deberá redactar un texto que llevará por título "A mí me gusta el arte" en el que se enumerarán al menos dos razones por las que el abono de temporada que sorteamos debería ser para usted. De entre todos los correos electrónicos recibidos, ganará el abono el que consideremos mejor escrito y más original.

¿A qué espera? ¡Estamos esperando su correo!

PRUEBA **4** DESTREZAS INTEGRADAS: COMPRENSIÓN DE LECTURA Y EXPRESIÓN E INTERACCIÓN ORALES

Duración de la prueba: **20 minutos**
Tiempo de preparación: **20 minutos**

Tarea 1

Instrucciones:

Usted debe hacer una presentación oral sobre el texto adjunto. Su exposición debe incluir los siguientes puntos:
- Tema central.
- Ideas principales y secundarias.
- Comentario sobre las ideas principales.
- Intención del autor, si procede.

Dispone de entre tres y cinco minutos. Puede consultar sus notas, pero la presentación no puede limitarse a una lectura de las mismas.

TEXTO

GIF-ITI: EL ARTE CALLEJERO MEZCLADO CON NUEVAS TECNOLOGÍAS
Cristina Rojo

Cuando tenía 16 años se plantó por primera vez en la calle con varios botes de aerosol. Por aquel entonces, antes incluso de empezar a estudiar Bellas Artes, ya sentía "el gusanillo de la subcultura hiphop" y las ganas de expresarse libre y artísticamente. Adoptó el pseudónimo de "Cheko" y siguió experimentando en las paredes de Granada, Budapest e incluso Bolonia. Más de una década después, poca gente conoce su nombre real, pero la creatividad de este cordobés ha llegado hasta los oídos de MTV, que lo ha seleccionado como uno de los quince mejores artistas del mundo que aún no ha llegado a la treintena.

El secreto de Cheko está más allá de lo que sucede en un grafiti "normal". Es el resultado del arte callejero mezclado con las nuevas tecnologías: un grafiti "animado", o un *"gif-iti"*, como también se está empezando a denominar este tipo de técnica mixta que mezcla los aerosoles con la fotografía y el retoque digital.

[…]

"La idea surgió tras realizar una asignatura sobre animación tradicional, ya que durante la época de formación académica siempre traté de articular lo que aprendía con mi trayectoria como artista del grafiti. Más tarde conocí el trabajo de Blu e Insa y empecé a ver más claro cómo articular el grafiti con la animación. Cada uno de ellos me inspiraron de una manera distinta. Pienso que las ideas están ahí flotando y solo tienes que cogerlas".

Hacer realidad un "gif-iti" supone varias semanas de planificación y entre dos y cuatro días para realizarlo, además de un espacio controlado para colocar la cámara. "Eso, hasta ahora, solo he tenido la oportunidad de llevarlo a cabo alrededor de Granada".

Pese a estas facilidades, Cheko advierte que la cuna de la Alhambra tampoco debería confundirse con un paraíso de permisividad para el artista callejero. "Llevamos muchos años sufriendo un proceso de criminalización del grafiti y de cualquier manifestación artística en la calle. En parte, mi persistencia en seguir pintando en esta ciudad es mi forma de reivindicación y desobediencia a la represión sobre las formas de expresión en el espacio público y alimenta mis ganas de seguir pintando aquí".

Una fachada en la que un chico cabizbajo deja revolotear dos pájaros amarillos sobre su gorra. Un corazón que se sale literalmente de la pared y bajo la roja camiseta de un joven para latir más allá del muro donde vive. Una tenue lluvia constante que moja el cabello recogido de una chica con hatillo…

El universo de Cheko crea una nueva forma de diálogo con el receptor. La expresión que surge de esta mezcla de técnicas, "una de las formas de arte callejero más fresco", según MTV, abre muchos caminos, y también posibles sinergias en el futuro del grafiti, aunque Cheko asegura que sus principios siguen siendo los mismos: "Tengo una fuerte convicción de lo que debe ser mi grafiti y nunca he pedido permiso para pintar en las calles a ninguna institución, aunque no tengo nada en contra de quien lo haga. Cuando pintas sin permiso el tiempo del que dispones es poco, y al realizar un 'grafiti-gif' esto es un problema. Ahora estoy realizando los bocetos para un "gif-iti" más complejo y esto es posible gracias a personas que les gusta tu trabajo y te ceden su espacio".

[Extraído de *http://www.yorokobu.es*]

Tarea 2 **Instrucciones:**

Usted debe mantener una conversación con el entrevistador sobre el tema del texto de la Tarea 1. En la conversación, usted deberá:
- Dar su opinión personal sobre el tema.
- Justificar su opinión con argumentos.
- Rebatir, si procede, las opiniones que exprese su interlocutor.

La conversación durará entre cuatro y seis minutos.

MODELO DE CONVERSACIÓN

1. Opinión del candidato y justificación.

¿Cree que las nuevas tecnologías han revolucionado el mundo del arte? Si la respuesta es afirmativa, ¿en qué sentido?

¿Qué opina del arte callejero como los grafiti? ¿Considera que este tipo de arte está a la altura del arte que se exhibe en los museos o por el contrario lo catalogaría de arte menor? ¿Por qué?

2. Turnos de intervención candidato-examinador.

Ejemplos de intervención del examinador:

Usted afirma que las nuevas tecnologías han revolucionado el arte actual, ¿considera que los artistas harían el mismo tipo de arte sin recurrir a las posibilidades técnicas?

¿Cree que internet está transformando el mundo del arte? ¿Cómo?

¿Considera que el nuevo paradigma ha cambiado el papel de espectador-consumidor de arte? Si la respuesta es afirmativa, ¿cómo lo hace?

Tarea 3

Instrucciones:

En Colombia se está organizando la primera versión del Festival Interuniversitario de Artes Escénicas, que convoca a jóvenes de todo el país en torno al lema "Actuemos por la paz". Para diseñar el afiche es necesario escoger cuál será la fotografía más adecuada para la difusión del festival.

Los criterios a tener en cuenta para esta elección son los siguientes:

- Que refleje la idea de los jóvenes colombianos como agentes activos en la sociedad a través de las artes escénicas.

- Que promueva la paz y el teatro como valores centrales.

- Que destaque el rol de las artes escénicas en la construcción de un proyecto de país.

- Su estética y originalidad.

Aquí tiene las cuatro fotografías finalistas. Teniendo en cuenta el lema del concurso y los criterios para la elección, ¿cuál debería ser, en su opinión, la foto ganadora? Discuta su elección con el entrevistador hasta que ambos lleguen a un acuerdo.

Recuerde que se trata de una conversación abierta y que por tanto puede interrumpir a su examinador, discrepar, pedir y dar aclaraciones, argumentar sus opiniones, rebatir las del entrevistador, etc.

La duración de la conversación será de entre cuatro y seis minutos.

PRUEBA 1 COMPRENSIÓN DE LECTURA Y USO DE LA LENGUA

Tarea 1

1. B

"La Concejalía de Juventud del Ayuntamiento de Alicante, con la finalidad de fomentar la creación artístico-plástica de los jóvenes, programa y organiza muestras expositivas de creación de jóvenes artistas".

2. C

"Se podrá concurrir de manera individual o colectiva. En este último caso, solo se aceptarán obras de realización y firma conjunta o proyectos de exposiciones colectivas de obras individuales".

3. C

"Cualquier otra documentación que considere pertinente para la mejor valoración de su obra".

4. A

"El día 9 de junio la Concejalía de Juventud publicará un edicto provisional, en el Tablón de Edictos del Ayuntamiento y del Centro 14, con la lista de admitidos y excluidos al Concurso, abriéndose un plazo hasta el 19 de junio para posibles reclamaciones".

5. B

"La Concejalía de Juventud, en el caso de que el Jurado seleccione un número menor de artistas, se reserva el derecho a seleccionar a aquellos que considere oportuno para cubrir el total de las exposiciones previstas".

6. B

"En la muestra expositiva, la Concejalía de Juventud se reserva el derecho de exponer aquella obra que no haya sido seleccionada por el jurado".

Tarea 2

7. F

8. G

9. A

10. D

11. C

12. B

Tarea 3

13. B

"A veces, esas cosas que no se puede hacer y hacemos igual, se legalizan: las *selfies* en los grandes museos, por ejemplo. Desde el domingo, la *National Gallery* de Londres lo permite".

14. B

"[En Argentina] el Malba y el Museo Nacional de Bellas Artes lo permiten e incluso, en el caso del primero, pide a sus visitantes que le manden esas fotos y las usa en las redes. Por supuesto, como suele suceder en estos casos, hay gente que está de acuerdo y gente que se lanza a la arena de la disputa".

15. A

"¿Qué clase de sacralidad tiene una mercancía? Difícil de medir, pero seguramente algo de eso, de la creencia en un aura, en algo de lo sagrado presente en la obra de arte, hace que se llegue a los precios locos que se llega en el mercado del arte".

16. B

"Por supuesto, como suele suceder en estos casos, hay gente que está de acuerdo y gente que se lanza a la arena de la disputa. *¿Qué se le objeta a tan saludable medida*, permitir que el arte se incorpore a las formas contemporáneas de la experiencia –porque eso es hoy sacarse fotos casi todo el tiempo–? Que se desacraliza el arte".

"Hay gente más realista: el escritor Sam Leith, que en el Evening Standard señaló que la idea de que se produce un encuentro entre una conciencia y una singularidad artística 'es una fantasía'".

17. C

"Hay gente más realista: el escritor Sam Leith, que en el Evening Standard señaló que la idea de que se produce un encuentro entre una conciencia y una singularidad artística 'es una fantasía'".

"Repara, además, en que, entre la conciencia y la singularidad artística de la obra apreciada en el museo, median el humor del turista o visitante el día en cuestión, la cantidad de gente que transita por el musco y se detiene ante la misma obra, la forma en que está colgado el cuadro, la iluminación, el precio que se pagó para entrar a la institución; en fin, muchas cosas".

18. C

"Y ni hablar de la *selfie*: se parece, dice, menos al arte que a ir a la playa y poner, para la foto, la cabeza de uno sobre el cuerpo de un luchador en malla. Sabe por qué lo dice: la semana pasada fue a la National Gallery y se sacó *selfies* con todas las obras que le llamaron la atención. Sintió, cuenta, vergüenza. Sintió la desaprobación del público presente, incluso hubo quien llegó a chistarle".

"Termina su nota diciéndoles a los puristas que se queden tranquilos, que no va a haber mucha gente sacándose *selfies* en la galería por el mismo motivo que no hay mucha gente por ahí en bikini".

Tarea 4

19. A

"¿Quién hubiera pensado ver el trasero de Demie Moore en un salón de exposiciones? [...] En tu cara, Testino muestra una instantánea de Kate Moss [...] y una publicidad de Versace en donde la modelo combina un lujoso vestido de alta costura con unas Converse. Pero para resaltar su posición irónica, la serie también incluye delicadas fotografías situadas en el salón dorado del Palacio de Versalles y pomposos retratos victorianos".

20. F

"[...] elige lugares particulares: bares casi clandestinos, milongas retroactivas, casas de techos altos y grifería de principios de siglo, vestidos rancios y paredes cubiertas de empapelados floreados. [...] La chatarra se ríe de todo lo que él es parte, de su propia esencia. [El fotógrafo Marcos] López innova su mundo infantil, profano y sagrado a la vez, transformando esos mitos populares marcadamente argentinos en poética ácida e incómoda".

21. B

"Un paisaje en formato panorámico nos transporta a otro tiempo, es una obra de Honorio Mossi: "Córdoba en 1895" (1895) [...] Inmediatamente al lado de esta obra encontramos fotografías panorámicas de una Córdoba más actual [...] El lugar es el mismo pero la distancia temporal y sensible entre lo que estas obras transmiten es abismal. Y de eso se trata esta muestra, *Córdoba en el centro*. De contrastes y similitudes, asociaciones entre épocas diferentes […]".

22. C

"Carlos Herrera, de origen rosarino, es el creador de *Autorretrato sobre mi muerte,* obra ganadora del certamen [arteBA - Petrobras a las artes visuales]".

23. C

"[…] la soledad que rodea a esta obra la magnifica y hace que el público se acerque indefectiblemente a ver de qué se trata".

24. B

"Y de eso se trata esta muestra, *Córdoba en el centro*. De contrastes y similitudes, asociaciones entre épocas diferentes, matices subjetivos y técnicas disímiles que van desde el dibujo y la pintura hasta la fotografía y el *collage*".

25. E

"Los viajes de la artista son el eje fundamental de la muestra *Tarsila viajera,* que abarca el período comprendido entre los años 1918 y 1933, y cuatro son las secciones que orientan un recorrido posible: Descubrimiento de Brasil, Viaje a medio oriente, Viaje a la Unión Soviética y Brasil mágico".

26. D

"La obra de Steve McCurry atraviesa una parte enorme y fundamental del siglo XX: con más de treinta años de labor fotográfica, el norteamericano fue testigo de acontecimientos que resultaron claves para el fin del milenio […] McCurry hizo su gran aparición en el mapa global de la fotografía y el periodismo con la que probablemente sea una de las fotos más emblemáticas del siglo pasado: *La niña afgana*".

Tarea 5

27. C

En este párrafo se retratan los diferentes sentimientos por los que pueden pasar las personas al escuchar música, como un recorrido que tiene un punto de inicio y otro de término, pasando por una múltiple gama de opciones intermedias. El punto de término está dado por la preposición "hasta", lo que nos permite inferir que el punto de partida será "desde".

28. B

Si bien los verbos "poseer" y "tener" tienen el mismo significado en este contexto, la clave para responder esta pregunta radica en el número en el que están conjugados. Como vemos, dos de las alternativas están conjugadas en plural y una de ellas en singular. Aunque la expresión "todo el mundo" haga referencia en términos semánticos a una multiplicidad (plural) de personas, gramaticalmente "el mundo" es uno solo, por lo que el verbo debe estar conjugado en singular. La única alternativa de estas características es la "b".

29. B

Las tres alternativas aquí presentadas cumplen una función preposicional, consistente en atribuir determinada idea o hecho a una fuente, que en este caso corresponde a "recientes estudios". Así, la preposición "según", en este contexto, se usa para indicar el origen de una opinión o la autoría de una idea, lo que cuadra muy bien con el sentido de la oración. Lo mismo ocurre con el uso preposicional de la locución "conforme a", que se utiliza como sinónimo de "según" y de la locución preposicional "de acuerdo con". Sin embargo, como vemos, solo una de las alternativas funciona de forma coherente seguida por la preposición "con", que aparece en el tex-to, puesto que "según" se utiliza sin preposición y "conforme" debe ir seguido por la preposición "a" para otorgar coherencia al texto. Por esta razón, la alternativa "b" es la correcta.

30. C

De las tres preposiciones presentadas como alternativas posibles, solo "con" funciona semánticamente acompañando al verbo "relacionarse", cuando queremos dar cuenta del vínculo entre dos o más factores. En este caso, entre (1) la dopamina y (2) la motivación y la adicción.

31. A

La elección del tiempo verbal más apropiado, en este caso el pretérito perfecto "ha sido", indica relación con el desarrollo de un proceso que tiene su origen en el pasado y que se prolonga hasta el presente. "Desde" funciona como el marcador de tiempo que nos permite identificar este fenómeno de continuidad, en este caso, de la percepción de la música a lo largo de la historia de la humanidad hasta nuestros días.

32. A

Si simplificamos la oración, nos resultará más simple identificar la alternativa correcta. Así, al trabajar con el enunciado "Los descubrimientos ofrecen […] elementos que explican _____32_____ funciona el sistema del placer cerebral", salta a la vista la necesidad de una palabra que se refiera al modo en que funciona el sistema del placer cerebral. De las tres opciones, el pronombre interrogativo "cómo" es la que se pregunta acerca del modo en que se realiza algo. "Por qué", por su parte es una secuencia formada por la preposición "por" y el pronombre interrogativo "qué", que es utilizada para introducir oraciones que se preguntan sobre la causa de algo. Atendiendo al contexto del enunciado, resulta claro que no se está inquiriendo aquí sobre las causas del funcionamiento del placer cerebral, sino de la forma en que esto ocurre. Finalmente, la conjunción "si" requiere de dos elementos fundamentales para construir una oración condicional, en la que "si" introduciría la condición para que la segunda se realice. Ese segundo término es el que nos hace falta en el párrafo, por lo que esta alternativa no funciona en el texto.

33. C

Esta pregunta nos pone frente a tres pronombres demostrativos, a saber, aquellos que permiten referirse a elementos que ya fueron mencionados previamente, para evitar repeticiones. Así, en el caso de este enunciado, aquello que "ha sobrevivido el paso del tiempo" es "la música", previamente mencionada. Por su condición de sustantivo femenino y plural, "esta" es el pronombre adecuado, en tanto "este" se refiere a un nombre masculino singular y "esto" tiene una connotación neutra, generalmente utilizada para referirse a ideas complejas que se acaban de decir.

34. B

La preposición "entre" hace referencia a la situación o estado en medio de dos o más cosas. En este caso, la idea se refuerza a través del sustantivo "conexión", que remite de manera relacional a los términos aludidos: placer y música. Solo esta opción es posible, ya que la opción "c" (mediante) remite al medio a través del cual se realiza algo y la opción "a" (de) tiene que ver con una preposición de enlace.

35. A

El pronombre relativo "quien/quienes" equivale a "el que/la que" pero solo puede ir referido a personas o a cosas personificadas. En este caso, su antecedente (la palabra a la que complementa) es "melómanos": personas que sienten una predilección especial por la música. Las otras opciones se desechan, ya que "lo cual" funciona como pronombre relativo neutro, debido a que incluye el pronombre "lo" y "cuyo", que es un pronombre relativo de carácter especial puesto que posee cierto valor posesivo. Como vemos, no es el caso.

36. B

Nos encontramos ante un párrafo que narra **acciones ya terminadas**, esto es, de **carácter puntual**. Verbos como "juntó", "trajeron" y "encontraron" denotan que el uso del **pretérito indefinido** obedece en este caso a la narración de acciones terminadas en el pasado, que ya no guardan relación con el momento presente. De este modo, las opciones "a" (era) y "c" (ha sido) quedan descartadas al tratarse la primera del pretérito imperfecto, cuyo aspecto es durativo, y la segunda del pretérito perfecto, que tiene como función principal situar una acción pasada cerca del presente del hablante.

37. A

Estamos ante una **construcción temporal con infinitivo**. Siguen el esquema de **preposición de tiempo + de + (medida de tiempo) + (de) + infinitivo** (o, como en este caso, infinitivo perfecto. Esto es, infinitivo del verbo haber + participio del verbo que se conjuga): "después de (quince minutos) (de) haber escuchado". En este tipo de construcciones no caben, por tanto, ni gerundio (opción "b") ni participio (opción "c").

38. C

En relación con la **construcción temporal de aspecto durativo** comentada en el caso anterior, nos encontramos ahora con un **pretérito indefinido**, "inyectó", que **"rompe" la acción "marco"** (escuchar música durante 15 minutos) para ofrecer una narración **ya terminada en el pasado**. Nótese, por otra parte, que el verbo "inyectar" está construido en este ejemplo con la preposición "con", pudiéndose utilizar de un modo correcto también sin ella: "inyectar (con) una sustancia radiactiva".

39. B

El pretérito pluscuamperfecto "habían producido" remite al **pasado del pasado**. Esto es, **en relación con otra acción**, en el texto "fluía", el pluscuamperfecto alude a la acción más remota en el tiempo. En este caso, si "la sustancia fluía por la sangre de los participantes" esto señala/señalaría (en formulación de hipótesis) que estos YA "habrían producido (insistimos, con anterioridad a la acción de "señalar") una enorme cantidad de la hormona". Esta explicación excluye cualquier otra posibilidad de respuesta.

40. B

"Mostró" en **pretérito indefinido** marca, de nuevo, una acción de **carácter puntual**. Del mismo modo, la idea de que la acción es única y está finalizada en el momento de su formulación se refuerza a través del **sintagma temporal "por primera vez"**.

Tarea 1

1. D

"Eh… yo creo que esto tiene un **mensaje** eh… brutal ¿no? Yo creo que esto tiene un **mensaje** que trasciende del plano gastronómico al plano social eh…".

2. L

"En muy poco tiempo **llegó el éxito**, supimos gestionarlo muy bien, fuimos capaces de medir muy bien los tiempos, tuvimos muy claro qué queríamos hacer y qué no queríamos hacer".

3. J

"Y al final nos encontramos con que pasa el tiempo, conseguimos un montón de premios y reconocimientos, que para nosotros no ha sido más que **la consecuencia** de lo que hacemos y no el fin".

4. A

"Yo creo que el momento más excitante… que sientes… **una sensación** de triunfo personal absolutamente increíble yo creo que es cuando ese mundo onírico […] y lo plasmas y lo llevas a cabo, yo creo que esa es la parte más artística y más espectacular".

5. C

"[…] pero luego hay **una parte** eh… muy artesana que es la de llevar a cabo esas ideas, esa creatividad, ese mundo que tú te has construido en tu cabeza…".

6. H

"Que las cosas pueden estar muy bien pero **la actitud** tiene que ser que pueden estar mejor ¿no?".

Tarea 2

7. B

MI.: "¡Jo! Pues yo **cada vez** que voy me deprimo más… ya no sé si es arte o **me están tomando el pelo**".

8. B

MA.: "Si no te gusta es porque no lo entiendes. **Deberías venir** con nosotros y así te enterarías de qué va el rollo".

MI.: "¡Sí, hombre! Para que me pongáis la cabeza como un bombo… que no sabéis cuándo dejar de hablar de arte".

9. C

B.: "¡Anda! Si esta es de lo mejor, ¡ya lo verás! Acción en estado puro y unos diálogos para partirte de risa… ¡no seas muermo!".

10. A

E.: "¡No te pases! **Has insistido un poco, pero** como has visto no me he hecho mucho de rogar…".

11. C

L.: "¡Qué me estás contando! ¿Lo dices en serio?".

12. A

M.: "¡Ay, ay! ¡No me digas! Pues claro que **está regacho** pero no me des el sermón…".

L.: "Vale, vale… pero **has empezado tú** con tu bromita y **ahora no quieres escuchar la verdad**… ¡eres de lo que no hay, Matías!".

13. A

A.: "¡Sí que **estás** tú enganchada a esa dichosa **novela**! La tendré que leer a ver qué es lo que tiene de interesante".

14. B

C.: "¿Tú? Pues ya puedes leerla durante el día porque como te dé por intentarlo de noche y en la cama ¡te quedas frito en menos de lo que canta un gallo!".

A.: "¡No seas exagerada! Si la novela está bien y me gusta también puedo leerla por la noche. Eso sí, mejor en el sofá que en la cama. Es que yo es acostarme y ponerme a roncar…".

Tarea 3

15. A

P.: "[…] por último, Jorge de los Santos, artista plástico habitual en nuestros coloquios de filosofía de vida. ¡Muy buenas a los tres! ¡Bienvenidos!".

16. A

R.F.: "Lo que pasa es que hay una confusión con el arte contemporáneo en el sentido de que obras, por ejemplo, de 50, 100, 200 años todavía se está diciendo que son arte contemporáneo y no, el arte contemporáneo para mí es el arte actual".

17. C

J.S.: "[…] el arte normalmente lo que intenta hacer y lo que ha intentado hacer siempre es responder a dos grandes líneas: a las cuestiones disciplinarias, […] y a las cuestiones sociales; […] como pueden ser cuestiones, digamos, de subversión, de potenciación del espíritu crítico, digamos, de la sociedad que lo conforma… y tal…".

18. B

R.F.: "[…] yo creo que el arte es una cosa de los sentidos y no una cosa de las finanzas. O sea, hacer una colección de arte, como he hecho yo, es una cosa que se hace con el sentimiento".

19. A

J.S.: "[…] volviendo un poco al tema de la pregunta, porque el artista, digamos, en la segunda mitad del, digamos a partir de los años setenta pierde un poco esa… la pregunta que tiene que responder. Y entonces el mercado es el que se hace dueño".

20. C

A.P.: "Duchamp lo pensó… lo mostró, lo enseñó en una sala de exposiciones que crea un contexto, es decir, "aquí hay arte", pone este urinario en el centro, la gente que entra para visitar eh… se encuentra con este objeto y se pregunta mil cosas porque sabe que lo que no puede hacer allí es orinar".

Tarea 4

21. A

"¡*Qué dices!* No me lo creo, tía. El mundo es un pañuelo".

22. B

"Que no se duerma en los laureles, eso sí".

23. C

"Anoche vi una peli buenísima en la tele. Era de suspense y con un rollo psicológico que me dejó sin poder pegar ojo en toda la noche".

24. A

"[…] pensá bien si es lo que querés para tu futuro. A vos te encanta la docencia y las computadoras… No vayas a perder el norte".

25. A

"[…] ¿*La leíste?*
- Sí…
- ¿*Y?*
- Mmm… Ni fu ni fa".

26. B

"Me ha encantado ir al cine contigo y me encantas tú, pero la peli era un rollo".

27. A

"Dale. ¿Me das una mano?".

28. C

"- […] Hemos ganado el concurso para actores *jóvenes* […]
- ¡Vaya notición! Ha merecido la pena nuestro esfuerzo".

29. C

- "¿Me permite su entrada, por favor?"
- "No faltaba más".

30. B

"Suena genial, pero… zapatero a tus zapatos".

EXAMEN 4 Vida saludable

PRUEBA **1** COMPRENSIÓN DE LECTURA Y USO DE LA LENGUA

Duración de la prueba: **90 minutos**
Número de ítems: **40**

Tarea 1   Instrucciones:

A continuación leerá un contrato de seguro complementario de salud.
Lea el texto y conteste a las preguntas (1-6). Seleccione la opción correcta (a / b / c).

TEXTO

CONDICIONES GENERALES SEGURO COLECTIVO COMPLEMENTARIO DE SALUD
ARTÍCULO N.º 1: COBERTURA

La compañía de seguros bajo las condiciones y términos que más adelante se establecen, conviene en reembolsar o pagar al beneficiario los gastos médicos razonables y acostumbrados en que haya incurrido efectivamente un asegurado, en complemento de lo que cubra el sistema de salud previsional o de bienestar u otro seguro o convenio, a consecuencia de una incapacidad cubierta. Se otorgará cobertura a los gastos médicos incurridos por los asegurados, tanto dentro del territorio nacional como en el extranjero, de acuerdo a los porcentajes y límites de reembolso o pago establecidos en las Condiciones Particulares de la póliza, para cada caso. [...] Las coberturas descritas en el Artículo N.º 2 de estas Condiciones Generales, pueden ser contratadas en forma conjunta o separada, una o varias de ellas, las cuales se deben indicar expresamente en las Condiciones Particulares de la póliza. [...]

ARTÍCULO N.º 2: DESCRIPCIÓN DE LAS COBERTURAS

Las coberturas que podrá otorgar la compañía de seguros en virtud de esta póliza son las que se indican a continuación.
A) BENEFICIO DE HOSPITALIZACIÓN
B) BENEFICIO DE MATERNIDAD
C) BENEFICIO AMBULATORIO
D) BENEFICIO MEDICAMENTOS AMBULATORIOS
E) BENEFICIO DE SALUD MENTAL
F) BENEFICIOS ESPECIALES
[...]
ARTÍCULO N.º 6: EXCLUSIONES

La presente póliza no cubre gastos médicos en que haya incurrido un asegurado que sean relativos a alguna de las prestaciones, medicamentos, gastos farmacéuticos, procedimientos o estudios que se indican a continuación, o se originen o sean consecuencia o complicación de alguna incapacidad que se menciona en el presente artículo. [...] Se encuentran excluidos de cobertura:

a) La hospitalización para fines de reposo como, asimismo, la hospitalización, rehabilitación, consultas, exámenes y/o tratamientos por enfermedades psiquiátricas y/o psicológicas.

b) Gastos médicos provenientes de una hospitalización en que incurra un asegurado o el recién nacido a consecuencia de embarazo, parto, cesárea y sus complicaciones.

c) Curas de reposo, cuidado sanitario, períodos de cuarentena o aislamiento.

d) Cirugías y/o tratamientos estéticos, cosméticos, plásticos, reparadores, dentales, ortopédicos y otros tratamientos que sean para fines de embellecimiento o que tengan como finalidad corregir malformaciones producidas por enfermedades o accidentes anteriores a la fecha de vigencia inicial del asegurado en la póliza, a menos que sean requeridos por una lesión accidental que ocurra mientras el asegurado se encuentre amparado por la póliza. […]

e) Tratamientos por adicción a drogas, alcoholismo o tabaquismo. Lesión, enfermedad o tratamiento causado por ingestión de alcohol, somníferos, barbitúricos, drogas y demás sustancias de efectos análogos o similares, o hechos deliberados que cometa el asegurado, tales como los intentos de suicidio, lesiones autoinfringidas y abortos provocados.

f) Síndrome de Inmunodeficiencia Adquirida (SIDA), y/o cualquier otro cuadro producido o favorecido por el Virus de Inmunodeficiencia Humana (VIH) sus consecuencias y complicaciones.

[…]

i) Lesión o enfermedad causada por:

i. Guerra civil o internacional, sea que esta haya sido declarada o no, invasión y actividades u hostilidades de enemigos extranjeros.

ii. Participación activa del asegurado en rebelión, revolución, insurrección, poder militar, terrorismo, sabotaje, tumulto o conmoción contra el orden público, dentro o fuera del país.

iii. Participación del asegurado en actos calificados como delitos por la ley.

iv. Negligencia, imprudencia o culpa grave por parte del asegurado.

v. Estado de ebriedad o los efectos de drogas o alucinógenos en el asegurado.

vi. Fusión y fisión nuclear o cualquier accidente nuclear.

[…]

k) Aparatos auditivos, lentes o anteojos ópticos y de contacto, prótesis, miembros artificiales y suministro de aparatos o equipos médicos y/u ortopédicos, así como también la adquisición o arriendo de equipos, tales como: sillas de ruedas, camas médicas, ventiladores mecánicos, etc.

l) Tratamientos, visitas médicas, exámenes, medicamentos, remedios o vacunas para el solo efecto preventivo, no inherentes o necesarios para el diagnóstico de una incapacidad, a excepción de los gastos por control de niño sano y control ginecológico que serán reembolsados de acuerdo a la cobertura contratada de la póliza.

m) Hospitalización domiciliaria y la atención particular de enfermería fuera del recinto hospitalario. […]

o) Lesión o enfermedad surgida de la ocupación del asegurado, cubierta por la legislación de Accidentes del Trabajo y Enfermedades Profesionales.

p) Epidemias o pandemias declaradas por la autoridad competente o por el organismo de salud mundial competente, respectivamente.

q) Tratamientos, drogas o medicamentos que sean utilizados habitualmente como método anticonceptivo, aun cuando su prescripción se indique como necesaria para el tratamiento de otra enfermedad distinta a la de la anticoncepción. […]

r) Tratamientos homeopáticos, iridología[1], reflexología y en general tratamientos médicos no tradicionales o experimentales, empíricos y también la medicina alternativa.

s) Realización o participación en una actividad o deporte de riesgo, considerándose como tales aquellos que objetivamente constituyan una agravación del riesgo o se requiera de medidas de protección o seguridad para realizarlos. […]

[Extraído de *http://www.metlife.cl*]

---

[1] Diagnóstico de enfermedades mediante la observación del iris del ojo (RAE).

PREGUNTAS

1. Según el artículo n.º 1, la póliza cubre los gastos médicos que los asegurados tengan fuera de su país de origen…

    ☐ a) en todos los casos y sin condiciones.

    ☐ b) con arreglo a los datos individualizados de cada póliza.

    ☐ c) si la factura médica no supera una cantidad previamente establecida.

2. Como se establece en el artículo sexto, apartado a, la póliza no cubre la hospitalización para…

    ☐ a) fines de reposo.

    ☐ b) cualquier tipo de tratamiento cuyo fin atienda a patologías psicológicas.

    ☐ c) tratamientos de reposo ni dolencias relacionadas con la mente.

3. Según el artículo n.º 6, apartado d, la póliza no cubre tratamientos de cirugía estética, con una excepción:

    ☐ a) que tengan como finalidad corregir malformaciones producidas por accidentes anteriores a la fecha de vigencia inicial del asegurado en la póliza.

    ☐ b) que sean necesarios debido a un accidente ocurrido tras la contratación de la póliza por el asegurado.

    ☐ c) que los fines del tratamiento estético sean reconocidos como necesarios para la total recuperación del asegurado.

4. Según el artículo sexto, apartado k, ¿la póliza cubre los gastos derivados del uso de gafas graduadas?

    ☐ a) No. En ningún caso.

    ☐ b) Sí, dependiendo de las condiciones de la póliza contratada.

    ☐ c) Sí, pero solo en el caso en que se considerara un gasto de adquisición o alquiler de equipamiento médico.

5. La póliza, como se especifica en el artículo n.º 6, apartado l, no cubre tratamientos médicos de carácter preventivo a excepción de control de niños sanos y ginecológico, en cuyo caso…

    ☐ a) el seguro se hace cargo directamente de los gastos derivados de este servicio.

    ☐ b) los gastos médicos serán cargados a la empresa aseguradora.

    ☐ c) la empresa aseguradora devolverá el dinero al asegurado una vez prestados los servicios médicos.

6. La póliza, como se especifica en el artículo n.º 6, apartado s, no cubre accidentes derivados de la práctica de deportes de riesgo, entendiendo como tales…

    ☐ a) los deportes que presenten una situación de peligro real y necesiten medidas excepcionales de seguridad.

    ☐ b) los deportes minoritarios, debido a que las aseguradoras no los incluyen en sus pólizas.

    ☐ c) los deportes cuya práctica implique la necesidad de un equipamiento especial.

Tarea 2 **Instrucciones:**

Lea el siguiente texto, del que se han extraído seis párrafos. A continuación lea los siete fragmentos propuestos (A-G) y decida en qué lugar del texto (7-12) hay que colocar cada uno de ellos. Hay un fragmento que no tiene que elegir.

TEXTO

LA SALUD DE LOS ENFERMOS
Julio Cortázar

Cuando inesperadamente tía Clelia se sintió mal, en la familia hubo un momento de pánico y por varias horas nadie fue capaz de reaccionar y discutir un plan de acción, **7.**_____. A Carlos lo llamaron por teléfono a la oficina, Rosa y Pepa despidieron a los alumnos de piano y solfeo, y hasta tía Clelia se preocupó más por mamá que por ella misma. Estaba segura de que lo que sentía no era grave, **8.**_____, de sobra sabían todos que el doctor Bonifaz había sido el primero en comprender y aprobar que le ocultaran a mamá lo de Alejandro. Si tía Clelia tenía que guardar cama era necesario encontrar alguna manera de que mamá no sospechara que estaba enferma, pero ya lo de Alejandro se había vuelto tan difícil y ahora se agregaba esto; la menor equivocación, y acabaría por saber la verdad. **9.**_____. Pepa, que había llamado al doctor Bonifaz desde el teléfono de arriba, avisó a sus hermanos que el médico vendría lo antes posible y que dejaran entornada la puerta cancel para que entrase sin llamar. Mientras Rosa y tío Roque atendían a tía Clelia que había tenido dos desmayos y se quejaba de un insoportable dolor de cabeza, Carlos se quedó con mamá para contarle las novedades del conflicto diplomático con el Brasil y leerle las últimas noticias. Mamá estaba de buen humor esa tarde **10.**_____. A todos les fue preguntando qué les pasaba que parecían tan nerviosos, y en la casa se habló de la baja presión y de los efectos nefastos de los mejoradores en el pan. A la hora del té vino tío Roque a charlar con mamá, y Carlos pudo darse un baño y quedarse a la espera del médico. Tía Clelia seguía mejor, pero le costaba moverse en la cama y ya casi no se interesaba por lo que tanto la había preocupado al salir del primer vahído. Pepa y Rosa se turnaron junto a ella, ofreciéndole té y agua sin que les contestara; la casa se apaciguó con el atardecer y los hermanos se dijeron que tal vez lo de tía Clelia no era grave, **11.**_____.

Con Alejandro las cosas habían sido mucho peores, porque Alejandro se había matado en un accidente de auto a poco de llegar a Montevideo donde lo esperaban en casa de un ingeniero amigo. [...] La idea de preparar a mamá, de insinuarle que Alejandro había tenido un accidente y que estaba levemente herido, no se les había ocurrido siquiera después de las prevenciones del doctor Bonifaz. Hasta María Laura, más allá de toda comprensión en esas primeras horas, había admitido que no era posible darle la noticia a mamá. Carlos y el padre de María Laura viajaron al Uruguay para traer el cuerpo de Alejandro, **12.**_____. El club de ingeniería aceptó que el velorio se hiciera en su sede y Pepa, la más ocupada con mamá, ni siquiera alcanzó a ver el ataúd de Alejandro [...].

[Fragmento del cuento "La salud de los enfermos", incluido en el libro *Todos los fuegos el fuego* (1966)]

FRAGMENTOS

A. pero a mamá no se le podían dar noticias inquietantes con su presión y su azúcar

B. mientras la familia cuidaba como siempre de mamá que ese día estaba dolorida y difícil

C. y no le dolía la cintura como casi siempre a la hora de la siesta

D. el oído tan afinado de mamá y su inquietante capacidad para adivinar dónde estaba cada uno

E. de esta forma mamá no hacía nada al respecto, solo pasar el rato

F. ni siquiera tío Roque que encontraba siempre la salida más atinada

G. y que a la tarde siguiente volvería a entrar en el dormitorio de mamá como si no le hubiese pasado nada

Tarea 3   **Instrucciones:**

Lea el texto y responda a las preguntas (13-18). Seleccione la opción correcta (a / b / c).

TEXTO

ESCULPIR EL CEREBRO, MUCHO MÁS ALLÁ DE UN SUEÑO

Como si se tratara de una pieza de barro, el cerebro humano es, como ya anticipaba el investigador español Santiago Ramón y Cajal, un órgano maleable, transformable y mejorable, pero ni él, ni tampoco nosotros, llegamos a imaginar cuánto.

Cómo invertir en su cerebro es una guía elaborada por el experto español Álvaro Fernández Ibáñez y el neurocientífico de origen ruso Eljonon Goldberg con la que pretenden, precisamente, dar a conocer todas esas pautas posibles que tumban los mitos sobre el inmovilismo genético del principal de nuestros órganos.

"Hasta hace muy poco pensábamos que a los 18 o 20 años el cerebro estaba fijo o en declive, que era todo genética y no había nada que pudiéramos hacer. Y mucha gente sigue pensando eso", explica Fernández Ibáñez en entrevista con Efe. Sin embargo, nada más lejos de la realidad. El experto español, considerado por el Foro Económico Mundial como "joven líder global", insiste en que hay que huir de la rutina para proporcionar nuevos estímulos al cerebro de manera que se enfrente a retos distintos que lo hagan desarrollar aquellas facetas que puedan estar más dormidas. "La gente cuando empieza a pensar en 'neuroplasticidad', lo primero que piensa es: voy a hacer más crucigramas o sudokus, o voy a jugar Nintendo. Pero eso no es lo fundamental. Para el desarrollo del cerebro lo [fundamental] es el aprender cosas nuevas, complejas, difíciles, porque eso es lo que nos fuerza a ejercitar músculos mentales", asegura. […]

La guía, disponible en Amazon y publicada por Sharpbrains, la consultora de neurociencia fundada por sus autores, deja claro desde el principio que no existen los milagros, y ofrece al lector un análisis de las principales conclusiones de algunos de los estudios neurológicos de los últimos años. Saber manejar las situaciones de estrés y el ejercicio aeróbico, junto a la dieta mediterránea, son algunos de los factores clave descubiertos por la ciencia, y es que el cerebro genera varios miles de neuronas al día que aumentan con el ejercicio cardiovascular pero mueren en situaciones de tensión.

"Novedad, variedad y desafío son ingredientes básicos, y eso lo podemos integrar de diferentes modos. Hablamos mucho de meditación, pero tampoco queremos que todo el mundo se vaya al Himalaya. No es tanto cómo dejarlo todo y hacer algo diferente, sino cómo incorporamos otras prácticas a nuestra vida", insiste el español, que le da incluso una vuelta de tuerca a la tan de moda "fuga de cerebros". […]

El libro arranca con los conceptos fundamentales del cerebro y la mente para familiarizar al público, después analiza el papel de los diferentes factores que influyen en la conservación cerebral, y finalmente muestra cómo adaptar de manera personalizada los descubrimientos científicos a las necesidades de cada lector. […] Ramón y Cajal, premio Nobel de medicina, quien hace un siglo aseguró que toda persona "puede convertirse en escultor de su propio cerebro", hoy se sorprendería al ver que "aún con más certeza lo que él proponía es cierto". Además, "también tenemos unas directrices, no perfectas pero sí generales, para saber cómo hacerlo. Que esculpir el cerebro ya no es una utopía", concluye el español.

[Extraído de *http://vidasana.com.sv*]

PREGUNTAS

13. En opinión del autor, el investigador Ramón y Cajal…

☐ a) descubrió que el cerebro humano es como una pieza de barro.

☐ b) no llegó a dimensionar las potencialidades del cerebro humano.

☐ c) fue un visionario en lo que respecta a los nuevos hallazgos sobre el cerebro humano.

14. La publicación de Fernández Ibáñez y Goldberg…

☐ a) demuestra la falsedad de las teorías sobre la supuesta inmovilidad de los órganos humanos.

☐ b) se propone difundir un extenso listado de pautas con mitos acerca del cerebro.

☐ c) echa por tierra ideas previas sobre el cerebro.

15. Según Fernández Ibáñez…

☐ a) huir de la rutina permitirá cambiar la forma de pensar de mucha gente que aún tiene concepciones arcaicas sobre el cerebro.

☐ b) hace unos veinte años la gente pensaba que no se podía hacer nada respecto del cerebro.

☐ c) aún hay personas que piensan erróneamente que el cerebro es una estructura fija, dormida.

16. En opinión del entrevistado, para desarrollar la neuroplasticidad del cerebro…

☐ a) resulta primordial imponerle nuevos desafíos y dificultades.

☐ b) los juegos de ingenio son una gran ayuda.

☐ c) hay que aprender todas aquellas nuevas teorías planteadas por los científicos en el libro.

17. La meditación, el ejercicio y la dieta mediterránea…

☐ a) son algunas prácticas que ayudan a evitar las situaciones de tensión, mejorando así el aumento de neuronas.

☐ b) son fundamentales para la salud mental, según los descubrimientos científicos realizados por estos dos autores.

☐ c) son los tres factores que, combinados, aseguran el éxito en el trabajo con la neuroplasticidad cerebral.

18. En cuanto al libro de estos investigadores, podemos concluir que…

☐ a) está dirigido un público eminentemente científico.

☐ b) aproxima el tema de estudio a un público amplio de lectores no especializados.

☐ c) difunde los descubrimientos del científico español Ramón y Cajal.

Tarea 4   Instrucciones:

A continuación tiene seis textos (A-F) y ocho enunciados (19-26). Léalos y elija la letra del texto que corresponde a cada enunciado.

Recuerde que hay textos que deben ser elegidos más de una vez.

A continuación leerá un artículo que incluye reseñas sobre varios libros.

TEXTOS

A.

[…] Resulta gratificante encontrar profesionales como Lluís Capdevila Ortís, que nos ofrece una brillante obra titulada *Actividad física y estilo de vida saludable,* compendio de herramientas y guía para los profesionales de la actividad física y la salud, que asesorarán a los ciudadanos a realizar práctica regular de ejercicio físico y controlar su estilo de vida haciéndolo más saludable. Además, servirá de complemento a las personas que practiquen ejercicio físico y quieran obtener más información sobre determinadas directrices a seguir dentro de un programa de acondicionamiento físico.

El resultado es un texto, con un enfoque interdisciplinar, que tal y como enuncia el autor del mismo responde a una serie de preguntas clave, entre las que destacamos: ¿Cómo contribuye el ejercicio físico a mejorar la salud? y ¿Qué beneficios aporta un estilo de vida activo sobre la salud y la calidad de vida?

[Extraído de *http://www.redalyc.org*]

B.

En este libro, la autora [Karina Velasco] explora algunas de las teorías más efectivas, aquellas que son fácilmente adaptables a cualquier estilo de vida y tipo de cuerpo, y que además son sencillas de aplicar a la vida diaria; partiendo del principio de que cada organismo reacciona de diferente manera, y por lo tanto algunos sistemas no funcionan igual para todos. […] Y, lo más valioso, Karina Velasco comparte su propia experiencia, su transformación interior, su lucha por encontrar un equilibrio entre peso ideal, cuerpo sano y plenitud, y cómo descubrió que la conexión entre el cuerpo y el espíritu es el secreto para el bienestar.

[Extraído de *http://digital.gandhi.com.mx*]

C.

Combinando la antigua sabiduría oriental y los últimos avances médicos occidentales, *El Tao de la vida sana* te ofrece la solución definitiva para gozar de buena salud y preservarla durante muchos años.

Los consejos vitales y científicos que brinda Daniel Reid en este libro abarcan tanto técnicas de relajación, meditación y respiración como los principios de la hidroterapia y la aromaterapia, y están pensados para proporcionar un bienestar inmediato, además de ayudarte a prevenir o curar enfermedades crónicas, perder peso, ser más longevo, o simplemente encontrarte a gusto contigo mismo, tener una piel luminosa y desprender energía por todos tus poros.

[Extraído de *http://www.cuspide.com*]

D.

Desde hace tiempo, la ciencia se ha ocupado de investigar y difundir la fuerte correlación entre un estilo de vida sedentario y muchos de los problemas de salud que afectan a las personas. Pero está probado que no es suficiente con dar a conocer esta información sino que, para evitar las consecuencias negativas que ciertas prácticas producen en nuestro organismo, es necesario modificar hábitos, hecho que supone nada más y nada menos que operar un cambio cultural. Sin embargo, las experiencias exitosas también existen, y de ellas se aprende que las transformaciones nunca se deben a un único factor sino, por lo general, a la confluencia de estímulos, argumentos, circunstancias y vivencias que, aunque pueden ser muy diferentes entre sí, todos aportan a la construcción de un mismo sentido.

A través del diálogo con siete profesionales de distintas áreas de la salud, este libro proporciona herramientas que pueden orientar a la creación de conductas más sanas que contribuyan a alcanzar un mejor estilo de vida.

[Extraído de *http://www.cuspide.com*]

E.

No es un método, no es un procedimiento, no es una dieta, no es un compendio de pautas de vida sana. A diferencia del resto de libros que ayudan a bajar de peso, *¡Soy más lista que el hambre!* presenta un proceso para que sea el propio lector quien defina cuál es una vida sana para él, cómo la puede conseguir y qué herramientas usará. Se presentan, además, casos particulares -reales- de algunas de las más de 1000 personas con las que la autora ha conversado, dialogado y ayudado con procesos de *coaching*; con el fin de dotar al lector de la sensación de que no está solo y que lo que le está pasando es lo mismo que le ha pasado a mucha gente antes. Todo ello complementado con su propia experiencia, contando sensaciones, emociones y su historia personal.

[Extraído de *http://tad.org.mx*]

F.

¡Haz click y vive sano! no contiene fórmulas milagrosas ni médicas, pero sí las claves para que la experiencia de la autora nos sirva de estímulo: reconocer que tenemos un problema es el primer paso para aprender a vivir de otra manera y mantener las pautas adquiridas para siempre. Porque la verdadera transformación no empieza el día que cambias tu forma de comer, sino el que modificas tu forma de pensar.

Historias de superación personal, reflexiones y pensamientos positivos, tablas de alimentos, orientaciones de ejercicio y nuevas recetas inéditas conforman este manual de amor propio, esta guía para aprender a quererse, a vivir de forma saludable para siempre y, en especial, a creernos realmente que somos merecedores de un cuerpo sano en una mente sana.

[Extraído de *http://objetivosaludable.com*]

ENUNCIADOS

19. El objetivo central de este libro es la transformación de conductas dañinas.

A) ☐   B) ☐   C) ☐   D) ☐   E) ☐   F) ☐

20. La obra propone un paradigma de salud y bienestar construido desde una perspectiva no solo interdisciplinaria, sino que además se nutre de diferentes tradiciones culturales.

A) ☐   B) ☐   C) ☐   D) ☐   E) ☐   F) ☐

21. La lectura de esta obra invita a un cambio a nivel interno, como punto de partida para la transformación del cuerpo y del estilo de vida.

A) ☐   B) ☐   C) ☐   D) ☐   E) ☐   F) ☐

22. El deporte se constituye como el núcleo central propuesto por el autor para lograr bienestar y salud.

A) ☐   B) ☐   C) ☐   D) ☐   E) ☐   F) ☐

23. Se trata de un libro fundamentalmente destinado al público especializado.

A) ☐   B) ☐   C) ☐   D) ☐   E) ☐   F) ☐

24. Entre otros beneficios, las pautas ofrecidas en este libro prometen transformaciones a corto plazo.

A) ☐   B) ☐   C) ☐   D) ☐   E) ☐   F) ☐

25. Este libro se propone como una asesoría personalizada a cada lector, desde un enfoque alternativo al de las publicaciones tradicionales sobre el tema.

A) ☐   B) ☐   C) ☐   D) ☐   E) ☐   F) ☐

26. La entrega del propio testimonio del escritor resulta uno de los puntos más meritorios del libro, en opinión del autor de la reseña.

A) ☐   B) ☐   C) ☐   D) ☐   E) ☐   F) ☐

Tarea 5 **Instrucciones:**

Lea el texto y rellene los huecos (27-40) con la opción correcta (a / b / c).

TEXTO

GRUPOS DE CONSUMO: OTRA AGRICULTURA Y ALIMENTACIÓN ES POSIBLE

Esther Vivas

¿Qué comemos? ¿De _____**27**_____ viene aquello que consumimos? ¿Cómo se ha _____**28**_____? Son algunas de las cuestiones que preocupan cada día más a una parte significativa de personas. _____**29**_____ al empobrecimiento del campesinado, la pérdida de agrodiversidad y los escándalos alimentarios, son muchos quienes reivindican recuperar la capacidad de decidir _____**30**_____ las políticas agrícolas y alimentarias.

Por este motivo, no nos debería sorprender que en los últimos años se _____**31**_____ multiplicado en el Estado español las experiencias que, desde la autoorganización social, _____**32**_____ modelos de consumo alternativos a los convencionales, _____**33**_____ dan la espalda a los supermercados y que apuestan por "otro consumo" basado _____**34**_____ criterios de justicia social y ecológica.

Son los llamados grupos de consumo agroecológico, personas de un barrio o de una ciudad que _____**35**_____ ponen de acuerdo para comprar conjuntamente y adquirir productos y alimentos de proximidad, agroecológicos, de temporada y campesinos, _____**36**_____ una relación directa de compra con uno o varios agricultores locales. Se trata de iniciativas que apuestan por una manera de consumir alternativa, creando alianzas entre el campo y la ciudad y construyendo espacios de solidaridad mutua en las urbes.

Las primeras experiencias de este tipo en el Estado español _____**37**_____ a finales de los años 80 y comienzos de los 90, especialmente en Andalucía y Cataluña. Y a partir de principios de los 2000, se multiplicaron y aumentaron en todo el territorio, a raíz del pozo dejado por el movimiento "antiglobalización" y por el auge de los escándalos alimentarios.

Hoy resulta difícil señalar cuántos grupos y cooperativas existen, _____**38**_____ a pesar de que algunas de ellas están formalmente constituidas como cooperativas o asociaciones, muchas otras no están formalmente registradas. […] Hay, también, distintos modelos. […] Hay modelos llamados de "cestas abiertas", donde cada consumidor puede pedir periódicamente aquellos productos que necesita de un listado de alimentos de temporada que _____**39**_____ ofrece el campesino, y hay otros formatos de "cestas cerradas", donde el consumidor recibe periódicamente una cesta con productos de la huerta de su proveedor.

Pero _____**40**_____ algunas diferencias, los grupos y cooperativas de consumo agroecológico son experiencias que buscan devolver a las personas la capacidad de decidir sobre aquello que comemos y que defienden un modelo de agricultura campesina y de proximidad.

[Extraído de *http://www.ecoportal.net*]

OPCIONES

27. a) quien b) donde c) dónde

28. a) producto b) producido c) produciendo

29. a) A causa b) Frente c) Gracias

30. a) respecto b) en torno c) sobre

31. a) han b) hayan c) haya

32. a) promueven b) promuevan c) impongan

33. a) quienes b) lo que c) que

34. a) sobre b) en c) con

35. a) les b) se c) le

36. a) estableciendo b) establecer c) promover

37. a) han surgido b) habían surgido c) surgieron

38. a) aunque b) ya que c) si bien

39. a) le b) los c) lo

40. a) aunque b) por más que c) a pesar de

PRUEBA **2** COMPRENSIÓN AUDITIVA Y USO DE LA LENGUA

Duración de la prueba: **50 minutos**
Número de ítems: **30**

Tarea 1

Instrucciones:

52

Usted va a escuchar una ponencia de la que se tomaron las siguientes anotaciones. Luego deberá elegir para cada anotación (1-6) la opción correcta entre las que aparecen debajo (A-L). Escuche la audición dos veces.

Ahora dispone de un minuto para leer las anotaciones.

1. En esta ponencia se abordará un tema de tipo general sobre la alimentación, para luego desarrollar otros temas de salud con _____ mayor.

2. Para la relatora, la elección del título de su ponencia significó _____, debido principalmente a su extensión.

3. A diferencia del sedentarismo laboral de actualidad, antiguamente el trabajo presentaba _____ con el dinamismo.

4. En la segunda mitad del siglo XX ocurrió _____ en la forma de vida de las sociedades, que hasta entonces habían mantenido modos de vida más dinámicos.

5. El consumo de alimentos funcionales, como las vitaminas y los minerales, permiten _____ de procesos químicos al interior del cuerpo.

6. El cese temprano de la producción de lactasa en algunas personas, constituye _____ para el consumo de leche.

A continuación escuchará una ponencia sobre alimentación y grupos de alimentos.

OPCIONES

A	una longitud
B	una relación
C	un desarrollo efectivo
D	una especificidad
E	una experiencia
F	un origen cierto
G	una totalidad
H	un obstáculo
I	una dificultad
J	una reunión
K	una transformación profunda
L	un interés claro

Tarea 2

Instrucciones:

53-56

Usted va a escuchar cuatro conversaciones. Escuche cada conversación dos veces. Después debe contestar a las preguntas (7-14). Seleccione la opción correcta (a / b / c).

PREGUNTAS

Conversación 1

7. En el transcurso de la conversación la mujer afirma que ha dejado de fumar. ¿Por qué motivo?

☐ a) Porque fumaba una cajetilla al día y consideraba que era un gasto innecesario.

☐ b) Porque tomó conciencia del problema a raíz de una enfermedad.

☐ c) Porque engordó ocho kilos y se encontraba mal de salud.

8. El hombre está intentando adelgazar pero admite que tiene que controlar un problema con cierto tipo de alimentos, ¿cuál es?

☐ a) Tiene que consumir productos denominados *light*.

☐ b) Tiene que evitar el consumo de dulces.

☐ c) Tiene que disminuir la cantidad de comida que consume.

Conversación 2

9. La mujer decide ir a la farmacia porque se encuentra mal a causa de…

☐ a) la tos seca.

☐ b) la tos seca, la irritación de garganta y la congestión nasal.

☐ c) la tos seca y la irritación de garganta.

10. El farmacéutico recomienda a la mujer el consumo de limón para tratar su problema, ¿cómo debe consumirlo?

☐ a) Añadiendo un poco de zumo a bebidas calientes como, por ejemplo, infusiones.

☐ b) Tomando zumo y/o haciendo gárgaras.

☐ c) Tomando una cucharada de zumo entre 3 y 6 veces al día de forma espaciada.

Conversación 3

11. En el transcurso del diálogo Marta afirma que tiene que quemar calorías porque está cerca la "operación biquini". ¿Qué significa esta expresión?

☐ a) Que necesita ponerse en forma porque pronto llegará el buen tiempo para ir a la playa.

☐ b) Que se acerca el verano y pronto tendrá que ir a comprase un biquini.

☐ c) Que tendrá que buscar en el armario el biquini del año anterior para ver si todavía le queda bien.

12. Según afirma, Marta entiende ir al gimnasio como…

☐ a) una actividad destinada a ponerse en forma.

☐ b) una actividad destinada a conocer gente con hábitos de vida saludable.

☐ c) una manera sana de pasarlo bien haciendo deporte.

Conversación 4

13. Según comenta María, la dieta mediterránea es una de las más ricas y variadas del mundo debido a…

☐ a) la riqueza de ingredientes que utiliza.

☐ b) la forma de utilizar el aceite de oliva.

☐ c) la variedad de recetas para cocinar los mismos productos.

14. Pedro considera que la cocina española es muy buena, entre otras cosas, porque…

☐ a) hay muchos productos de temporada que necesitan ser cocinados con especial cuidado.

☐ b) mezcla muchos productos del mar con productos de la huerta.

☐ c) tiene las mejores carnes y pescados que él haya comido.

Tarea 3   **Instrucciones:**

Usted va a escuchar una tertulia sobre cómo afecta la contaminación a la salud. Después debe contestar a las preguntas (15-20).

Seleccione la opción correcta (a / b / c). Escuche la tertulia dos veces.

PREGUNTAS

15. Como afirma la doctora Jacquemin, en España el principal problema de contaminación en las ciudades es el tráfico rodado, debido a que la industria…

☐ a) ha evolucionado para que los procesos de producción generen menor cantidad de gases.

☐ b) se ha dispersado de los núcleos poblacionales y ya no representa ningún riesgo.

☐ c) está sometida a fuertes controles de emisiones a través de leyes específicas.

16. Según el experto Joan Grimalt, es necesario estudiar a fondo el tipo de contaminación en las ciudades para así…

☐ a) ser más efectivos a la hora de aplicar medidas concretas para reducir las emisiones.

☐ b) avanzar en el estudio de las enfermedades causadas por la contaminación.

☐ c) reducir los gases que causan más daño a nuestra salud.

17. Como explica Grimalt, ¿qué medidas se tomaron desde las distintas instancias internacionales para eliminar las emisiones de plomo en los núcleos urbanos?

☐ a) Las medidas internacionales impidieron su uso en el carburante diésel.

☐ b) Se limitó su uso a través de nuevas leyes.

☐ c) Se alcanzaron acuerdos internacionales para prohibir su uso en carburantes.

18. Según la experta en contaminación y salud, además del tráfico rodado, los agentes contaminantes de las grandes ciudades también son…

☐ a) el desgaste de los neumáticos.

☐ b) los frenos, los neumáticos y los componentes del asfalto.

☐ c) los componentes del asfalto porque se degradan al entrar en contacto con los neumáticos.

19. Según explica la doctora Bénédicte Jacquemin, ¿por qué se empezó a estudiar la relación entre la contaminación atmosférica y la salud?

☐ a) Porque en las grandes ciudades europeas durante los años 50 algunos médicos se especializaron en esto.

☐ b) Porque en los años 50 la gente moría más a causa de los niveles de contaminación.

☐ c) Porque los médicos relacionaron los altos niveles de contaminación con el aumento de hospitalizaciones.

20. Según la doctora Jacquemin, las soluciones más importantes al problema de la contaminación atmosférica…

☐ a) vendrán de las medidas que tomen los gobiernos.

☐ b) pasarán por las medidas individuales de los ciudadanos.

☐ c) no llegarán hasta que los ciudadanos no tomen conciencia de la problemática.

Tarea 4

Instrucciones:

58-67

Usted va a escuchar diez diálogos breves. Escuche cada diálogo dos veces. Después debe contestar a las preguntas (21-30). Seleccione la opción correcta (a / b / c).

PREGUNTAS

Diálogo 1

21. El doctor le comunica a la paciente que…

   ▭ a) mañana le cambiarán su dieta en el hospital, por una más saludable.

   ▭ b) gracias a su rápida recuperación, podrá empezar a hacer ejercicio.

   ▭ c) al día siguiente podrá abandonar el hospital.

Diálogo 2

22. Ante la solicitud de la hija, el padre…

   ▭ a) acepta pedir una pizza vegetariana.

   ▭ b) se niega y le pide ayuda a la hija en la preparación de la comida.

   ▭ c) le explica a la hija los beneficios del consumo de verduras, pero acepta eliminar los calabacines de la receta.

Diálogo 3

23. La mujer intenta animar al hombre argumentando que…

   ▭ a) no tardará en sentirse menos inseguro.

   ▭ b) tiene muchas facilidades para el yoga.

   ▭ c) le encanta hacer yoga con él.

Diálogo 4

24. Según el diálogo, ¿cuál será la relación del hombre con la mujer?

   ▭ a) Doctor.

   ▭ b) Entrenador.

   ▭ c) Un vendedor de artículos deportivos.

Diálogo 5

25. Ante la dolencia del hombre, la mujer…

   ▭ a) advierte al hombre de los riesgos del sedentarismo.

   ▭ b) propone salir a caminar para ejercitar los brazos.

   ▭ c) lo atribuye a la mala postura corporal del hombre.

Diálogo 6

26. El producto que ofrece el vendedor…

   ▭ a) es completamente orgánico.

   ▭ b) es antialérgico.

   ▭ c) hace mucho tiempo que da muy buenos resultados.

Diálogo 7

27. En opinión de la chica…

   ▭ a) el agua no es una buena aliada de las bicicletas.

   ▭ b) Juan lleva razón, pero aun así decide seguir adelante.

   ▭ c) la lluvia no es un motivo para estropear el paseo en bicicleta.

Diálogo 8

28. Según el chico, si Luciana continúa perdiendo peso…

   ▭ a) le dará envidia.

   ▭ b) estará demasiado delgada, por lo que debería suspender la dieta.

   ▭ c) se pondrá más bonita.

Diálogo 9

29. Tras escuchar a la recepcionista del hotel, el hombre reacciona…

   ▭ a) sorprendido, pues le habían dicho que el hotel aceptaba el pago con tarjeta de crédito.

   ▭ b) asombrado, pues asumía que un hotel de esas características aceptaba diferentes medios de pago.

   ▭ c) con tranquilidad, pues tiene suficiente efectivo para pagar.

Diálogo 10

30. ¿Qué aconseja la terapeuta al paciente?

   ▭ a) Que entienda los problemas en su justa dimensión.

   ▭ b) Que tenga fe en que las flores de Bach solucionarán su ansiedad.

   ▭ c) Que respire profundamente para evitar ahogos producto del estrés.

PRUEBA 3 DESTREZAS INTEGRADAS: COMPRENSIÓN AUDITIVA Y EXPRESIÓN E INTERACCIÓN ESCRITAS

Duración de la prueba: **80 minutos**

Tarea 1 **Instrucciones:**

68

A continuación escuchará una exposición en la que se habla de las ventajas de practicar deporte en familia. Escúchela dos veces. Durante la audición podrá tomar notas.

Después redactará un texto en el que deberá recoger los principales puntos de la misma y expresar de forma justificada su opinión al respecto.

Número de palabras: **entre 220 y 250 palabras.**

Tarea 2   Instrucciones:

Elija solo una de las dos opciones que se lo ofrecen a continuación.

Número de palabras: **entre 220 y 250 palabras.**

OPCIÓN 1

Usted escribe en el periódico local de su comunidad, es el encargado de informar sobre noticias de interés para los vecinos. Su editor le ha pedido escribir un texto sobre la reciente implementación de un sistema de bicicarriles en su barrio. Redacte un artículo en el cual deberá:
- Exponer la importancia de contar con un sistema de bicicarriles en su comunidad.
- Detallar en qué consiste esta nueva iniciativa.
- Evaluar cómo ha funcionado la implementación de este plan y si cumple con las expectativas.
- Valorar comparativamente este acontecimiento respecto de otras experiencias similares en localidades que usted conozca.
- Expresar su opinión sobre los cambios positivos y negativos que puede generar en su comunidad la implementación de este sistema de bicarriles.

OPCIÓN 2

En su compra semanal del supermercado, usted ha comprado un kilo de carne que luego ha cocinado para la cena. El resultado de la cena ha sido la intoxicación de todos los miembros de su familia, quienes han manifestado diversos síntomas evidentemente adjudicables a la ingesta de carne en mal estado.

Escriba una carta de reclamación dirigida al Servicio Nacional de Atención al Consumidor para quejarse por la venta de un producto en mal estado. En la carta deberá:
- Presentarse.
- Dar los detalles necesarios sobre cuándo y dónde ha hecho la compra del producto en mal estado.
- Narrar de manera clara y ordenada las consecuencias de la ingesta del producto.
- Explicar el riesgo al que ha sido sometida su familia y manifestar su descontento con el incidente, aportando información sobre los peligros de consumir carne en mal estado.
- Exigir la reparación de los daños, ofreciendo las alternativas que le parezcan más adecuadas para remediar la situación.
- Despedirse.

PRUEBA 4 DESTREZAS INTEGRADAS: COMPRENSIÓN DE LECTURA Y EXPRESIÓN E INTERACCIÓN ORALES

Duración de la prueba: **20 minutos**
Tiempo de preparación: **20 minutos**

Tarea 1   Instrucciones:

Usted debe hacer una presentación oral sobre el texto adjunto. Su exposición debe incluir los siguientes puntos:
- Tema central.
- Ideas principales y secundarias.
- Comentario sobre las ideas principales.
- Intención del autor, si procede.

Dispone de entre tres y cinco minutos. Puede consultar sus notas, pero la presentación no puede limitarse a una lectura de las mismas.

TEXTO

LA DIETA CASI PERFECTA: ALIMENTOS QUE COMBINAN BIEN

[…] Hasta ahora considerábamos una dieta saludable si cada uno de los alimentos que la componían lo era. Las investigaciones de Elaine Magee, nutricionista de la Universidad de Stanford, EE.UU., y autora del libro *Food Sinergy* (*Sinergia de los alimentos*) y Steven Schwartz, de la Universidad de Ohio, sostienen que no es lo mismo ingerir un alimento de forma aislada que hacerlo acompañado de otro. Para Elaine Magee, los componentes de una ingesta, combinados de forma adecuada, pueden potenciar sus cualidades y ayudar a combatir patologías como el insomnio y el cáncer, y aliviar las alergias.

Las vitaminas A, D, E y K, por ejemplo, son liposolubles y se asimilan mejor en presencia de grasa que si no la hay; catequinas, flavonoides y quercetinas, combinados debidamente, aumentan su capacidad para prevenir la arteriosclerosis; y la absorción del hierro no hémico es mejor cuando se consume conjuntamente con alimentos ricos en vitamina C. ¿Cómo saber qué alimentos interaccionan mejor? La tradición y el saber popular han sido los mejores nutricionistas durante siglos. Hay combinaciones habituales en nuestra dieta que se transmiten saludablemente de generación en generación sin que nuestros antepasados se hayan preocupado por algo más que el buen o mal sabor de una receta. Las lentejas con chorizo basan su éxito dietético en que la proteína del embutido facilita la absorción del hierro de la legumbre. Lo mismo ocurre con muchas de nuestras ensaladas. El tomate es rico en licopeno, un pigmento de la familia de los carotenos que se asimila mejor en presencia de una grasa como el aceite de oliva. El organismo lo utiliza para reducir el riesgo de cáncer de pulmón, próstata y aparato digestivo, evitar patologías cardiovasculares y retardar el envejecimiento celular.

Las investigaciones confirman que su absorción es mayor (hasta 2,5 veces más) si se consume ya cocinado, como en las salsas, que en estado natural. Las paredes celulares del tomate, que son las que dificultan la absorción del licopeno, se rompen al cocinarlo a alta temperatura. ¿Y quién no ha tomado alguna vez unos espaguetis con salsa al pesto? La grasa de los piñones de este aliño italiano permite que las vitaminas de la albahaca sean mejor absorbidas por el organismo… Reacciones todas que recoge la trofología, una ciencia que estudia la perfecta combinación de los nutrientes, las mejores horas para su ingesta y hasta los momentos adecuados para la cosecha de los alimentos. Fue Hipócrates (460-370 a. C.) con aquel "que la comida sea tu alimento, y el alimento tu medicina" el primero que estableció las bases de la moderna nutrición. Y es ahora cuando –sobre todo desde los países latinos, con México y Brasil a la cabeza– se potencia de nuevo una alimentación basada en la interacción positiva de los nutrientes. […]

La unión hace la fuerza

La dieta ideal diaria, según Eumelia Terrero [autora de *La orientación nutricional como elemento fundamental en la prevención y tratamiento de enfermedades*], "debe consistir en alimentos que provoquen reacción alcalina y otros que produzcan reacción ácida, en una proporción de cuatro a uno. Después de metabolizados, producirán un 80% de reservas alcalinas y un 20% de elementos ácidos, condición indispensable para el mantenimiento del estado de salud." La explicación está en que la pérdida de álcalis es cuatro veces mayor que la de ácidos. Entre los alimentos alcalinos están los vegetales, las frutas, las almendras y la leche; y entre los que producen reacción ácida, la proteína animal –carnes, pescados, mariscos, huevos, quesos–, las nueces, las avellanas y todos los que contienen almidón –cereales, pan, harina y sus derivados, azúcares–, explica Terrero.

Para Alfredo Rodríguez, de la Universidad de Navarra, el planteamiento es distinto: "Una dieta normal admite entre un 40 y un 55% de energía aportada por los hidratos de carbono, alrededor del 30% de lípidos y otro 30% de proteínas. Los márgenes son lo suficientemente amplios como para que se pueda combinar una gran variedad de alimentos".

No todo se aprovecha igual

Diferente es que las calorías de los macronutrientes –hidratos de carbono, lípidos y proteínas– cuenten de la misma forma. La capacidad de ajuste que tenemos para los hidratos de carbono y las proteínas es grande. Los lípidos, sin embargo, son más retenibles, porque tienen una regulación metabólica menor. "Uno se acostumbra a lo que come habitualmente. Si nosotros ingerimos a menudo alimentos ricos en almidón, nos resultará más fácil con el tiempo digerir esos nutrientes que otros", explica Fermín Milagro, titular de Nutrición de la Universidad de Navarra. Y qué pasa con el tentador jamón, ¿con qué interactúa bien un Jabugo? "¿El pata negra?… ese, con todo", asegura, bromeando, Fermín Milagro.

[Extraído de *http://www.quo.es*]

Tarea 2	**Instrucciones:**

Usted debe mantener una conversación con el entrevistador sobre el tema del texto de la Tarea 1. En la conversación, usted deberá:
- Dar su opinión personal sobre el tema.
- Justificar su opinión con argumentos.
- Rebatir, si procede, las opiniones que exprese su interlocutor.

La conversación durará entre cuatro y seis minutos.

MODELO DE CONVERSACIÓN

1. Opinión del candidato y justificación.

¿Qué le parece la propuesta de dieta ideal diseñada por estos científicos?

¿Es importante para usted poner atención a una dieta equilibrada? ¿Por qué?

2. Turnos de intervención candidato-examinador.

Ejemplos de intervención del examinador:

¿Cree factible llevar una dieta diaria siguiendo estas directrices?

¿Cómo considera que es una dieta ideal?

¿Cómo es su dieta diaria? ¿La considera saludable?

¿Cómo son las costumbres alimentarias en su país o en el país done vive? ¿Qué opinión le merecen?

Tarea 3 **Instrucciones:**

Debido a las crecientes cifras de sobrepeso entre la población menor de edad, el ayuntamiento de una ciudad mexicana está diseñando una campaña destinada a la prevención de la obesidad infantil en esa localidad. El nombre de dicha campaña es "Elige vivir sano" y, para ponerla en marcha, se ha hecho un llamado a los habitantes de esta localidad para elegir la fotografía que irá impresa en los afiches. El jurado del concurso tendrá en cuenta los siguientes criterios para elegir la fotografía ganadora:

- Que promueva la importancia de que los niños tomen conciencia sobre la alimentación.
- Que destaque una idea de la salud en la infancia asociada al bienestar.
- Que enfatice la importancia de una alimentación y una forma de vida saludable para el futuro del país.
- Su estética y originalidad.

Aquí tiene las cuatro fotografías finalistas. Teniendo en cuenta el título del concurso y los criterios del jurado, ¿cuál debería ser, en su opinión, la foto ganadora? Discuta su elección con el entrevistador hasta que ambos lleguen a un acuerdo.

Recuerde que se trata de una conversación abierta y que por tanto puede interrumpir a su examinador, discrepar, pedir y dar aclaraciones, argumentar sus opiniones, rebatir las del entrevistador, etc.

La duración de la conversación será de entre cuatro y seis minutos.

PRUEBA **1** COMPRENSIÓN DE LECTURA Y USO DE LA LENGUA

Tarea 1

1. B

"Se otorgará cobertura a los gastos médicos incurridos por los asegurados, tanto dentro del territorio nacional como en el extranjero, de acuerdo a los porcentajes y límites de reembolso o pago establecidos en las Condiciones Particulares de la póliza, para cada caso".

2. C

"La hospitalización para fines de reposo como, asimismo, la hospitalización, rehabilitación, consultas, exámenes y/o tratamientos por enfermedades psiquiátricas y/o psicológicas".

3. B

"[…] a menos que sean requeridos por una lesión accidental que ocurra mientras el asegurado se encuentre amparado por la póliza […]".

4. A

"Aparatos auditivos, lentes o anteojos ópticos y de contacto, prótesis, miembros artificiales y suministro de aparatos o equipos médicos y/u ortopédicos, así como también la adquisición o arriendo de equipos, tales como: sillas de ruedas, camas médicas, ventiladores mecánicos, etc.".

5. C

"Tratamientos, visitas médicas, exámenes, medicamentos, remedios o vacunas para el solo efecto preventivo, no inherentes o necesarios para el diagnóstico de una incapacidad, a excepción de los gastos por control de niño sano y control ginecológico que serán reembolsados de acuerdo a la cobertura contratada de la póliza".

6. A

"Realización o participación en una actividad o deporte de riesgo, considerándose como tales aquellos que objetivamente constituyan una agravación del riesgo o se requiera de medidas de protección o seguridad para realizarlos […]".

Tarea 2

7. F
8. A
9. D
10. C
11. G
12. B

Tarea 3

13. B

"[…] el cerebro humano es, como ya anticipaba el investigador español Santiago Ramón y Cajal, un órgano maleable, transformable y mejorable, pero ni él, ni tampoco nosotros, llegamos a imaginar cuánto".

14. C

"*Cómo invertir en su cerebro* es una guía elaborada por el experto español Álvaro Fernández Ibáñez y el neurocientífico de origen ruso Eljonon Goldberg con la que pretenden, precisamente, dar a conocer todas esas pautas posibles que tumban los mitos sobre el inmovilismo genético del principal de nuestros órganos".

15. C

"Hasta hace muy poco pensábamos que a los 18 o 20 años el cerebro estaba fijo o en declive, que era todo gené-

tica y no había nada que pudiéramos hacer. Y mucha gente sigue pensando eso', explica Fernández Ibáñez en entrevista con Efe. Sin embargo, nada más lejos de la realidad".

16. A

"El experto español, considerado por el Foro Económico Mundial como "joven líder global", insiste en que hay que huir de la rutina para proporcionar nuevos estímulos al cerebro de manera que se enfrente a retos distintos que lo hagan desarrollar aquellas facetas que puedan estar más dormidas. […] Para el desarrollo del cerebro lo [fundamental] es el aprender cosas nuevas, complejas, difíciles, porque eso es lo que nos fuerza a ejercitar músculos mentales", asegura. […]".

17. A

"Saber manejar las situaciones de estrés y el ejercicio aeróbico, junto a la dieta mediterránea, son algunos de los factores clave descubiertos por la ciencia, y es que el cerebro genera varios miles de neuronas al día que aumentan con el ejercicio cardiovascular pero mueren en situaciones de tensión".

18. B

"El libro arranca con los conceptos fundamentales del cerebro y la mente para familiarizar al público, después analiza el papel de los diferentes factores que influyen en la conservación cerebral, y finalmente muestra cómo adaptar de manera personalizada los descubrimientos científicos a las necesidades de cada lector".

Tarea 4

19. D

"[…] para evitar las consecuencias negativas que ciertas prácticas producen en nuestro organismo, es necesario modificar hábitos […] este libro proporciona herramientas que pueden orientar a la creación de conductas más sanas que contribuyan a alcanzar un mejor estilo de vida".

20. C

"Combinando la antigua sabiduría oriental y los últimos avances médicos occidentales, *El Tao de la vida sana* […] Los consejos vitales y científicos que brinda Daniel Reid en este libro abarcan tanto técnicas de relajación, meditación y respiración como los principios de la hidroterapia y la aromaterapia […]".

21. F

"Porque la verdadera transformación no empieza el día que cambias tu forma de comer, sino el que modificas tu forma de pensar. […] guía para aprender a quererse, a vivir de forma saludable para siempre […]".

22. A

"[…] nos ofrece una brillante obra titulada *Actividad física y estilo de vida saludable*, compendio de herramientas y guía para los profesionales de la actividad física y la salud […] complemento a las personas que practiquen ejercicio físico y quieran obtener más información sobre determinadas directrices a seguir dentro de un programa de acondicionamiento físico".

23. A

"*Actividad física y estilo de vida saludable*, compendio de herramientas y guía para los profesionales de la actividad física y la salud, que asesorarán a los ciudadanos a realizar práctica regular de ejercicio físico y controlar su estilo de vida haciéndolo más saludable".

24. C

"Los consejos vitales y científicos que brinda Daniel Reid en este libro abarcan tanto técnicas de relajación, meditación y respiración como los principios de la hidroterapia y la aromaterapia, y están pensados para proporcionar un bienestar inmediato […]".

25. E

"No es un método, no es un procedimiento, no es una dieta, no es un compendio de pautas de vida sana. A diferencia del resto de libros que ayudan a bajar de peso, *¡Soy más lista que el hambre!* presenta un proceso para que sea el propio lector quien defina cuál es una vida sana para él, cómo la puede conseguir y qué herramientas usará".

26. B

"Y, lo más valioso, Karina Velasco comparte su propia experiencia, su transformación interior, su lucha por encontrar un equilibrio entre peso ideal, cuerpo sano y plenitud".

Tarea 5

27. C

Considerando que nos encontramos frente a una pregunta, lo que se marca explícitamente por la presencia de signos de interrogación, resulta claro pensar en la necesidad de incluir en esta oración un pronombre interrogativo. Como sabemos, los pronombres interrogativos van siempre acentuados con tilde, lo que nos lleva a elegir la alternativa "c" como la correcta, en tanto las otras dos alternativas no llevan tilde y, por lo tanto, no están operando como pronombres interrogativos.

28. B

En esta pregunta, el verbo está conjugado en pretérito perfecto, lo que se marca a través de la utilización de haber + verbo. Como sabemos, el pretérito perfecto se compone por la fórmula haber + participio, por lo que descartaremos de inmediato la alternativa "c", que presenta el verbo en gerundio, así como la alternativa "a", que no ofrece un verbo, sino un sustantivo. De este modo, asumimos como correcta la alternativa "b", en tanto "producido" es el participio del verbo "producir".

29. B

Este párrafo requiere la elección de una palabra que indique que "dada una situación, otra situación ocurre". A primera vista, las tres alternativas podrían ser elegibles, sin embargo, la opción "a" requeriría ir seguida de la preposición "de" para operar como conector causal (que marca la causa de una acción), lo que no ocurre en este caso. "Gracias", seguido de la preposición "a" sí que funciona como conector causal, sin embargo, este conlleva una valoración positiva de la causa, que en este caso es de tipo neutro. De este modo, la alternativa "b" es la correcta, pues la preposición "frente" seguida por la preposición "a" construyen una locución preposicional que indica "enfrente de" o "delante de", expresiones que resultan coherentes con el sentido del texto, en que, enfrentados a una situación, otra situación ocurre.

30. C

Las tres alternativas aquí presentadas cumplen funciones preposicionales que pueden funcionar coherentemente con el sentido en la oración, referida básicamente a "decidir acerca de las políticas agrícolas". La alternativa "a" podría ser correcta si "respecto" fuera seguida por la preposición "de", formando así una locución preposicional que se refiere justamente a "acerca de". Pero el texto no incluye la preposición "de" luego

del espacio en blanco, por lo que esta alternativa queda descartada. La alternativa "b", por su parte, también requiere ir seguida de una preposición para conformar la locución preposicional "en torno a", que significa "acerca de", lo que calzaría muy bien en la oración, pero en este caso hace falta la preposición "a" en el texto. La preposición "sobre" es la única que no requiere ir seguida de preposición alguna para hacer referencia a "acerca de", lo que la transforma en la alternativa correcta.

31. B

Para escoger la alternativa correcta en esta oración compuesta subordinada debemos prestar atención al modo verbal (indicativo/subjuntivo). Respecto del modo, fijémonos en la oración principal: "No nos debería sorprender que" remite al ejercicio de nuestra voluntad sobre la de otro sujeto, marcado por el uso del verbo "deber". De este modo, bien podríamos reemplazarla gramaticalmente por "no debe sorprenderte que" o "debe sorprenderte que". Como sabemos, este tipo de oraciones en las que se ejerce una acción sobre otro sujeto va seguida por un verbo en subjuntivo. Esto nos permite descartar de inmediato la alternativa "a", donde el verbo está planteado en indicativo. De las dos opciones restantes, ambas están planteadas en pretérito perfecto de subjuntivo (subjuntivo de haber + participio), mientras una de ellas está conjugada en plural (la "b") y la otra en singular (la "c"). Para escoger la persona gramatical adecuada del verbo auxiliar "haber" tenemos que identificar "qué es aquello que se multiplica", a saber, "las experiencias", planteadas en plural. De este modo, el verbo "haber" irá conjugado en plural, lo que arroja la alternativa "b" como la correcta. Es importante en este punto recordar que el verbo "haber" nunca se conjuga en plural cuando va conjugado de forma independiente. Sin embargo, cuando se trata de verbos compuestos (como todos los "perfectos"), es decir, cuando "haber" funciona como auxiliar, sí debe ser conjugado en singular o plural dependiendo del caso.

32. A

Es importante no entrar en confusiones dada la extensión y complejidad de la presente oración. Del largo enunciado que se nos presenta, solo consideraremos aquello que se aparece luego de "experiencias", que consiste en una frase explicativa entre comas (innecesaria a nivel sintáctico) y una oración adjetiva especificativa, que será la que tendremos en cuenta. Como sabemos, las oraciones adjetivas especificativas cumplen la función de un adjetivo, es decir, identifican el objeto que se está describiendo (antecedente): en este caso, las "experiencias". Se trata, entonces, de "experiencias que (verbo) modelos de consumo alternativos". El desafío a continuación es escoger el modo en que conjugaremos el verbo asociado a esta oración. Recordemos en este punto que las proposiciones adjetivas especificativas irán seguidas por un verbo en indicativo cuando el antecedente es conocido, y en subjuntivo si el antecedente es desconocido o negado. En este párrafo se hace referencia a un antecedente claro y conocido, que son estas experiencias particulares, por lo que el verbo a elegir será indicativo. De las tres alternativas, la única conjugada en indicativo es la "a". Por esta razón, "promueven" es la alternativa correcta.

33. C

Esta pregunta nos orienta a encontrar el pronombre de relativo adecuado para esta oración adjetiva o de relativo. Para estos fines, es necesario que identifiquemos cuál es el antecedente, en este caso, los "modelos de consumo alternativos a los tradicionales". Considerando que el **antecedente** refiere a cosas (no personas), descartamos la alternativa "a", pues "quienes" siempre referirá a personas. Además, nuestro **antecedente** es plural y está definido, lo que nos permite descartar "lo que", que suele referir a antecedentes largos y complejos que no están claramente definidos. De este modo, la **alternativa correcta es la "c"**, pues el pronombre de relativo "que" hace referencia a objetos y personas determinadas, como estos "modelos de consumo".

34. B

Esta pregunta nos desafía a **encontrar la preposición adecuada**, lo que en este caso tiene una respuesta simple. En castellano, para referirnos a algo "fundado, asentado o apoyado sobre algo", se utiliza la locución "basado en". Cualquier otra preposición añadida a continuación de "basado" dejará sin sentido la oración.

35. B

La locución verbal "ponerse de acuerdo" conlleva un pronombre que marca **reciprocidad**: una acción que realiza una persona sobre la otra y viceversa (como "besarse") y que admite el refuerzo "mutuamente". Así, si el acuerdo se produce entre dos personas, usamos el **pronombre "se" recíproco**, lo que equivale a la respuesta correcta "b", en tanto "le" y "les" operan como pronombres de objeto indirecto y no indican reciprocidad.

36. A

Esta oración exige la elección de una **forma verbal que indique la ejecución de una acción que ocurre durante la acción de otro verbo**. Esto se lleva a cabo mediante la utilización del gerundio. En este caso, debemos determinar la acción (en gerundio) que ocurre mientras las personas se ponen de acuerdo. Atendiendo a las alternativas, **la única que se plantea en gerundio es la "a"**, en tanto las otras dos están conjugadas en infinitivo, lo que no resulta coherente.

37. C

El uso del pretérito indefinido **"surgieron"** está motivado por la aparición posterior de **marcas temporales de carácter concreto** y específico como son "a finales de los años 80 y comienzos de los 90". Es conveniente recordar, pues, que este tiempo verbal remite a acciones pasadas finalizadas y, generalmente, va acompañado de **marcadores temporales concretos**. Esto es, palabras, fechas o sintagmas que actúan como complementos que sitúan y limitan la acción.

38. B

El nexo **"ya que"** es de tipo **causal**, es decir, indica la causa o los motivos de lo expresado anteriormente. En este caso, la causa de que "resulte difícil señalar cuántos grupos y cooperativas existen" es que algunas están formalmente constituidas y otras no. La opción "a" se descarta debido a que en nexo **"aunque"** es de carácter **concesivo**: expresa la dificultad que, sin embargo, no impide la realización de una determinada acción. La opción "c" ("si bien") corresponde a un nexo **adversativo** y equivale a "pero".

39. A

El pronombre "le" funciona en esta oración como **objeto indirecto** "a/para él". Esta función se expresa a través de pronombres o sintagmas que recogen la acción del verbo en cuanto a perjuicio o beneficio. Las otras dos opciones, "los" y "lo", son opciones incorrectas debido a que los pronombres "lo, los/ la, las" funcionan en la oración como objeto direc-

to y, por lo tanto, su función no tendría cabida en la oración analizada.

40. C

"A pesar de" es una locución (grupo de palabras) que funciona como nexo adversativo. Lo que expresa es una traba o problema para que se desarrolle alguna acción posterior. Por este motivo, este nexo plantea una dificultad a la afirmación principal de la frase. De igual modo es interesante señalar que el último elemento de la locución es la preposición "de" lo que condiciona su uso. En este caso, el sintagma "algunas diferencias" solo podría ir después de dicha preposición, imposibilitando así las opciones de "aunque" y "Por más que" (*aunque algunas diferencias,…/*por más que algunas diferencias,…).

PRUEBA 2 COMPRENSIÓN AUDITIVA Y USO DE LA LENGUA

Tarea 1

1. D

"Hoy empezaremos con la alimentación equilibrada en la vida moderna porque la próxima semana tendremos **dos charlas más especiales**".

2. I

"Cuando yo quise poner este título, me costó muchísimo porque **me decían que era muy largo** y yo les decía 'pero es que, mirad, cuando yo lo escribí eran los años 70, ¿eh?' […]".

3. B

"[…] 'hasta los años 40-50 la idea de trabajo era una idea ligada al movimiento, **el trabajo estaba ligado a un movimiento** y hemos llegado a una situación en que la mayor parte o gran parte de las personas que trabajamos en la ciudad, trabajamos sentadas'".

4. K

"Lo que se había hecho de la misma manera durante miles de años, que sabemos lo que hacían los egipcios…pues hasta mitades del siglo xx no hizo **ese cambio tan brutal**".

5. C

"Luego tenemos alimentos que llamamos funcionales porque sirven como catalizadores biológicos para que las reacciones químicas **puedan tener lugar** y muchos de estos alimentos que son funcionales son vitaminas y minerales".

6. H

"[…] ahí nos encontramos **con un problema** y es que algunas personas, pasada la primera infancia, ya no fabrican lactasa, que es la encima que digiere la lactosa".

Tarea 2

7. B

M.: "Yo antes también era fumadora –alrededor de un cajetilla al día– hasta que **tuve un susto con una bronquitis**… decidí dejarlo y lo pasé fatal. Engordé ocho kilos".

8. B

H.: "Yo **tengo que controlarme con las galletas y los bombones**. Soy muy goloso y no lo puedo evitar".

9. C

C.: "¡Hola, buenos días! Disculpe. Estoy buscando algo **para la tos seca** […] Por las noches, al toser tanto, **se me irrita la garganta** y tengo también molestias cuando hablo".

10. B

F.: "Por supuesto, hay remedios naturales muy buenos para la tos y la irritación de la garganta. El limón es un antiséptico natural y puede utilizarlo en zumo para tomar o para hacer gárgaras por las mañanas".

11. A

M.: "¡Hola Lucas! Tengo que quemar calorías a tope, a la vuelta de la esquina tenemos la "operación biquini". ¿Tú cómo lo llevas? ¿Ya estás en forma para el veranito?

L.: ¡Jaja! (risas) No, todavía no estoy listo para "lucir palmito" en la arena. Me queda mucho trabajo por hacer".

12. C

M.: "En eso estoy de acuerdo contigo, Lucas. Yo no soy una loca del fitness y creo que el gym es una manera sana de pasarlo bien. De echarse unas risas y a la vez sudar un poco".

13. C

M.: "El otro día leía un estudio en el periódico que decía que esta es una de las dietas más ricas y variadas del mundo porque los mismos ingredientes se cocinan de manera diferente en cada región e incluso en cada pueblo".

14. A

P.: "Muy interesante… Seguro que tiene mucho que ver con que en España hay muchos productos que son de temporada y hay que elaborarlos con especial cuidado".

Tarea 3

15. C

"B.: Bueno, en España, la mayoría de las ciudades, el principal problema es el tráfico rodado. Hay algunas ciudades… todavía hay algún problema industrial pero la industria está más controlada también a nivel de todo lo que es legislación y todas las emisiones están más controladas y ya no es tanto un problema como lo podía haber sido hace unas décadas".

16. A

"J.: […] hay toda una necesidad de comprender qué partes de la contaminación por el tráfico son las más perjudiciales porque, entonces, seríamos más eficientes en introducir medidas para solucionar o disminuir el problema de la toxicidad del tráfico".

17. C

"J.: Pero, por ejemplo, en el pasado (en los años 80) se puso de manifiesto que el plomo ¿eh?, era un contaminante muy importante en las ciudades, por tanto, se llegó, todos los países, llegaron a un acuerdo de prohibir la gasolina que tenía plomo".

18. B

"B.: Sí, yo creo que también es importante tomar en cuenta que el tráfico rodado no solo es lo que emite el coche, sino también el uso de los frenos y todo el desgaste de los neumáticos y del asfalto, eso también produce mucha contaminación".

19. C

"B.: A ver, lo que pasa… solo para poner rápido en resumen, en los años 50 hubo picos de contaminación muy elevados en un par de ciudades de Europa y, a partir de ahí, los médicos vieron que, cuando había picos de contaminación muy altos había más hospitalizaciones y más mortalidad y, a raíz de ahí, empezó el estudio de la contaminación atmosférica y la salud".

20. A

"B: Sí, yo creo que hay que tomar en cuenta que las grandes modificaciones vendrán de la legislación".

Tarea 4

21. C

"Enhorabuena, señora Carmen. Ha tenido usted una excelente recuperación, así que la daremos de alta mañana a mediodía".

22. B

"Anda. Échame una mano con los calabacines, que yo preparo las berenjenas".

23. A

"Ya vas a agarrar la mano, no te desanimes".

24. B

"Venga. Vamos a por la última serie de veinte abdominales. Uno, dos…."

25. A

"¡Nada de siestas, hombre! Si te quedas de brazos cruzados nunca se te pasará el dolor".

26. B

"- Suena bien. ¿Es antialérgica?
- Desde luego, señora".

27. C

"Venga ya. Que un poco de agua no eche a perder este día".

28. C

"¡Che, pará! Si seguís así te van a llenar de piropos por la calle y me voy a poner celoso".

29. B

"Daba por sentado que se podía pagar con tarjeta de crédito".

30. A

"Si queremos curar el estrés, hay que empezar por no ahogarse en un vaso de agua".

EXAMEN 5

Culturas iberoamericanas

PRUEBA 1 COMPRENSIÓN DE LECTURA Y USO DE LA LENGUA

Duración de la prueba: **90 minutos**
Número de ítems: **40**

Tarea 1 ### Instrucciones:

A continuación leerá un fragmento de las bases para participar de un concurso literario en Panamá.

Lea el texto y conteste a las preguntas (1-6). Seleccione la opción correcta (a / b / c).

TEXTO

BASES: CONCURSO NACIONAL DE LITERATURA RICARDO MIRÓ (Panamá):

DISPOSICIONES GENERALES

1. El Instituto Nacional de Cultura (INAC) declara abierto el Concurso Nacional de Literatura Ricardo Miró a partir de la publicación de estas bases.

2. Todos los trabajos se entregarán en la sede del Instituto Nacional de Cultura (INAC) en el área de la librería, ubicada en Las Bóvedas, Plaza de Francia, corregimiento de San Felipe, Casco Antiguo de la ciudad de Panamá, hasta el 30 de junio, en horario oficial de oficina. [...]

3. El Instituto Nacional de Cultura (INAC), a través del Departamento de Letras, velará por el cumplimiento de las bases del Concurso Nacional de Literatura Ricardo Miró.

4. El Concurso Nacional de Literatura Ricardo Miró consta de cinco (5) secciones: poesía, cuento, novela, ensayo y teatro. Habrá un premio único en cada una de las secciones mencionadas.

5. Podrán participar en el Concurso Nacional de Literatura Ricardo Miró los panameños por nacimiento, residentes o no en el territorio nacional y los panameños por naturalización con más de cinco (5) años de residencia comprobada en el país.

6. Los autores que hayan ganado el Concurso Nacional de Literatura Ricardo Miró no podrán participar nuevamente en el género en el que ganaron hasta que hayan transcurrido dos (2) años.

7. Cada trabajo presentado a concurso debe ser inédito (impreso y digital). La obra debe estar escrita en idioma español, tener un solo autor y corresponder a un solo género literario. Este criterio será aplicable a la obra en su totalidad.

8. Los trabajos serán presentados bajo seudónimo. En un sobre cerrado (plica) en donde se incluirá una reseña biográfica actualizada, dirección completa, números de teléfonos, copia de la cédula de identidad personal y un documento firmado por el concursante en el que certifique que conoce y acepta en su totalidad las bases del concurso y que su obra no se encuentra participando en ningún otro certamen nacional ni internacional. La ausencia de esta certificación descalificará la obra, en caso de que resultara seleccionada por los jurados. Igualmente, debe aparecer el nombre o seudónimo bajo el cual quiere que se publique su obra.

9. Los participantes entregarán tres (3) ejemplares idénticos, encuadernados, a doble espacio, en letra Times New Roman 12, papel bond blanco 8 1/2 X 11, escritos a una cara, con márgenes de una pulgada y páginas enumeradas, al igual que una copia en disco compacto.

10. En el sobre (plica), en la portada y en la primera página de cada uno de los tres (3) ejemplares de las obras presentadas se escribirá lo siguiente:

INSTITUTO NACIONAL DE CULTURA (INAC)

CONCURSO NACIONAL DE LITERATURA

RICARDO MIRÓ

SECCIÓN

TÍTULO DE LA OBRA

SEUDÓNIMO

11. Ningún funcionario del Instituto Nacional de Cultura (INAC) que esté prestando servicios a la institución, mediante cualquier tipo de nombramiento o contrato podrá participar en este certamen. Tampoco podrán hacerlo sus familiares hasta el 4to. grado de consanguinidad y 2do. grado de afinidad, ni los cónyuges, ni parejas en unión libre.

12. Los concursantes deberán mantener secreta su participación hasta el día de la divulgación del fallo. No se permitirá a los concursantes conocer la identidad del jurado. […]

JURADO CALIFICADOR Y FALLOS

19. El Instituto Nacional de Cultura (INAC) garantizará para cada sección del concurso un jurado calificador idóneo, constituido por tres (3) intelectuales de reconocidos méritos, dos (2) de los cuales deben ser extranjeros.

El jurado panameño podrá serlo por nacimiento o naturalización.

20. Los jurados tienen la obligación de mantener secreta su identidad hasta el momento de la deliberación. Si algún jurado se entera de la identidad de los concursantes o si conoce que su identidad ha sido divulgada, debe renunciar a su condición de jurado. De producirse cualquier hecho o circunstancia que empañe el prestigio de este concurso debe ser comunicada inmediatamente al Instituto Nacional de Cultura (INAC).

21. El jurado calificador al emitir su fallo deberá tener presente que la obra premiada contribuya eficazmente al acervo intelectual del país, a través de la excelencia literaria y artística. La obra debe contar con los méritos necesarios para ser premiada.

22. El fallo del jurado calificador será razonado y tendrá carácter definitivo e inapelable, podrá ser unánime o por mayoría y en ambos casos deberá ser sustentado. […]

PREMIOS

25. En cada sección habrá un PREMIO ÚNICO DE QUINCE MIL BALBOAS (B./15.000.00), medalla de oro, pergamino y cien (100) ejemplares de la obra por cada género.

26. Con relación a los derechos de autor, queda establecido que, mediante el acto de aceptación formal del premio, los autores conceden legalmente al Instituto Nacional de Cultura (INAC) la titularidad de los derechos de edición y comercialización de sus obras galardonadas en el concurso hasta por el término de una primera publicación.

27. Los premios podrán ser declarados desiertos cuando a juicio mayoritario del jurado, las obras participantes no reúnan la calidad literaria que demanda el género correspondiente, en cuyo caso, el dinero destinado para el premio será utilizado para la realización de actividades que promuevan o refuercen dicho género.

28. En este concurso no se concederán menciones de honor. […]

[Extraído de *http://www.escritores.org*]

PREGUNTAS

1. Según las disposiciones generales ¿Cuál es el premio que se establece para el concurso de literatura Ricardo Miró?

▢ a) Un único premio para todas las secciones de 15.000 Balboas, un reconocimiento honorífico y la publicación de la obra.

▢ b) Un premio por cada una de las secciones de 15.000 Balboas, un reconocimiento honorífico y la publicación de la obra.

▢ c) Un premio por cada una de las secciones de 15.000 Balboas, medalla de oro y pergamino.

2. Según las bases del concurso, las obras presentadas…

▢ a) podrán tener un autor colectivo.

▢ b) son compatibles con cualquier otro tipo de concurso siempre que sea literario.

▢ c) no podrá mezclar diferentes géneros literarios.

3. Como se dice en las disposiciones generales, los concursantes deben hacer constar inequívocamente…

▢ a) que cuentan con experiencia suficiente en el mundo editorial, redactando para ello una breve biografía.

▢ b) que han nacido en territorio panameño.

▢ c) que han leído y están de acuerdo con la totalidad de la normativa establecida.

4. Según las bases del concurso, no podrán ser jurados en el mismo…

▢ a) ningún funcionario de Instituto Nacional de Cultura en activo.

▢ b) ningún trabajador del INAC ni familiar o cónyuge en los grados que marque la normativa.

▢ c) ningún funcionario del INAC ni sus familiares.

5. Según las disposiciones generales, ¿qué debería hacer un miembro del jurado que conoce la identidad de algunos de los aspirantes al premio?

▢ a) Renunciar a su puesto.

▢ b) Denunciarlo ante el INAC.

▢ c) Declarar nula la candidatura.

6. Según las bases, el ganador…

▢ a) cederá los derechos de autor de la primera edición al INAC.

▢ b) conservarán los derechos de autor, así como los de edición y comercialización.

▢ c) podrá explotar los derechos de edición y comercialización de los 100 primeros ejemplares.

Tarea 2 **Instrucciones:**

Lea el siguiente texto, del que se han extraído seis párrafos. A continuación lea los siete fragmentos propuestos (A-G) y decida en qué lugar del texto (7-12) hay que colocar cada uno de ellos.

Hay un fragmento que no tiene que elegir.

TEXTO

HOTEL ALMAGRO
Ricardo Piglia

Cuando me vine a vivir a Buenos Aires alquilé una pieza en el Hotel Almagro, en Rivadavia y Castro Barros. Estaba terminando de escribir los relatos de mi primer libro y Jorge Álvarez me ofreció un contrato para publicarlo y me dio trabajo en la editorial. Le preparé una antología de la prosa norteamericana que iba de Poe a Purdy y **7.**_____. En ese tiempo trabajaba en la cátedra de Introducción a la Historia en la Facultad de Humanidades y viajaba todas las semanas a La Plata. Había alquilado una pieza en una pensión cerca de la terminal de ómnibus y me quedaba tres días por semana en La Plata dictando clases. **8.**_____.

Lo que era igual, sin embargo, era la vida en la pieza de hotel. Los pasillos vacíos, los cuartos transitorios, el clima anónimo de esos lugares donde se está siempre de paso. Vivir en un hotel es el mejor modo de no caer en la ilusión de "tener" una vida personal, de no tener quiero decir nada personal para contar, salvo los rastros que dejan los otros. La pensión en La Plata era una casona interminable convertida en una especie de hotel berreta manejado por un estudiante crónico que vivía de subalquilar cuartos. **9.**_____.

La pieza que yo alquilaba era cómoda, con un balcón que se abría sobre la calle y un techo altísimo. También la pieza del Hotel Almagro tenía un techo altísimo y un ventanal que daba sobre los fondos de la Federación de Box. **10.**_____. Una tarde, en La Plata, encontré en un rincón del ropero las cartas de una mujer. Siempre se encuentran rastros de los que han estado antes cuando se vive en una pieza de hotel. Las cartas estaban disimuladas en un hueco como si alguien hubiera escondido un paquete con drogas. Estaban escritas con letra nerviosa y no se entendía casi nada; como siempre sucede cuando se lee la carta de un desconocido, **11.**_____. La mujer se llamaba Angelita y no estaba dispuesta a que la llevaran a vivir a Trenque-Lauquen. Se había escapado de la casa y parecía desesperada y me dio la sensación de que se estaba despidiendo. En la última página, con otra letra, alguien había escrito un número de teléfono. Cuando llamé me atendieron en la guardia del hospital de City Bell. Nadie conocía a ninguna Angelita.

Por supuesto me olvidé del asunto pero un tiempo después, en Buenos Aires, tendido en la cama de la pieza del hotel se me ocurrió levantarme a inspeccionar el ropero. Sobre un costado, en un hueco, había dos cartas: eran la respuesta de un hombre a las cartas de la mujer de La Plata.

Explicaciones no tengo. La única explicación posible es pensar que yo estaba metido en un mundo escindido y que había otros dos que también estaban metidos en un mundo escindido y pasaban de un lado a otro igual que yo **12.**_____. No es raro encontrarse con un desconocido dos veces en dos ciudades, parece más raro encontrar en dos lugares distintos, dos cartas de dos personas que están conectadas y que uno no conoce. […]

[Extraído de "Hotel Almagro" en *Formas breves* (1999)]

FRAGMENTOS

A. Tenía la vida dividida, vivía dos vidas en dos ciudades como si fueran dos personas diferentes, con otros amigos y otras circulaciones en cada lugar

B. Las dos piezas tenían un ropero muy parecido, con dos puertas y estantes forrados con papel de diario

C. y, por esas extrañas combinaciones que produce el azar, las cartas habían coincidido conmigo

D. La emoción sentida con cada viaje y el modo en que se atraviesa cada estancia es siempre el mismo, cargado de nostalgia

E. con lo que me pagó y con lo que yo ganaba en la Universidad me alcanzó para instalarme y vivir en Buenos Aires

F. La dueña de la casa estaba internada y el tipo le giraba todos los meses un poco de plata a una casilla de correo en el hospicio de Las Mercedes

G. las alusiones y sobreentendidos son tantos que se descifran las palabras pero no el sentido o la emoción de lo que está pasando

Tarea 3 Instrucciones:

Lea el texto y responda a las preguntas (13-18). Seleccione la opción correcta (a / b / c).

TEXTO

AVANZAR EN LA CONSTRUCCIÓN DE UN ESPACIO CULTURAL COMPARTIDO: DESARROLLO DE LA CARTA CULTURAL IBEROAMERICANA

Álvaro Marchesi, Secretario General de la OEI

Alicia Barcena, Secretaria Ejecutiva de la CEPAL

La aprobación de la Carta Cultural iberoamericana por la Cumbre de Jefes de Estado y de Gobierno en Montevideo no solo constituye una referencia histórica. Mira, también, hacia el futuro; y plantea, como exigencia, que la cultura iberoamericana se reconozca y consolide como uno de los ejes vertebradores de nuestra vida colectiva.

No puede ser de otra manera. Tenemos la convicción de que formamos una comunidad con lenguas y culturas compartidas mayoritariamente. Esta comunidad es valorada como tal por el resto del mundo, y a ella se le reconoce tanto su enorme riqueza como su diversidad. Así, el Estado Plurinacional de Bolivia está formado mayoritariamente por población indígena, el bilingüismo de las lenguas guaraní y española es parte de la vida cotidiana en el Paraguay y Guatemala tiene una variedad de lenguas y de culturas que convierten al país en un ícono admirable de diversidad.

Hay, por otro lado, vastas regiones andinas en las que el quechua y el aimara son las lenguas de mayor uso vigente, y en muchos lugares de la República Bolivariana de Venezuela, Costa Rica y Nicaragua se escucha hablar un inglés local proveniente de migraciones establecidas por décadas desde el Caribe anglófono. Además, más de 40 millones de latinoamericanos —casi el 12% de su población total—, viven en Estados Unidos, donde conservan sus nombres y lenguas originales.

Semejante riqueza de lenguas y culturas ha sido motivo de reconocimiento y valoración desde las otras regiones del mundo, y llevó a uno de nuestros más insignes escritores, fallecido el año 2012, a escribir tan acertadas y hermosas palabras:

"Nuestro privilegio, nuestra personalidad iberoamericana, es indígena, africana, mulata, mestiza y, a través de Iberia, mediterránea, griega, latina, árabe, judía, cristiana y laica. Todo ello nos convierte en el espacio privilegiado, de Yucatán a Andalucía y de Minas Gerais al Algarve, para dialogar con los demás, que nunca serán los que sobran, los de menos, sino los que aún no abrazamos, los demás. Somos —podemos ser— el microcosmos de la convivencia". (Carlos Fuentes, discurso en el VII Foro Iberoamérica).

La Carta Cultural Iberoamericana compendió en su breve texto este sentimiento colectivo, y se propuso articular en la región la Declaración sobre la Diversidad Cultural de la UNESCO del año 2001 y la posterior Convención sobre la Protección y Promoción de la Diversidad de las Expresiones Culturales. Se propuso, asimismo, dar cauce y continuidad a las experiencias y estrategias de cooperación internacional desarrolladas por la Secretaría General Iberoamericana (SEGIB) y la Organización de Estados Iberoamericanos (OEI). Sus objetivos principales pueden resumirse en tres imperativos, a saber: afirmar el valor central de la cultura para el desarrollo humano, promover y proteger la diversidad cultural y consolidar el espacio cultural iberoamericano.

Sin embargo, el logro de estos objetivos enfrenta enormes desafíos. Por una parte, existen grandes desigualdades en el acceso de la población al capital cultural de cada uno de los países que conforman este espacio, correlato de las enormes brechas existentes en el terreno económico y educacional, y de la larga historia de discriminación y exclusión que afecta especialmente a las poblaciones originarias, afrodescendientes e inmigrantes. Por otra parte, los cambios sociales y tecnológicos están impactando a toda la sociedad, pero de forma especial a la juventud, y modifican la forma de estar en el mundo, las relaciones sociales y el propio significado de la cultura. Ambos retos pueden resumirse en la afirmación realizada por el PNUD en su Informe sobre Desarrollo Humano: "Si el mundo desea lograr los Objetivos del Desarrollo del Milenio y erradicar definitivamente la pobreza, primero debe enfrentar con éxito el desafío de construir sociedades inclusivas y diversas en términos culturales".

Es imprescindible, pues, impulsar la reflexión sobre el papel de la cultura en el desarrollo de los pueblos en un mundo cada vez más globalizado y de creciente penetración de las tecnologías en sociedades multiculturales. Semejante reflexión deberá contribuir a una acción transformadora que otorgue a la cultura la necesaria centralidad en el progreso de los pueblos y en el bienestar y el buen vivir de los ciudadanos. […]

[Extraído de *http://www.culturasiberoamericanas.org*]

PREGUNTAS

13. Según los autores, ¿cuál es el fundamento de la Carta Cultural Iberoamericana?

- a) Establecer una referencia histórica que aúne a todos los países que conforman Iberoamérica.
- b) Reunir a todos los jefes de Estado de los países iberoamericanos bajo un mismo norte.
- c) Trazar líneas de acción desde un ángulo que abarca el pasado y el porvenir de las culturas de Iberoamérica.

14. Los autores…

- a) están convencidos de que Bolivia, Paraguay y Guatemala deben ser los ejes sobre los que se funden la cultura iberoamericana.
- b) creen necesario trabajar para que Iberoamérica sea valorada en el resto del mundo, tal como ocurre al interior del área.
- c) afirman que el valor principal de Iberoamérica es reconocido más allá de sus fronteras por la multiplicidad de lenguas y culturas que la conforman.

15. ¿Por qué los autores hacen mención del guaraní, quecha, aimara e inglés?

- a) Porque son todas lenguas habladas en Iberoamérica, que no han sido tan ampliamente reconocidas como el español.
- b) Porque son, junto con el español, lenguas que conforman el valioso patrimonio cultural iberoamericano.
- c) Porque gracias a ellas existen hoy valiosas piezas literarias, como el texto del escritor Carlos Fuentes.

16. ¿Cómo describe Carlos Fuentes a Iberoamérica?

- a) Como un área con un invaluable potencial para constituirse como un área de interacción entre diferentes culturas.
- b) Como un continente privilegiado por su riqueza multicultural.
- c) Como un espacio de convivencia absoluta entre diferentes culturas y etnias.

17. El proceso de creación de la Carta Cultural Iberoamericana…

- a) se desarrolló tomando como referencia otras iniciativas previas de diferentes organizaciones.
- b) surgió motivado por la ausencia de tratados o experiencias anteriores que se refirieran a la diversidad cultural en el área.
- c) fue llevado a cabo por varios representantes de la UNESCO, la SEGIB y la OEI.

18. Los objetivos de la Carta Cultural Iberoamericana…

- a) serán logrados con certeza a la brevedad, pues se ha avanzado considerablemente.
- b) requieren de profundos cambios sociales para ser cumplidos.
- c) pueden resumirse en acabar con las desigualdades que presenta la región en los ámbitos cultural, económico, educacional y tecnológico.

Tarea 4 Instrucciones:

A continuación tiene seis textos (A-F) y ocho enunciados (19-26). Léalos y elija la letra del texto que corresponde a cada enunciado
Recuerde que hay textos que deben ser elegidos más de una vez.

A continuación leerá un artículo que incluye reseñas sobre varios libros.

TEXTOS

A.

Formas de volver a casa habla de la generación de quienes, como dice el narrador, aprendían a leer o a dibujar mientras sus padres se convertían en cómplices o víctimas de la dictadura de Augusto Pinochet. La esperada tercera novela de Alejandro Zambra muestra el Chile de mediados de los años ochenta a partir de la vida de un niño de nueve años.

El autor apunta a una necesidad de una literatura de los hijos, de una mirada que haga frente a las versiones oficiales. Pero no se trata solo de matar al padre, sino también de entender realmente lo que sucedía en esos años. Por eso la novela desnuda su propia construcción, a través de un diario en que el escritor registra sus dudas, sus propósitos y también cómo influye, en su trabajo, la inquietante presencia de una mujer.

[Extraído de *http://damaliteraria.blogspot.com*]

B.

Urrelo […] es parte de una generación de narradores bolivianos que demuestran varias cosas, la primera y más importante, los caminos de la libertad, el desprejuicio. Escriben lo que literalmente quieren escribir, sin condicionantes sociales o políticos, sin aquel dogal envenenado que los viejos debates de los años 60 convertían en un imperativo. Los escritores latinoamericanos tenían el deber de comprometerse con sus obras, de tomar partido, de ser agentes de cambio. El caso Padilla y el realismo socialista adaptado por los progresistas de la mano de la revolución cubana, demostraron cuán brutalmente se podía condicionar a un artista a título de compromiso. Sábato se preguntó alguna vez algo parecido a esto: "¿Quién dijo que los escritores latinoamericanos no podemos soñar con dragones?". Esa es la primera y esencial ruptura de los nuevos narradores del país, que sus caminos están signados por la libertad, que escriben sin complejos, que no niegan paternidades y que no se sienten obligados a nada.

[Extraído de *http://www.lostiempos.com*]

C.

Managua Salsa City es una original propuesta de Galich con rasgos que audazmente se apartan de la senda más común en la narrativa latinoamericana para subsumir los aspectos formales de la obra totalmente al tema que se desarrolla con un estilo por demás inusual. En ella se dan cita el vernáculo, la vida nocturna y la música que se escucha en Managua, la guerra de la revolución y la contrarrevolución nicaragüense y, especialmente, el hampa y los criminales que tras la pacificación del país, redireccionan la agresión, para la que fueron entrenados o predispuestos por el conflicto, contra la sociedad civil y ellos mismos.

[Extraído de *http://depeupleur.blogspot.com*]

D.

En una serie de crónicas cortas esta brillante narradora nos entrega su visión de un México en peligro de extinción, sino es que ya extinto. De la selva que rodea al sitio de Calakmul a los barrios del centro histórico de la Ciudad de México. Pacheco recuenta sus memorias de un país que se pierde cada vez más en la corrupción, la indiferencia, el desánimo y la desesperanza. Así también nos presenta la situación ecológica de diversos sitios en el país dándonos una imagen de una circunstancia de extrema gravedad pero no totalmente falta de esperanza. La autora cree fervientemente que aún hay tiempo si actuamos ahora. Desde descripciones de las relaciones personales con su padre y con su novio, la narradora nos ofrece una imagen del mundo que ella vivió y que ahora está transformándose en algo demasiado grande e incomprensible. Estos textos de alta factura literaria buscan otorgar sentido y coherencia a esta realidad en expansión.

[Extraído de *http://www.lalangostaliteraria.com*]

E.

Una vez Argentina cuenta la vida de una gente llegada de todas partes y de una tierra cuya cultura migrante se parece a la del mundo. Su ambicioso proyecto consiste en narrar el siglo veinte a través de una saga familiar, y narrar una familia a través de un siglo de historia. Esta novela plantea también un fascinante experimento con la autobiografía: su primera persona, al incluir unas memorias prenatales, da una vuelta de tuerca al género de autoficción. Mediante un voraz mecanismo asociativo que funde presente y pasado, experiencia propia y ajena, Neuman recorre una genealogía poblada de personajes inolvidables, ofreciéndonos el relato de la construcción de un país, su infancia argentina y su iniciación como escritor.

[Extraído de *http://www.alfaguara.com*]

F.

Karen es una esteticista cartagenera que se muda a Bogotá en busca de mejores condiciones económicas, pero al llegar no solo consigue trabajo aplicando cera en La Casa de la Belleza, también se convierte en la clave para resolver la muerte de una de sus clientes. Entre conversaciones íntimas y confesiones, Karen acabará siendo la confidente de una psicoanalista, de la esposa de un congresista, de una famosa presentadora de televisión y de una madre desolada que busca justicia en un país donde la verdad solo le pertenece a quien puede pagar por ella. Melba Escobar ha explorado este universo femenino complejo para armar el rompecabezas de un thriller con gran ambición literaria en el desarrollo exhaustivo de cada personaje. *La casa de la belleza* es una novela sin par en el panorama de la narrativa colombiana reciente.

[Extraído de *http://www.planetadelibros.com.co*]

ENUNCIADOS

19. En el libro se presenta un novedoso trabajo con los géneros literarios, que permite vincular la historia cultural y la historia personal.

A) ⬜   B) ⬜   C) ⬜   D) ⬜   E) ⬜   F) ⬜

20. El autor desafía las miradas tradicionales desde las que se ha abordado un momento histórico de su país, proponiendo un nuevo punto de vista narrativo.

A) ⬜   B) ⬜   C) ⬜   D) ⬜   E) ⬜   F) ⬜

21. La narración combina el pasado y el presente del país, entregando una visión desilusionada pero a la vez optimista.

A) ⬜   B) ⬜   C) ⬜   D) ⬜   E) ⬜   F) ⬜

22. El libro pertenece a una tendencia literaria que no siente el deber de comprometerse políticamente.

A) ⬜   B) ⬜   C) ⬜   D) ⬜   E) ⬜   F) ⬜

23. Esta obra hace uso del género policial para ofrecer un relato sobre un segmento de la sociedad.

A) ⬜   B) ⬜   C) ⬜   D) ⬜   E) ⬜   F) ⬜

24. En esta novela se combinan diferentes referentes de la *baja cultura*, para narrar un escenario social y político actual.

A) ⬜   B) ⬜   C) ⬜   D) ⬜   E) ⬜   F) ⬜

25. Una de las virtudes del libro radica en la construcción de los personajes.

A) ⬜   B) ⬜   C) ⬜   D) ⬜   E) ⬜   F) ⬜

26. Esta novela da cuenta de la autonomía y emancipación del trabajo narrativo, en respuesta a lo que tradicionalmente se ha esperado de los autores.

A) ⬜   B) ⬜   C) ⬜   D) ⬜   E) ⬜   F) ⬜

Tarea 5 **Instrucciones:**

Lea el texto y rellene los huecos (27-40) con la opción correcta (a / b / c).

TEXTO

CALLE 13: ¿LA NUEVA MÚSICA PROTESTA LATINOAMERICANA?

Con todo el respeto que se merece Clara López, canciones como *El campesino embejucao** ya no parecen despertar el mismo entusiasmo de antes entre los potenciales militantes de izquierda de las grandes y caóticas ciudades del país, _____**27**_____ ella se esfuerce en bailarlo con toda la gracia y carisma que la caracteriza. _____**28**_____ lo hacen canciones como *La ley del embudo** de Beto Zabaleta (que tanto gustaba a los del M-19), *El rico y el pobre** de Oswaldo Monterrosa, _____**29**_____ mucho menos la trova cubana. Aunque certeras en su crítica social, esas canciones pertenecen a otro tiempo y contexto; ahora las cosas parecen distintas y lamentablemente el folclore y la trova, esos géneros emblemáticos (y estereotipados) de la protesta social latinoamericana, _____**30**_____ no son del gusto de la inmensa minoría de tertulianos de izquierda. La mayoría _____**31**_____ que escucha ahora es rock, pop y, sobre todo, *reggaeton*.

Y es precisamente a punta de *reggaeton*, rap y algo de folclore que René Pérez (Residente) y Eduardo Cabra (Visitante) parecen _____**32**_____ encontrado una nueva forma de agitar las banderas de la música protesta latinoamericana. La propuesta de Calle 13 es que podemos adquirir conciencia social _____**33**_____ bailamos *reggaeton*. Pero como le ocurre a toda propuesta artística exitosa (comercialmente hablando), paralelamente surgen acérrimos detractores. A mucha gente parece _____**34**_____ esta propuesta y denuncian su farsa, no solo por la aparente pobre calidad de sus rimas obscenas y fáciles, _____**35**_____ especialmente por su incoherencia entre su aparente crítica social y su lugar en el *showbiz*.

Sin embargo, a Residente y Visitante _____**36**_____ importará un comino lo que piensen unos pobres periodistas y blogueros mientras sigan vendiendo discos y ganando Grammys. Asimismo, se jactarán de su exitosa fórmula musical que en vez de "infiltrarse en el sistema y explotar desde adentro", como cantan en *Calma pueblo*, parece que se _____**37**_____ infiltrado en la tradición de la música protesta latinoamericana para "explotarla" en la industria del espectáculo, habiendo _____**38**_____ a importantes cantantes del folclore y figuras como Silvio Rodríguez _____**39**_____ colaboren en sus canciones, y participando en conciertos tributo a Ali Primera. Por otro lado, me pregunto _____**40**_____ esto es necesariamente malo; por el contrario, podría ser una forma efectiva de darle visibilidad a Latinoamérica y parte de su folclore en la comunidad global.

[Extraído de *http://blogs.eltiempo.com*]

* *El campesino embejucao*, *La ley del embudo* y *El rico y el pobre* son tres famosas canciones folclóricas colombianas que se enmarcan dentro del género "canción social".

OPCIONES

27.	a) aunque	b) y eso que	c) si bien
28.	a) También	b) Asimismo	c) Tampoco
29.	a) y	b) ni	c) o
30.	a) ya	b) todavía	c) aún
31.	a) lo	b) la	c) los
32.	a) han	b) ser	c) haber
33.	a) por	b) en cuanto	c) mientras
34.	a) errónea	b) molestarle	c) equivocada
35.	a) pero	b) y	c) sino
36.	a) le	b) los	c) les
37.	a) haya	b) hubiera	c) han
38.	a) congregado	b) congregar	c) congregando
39.	a) quien	b) el que	c) para que
40.	a) que	b) si	c) qué

PRUEBA (2) COMPRENSIÓN AUDITIVA Y USO DE LA LENGUA

Duración de la prueba: **50 minutos**
Número de ítems: **30**

Tarea 1

69

Instrucciones:

Usted va a escuchar una conferencia del escritor español José Manuel Caballero Bonald de la que se tomaron las siguientes anotaciones. Luego deberá elegir para cada anotación (1-6) la opción correcta entre las que aparecen debajo (A-L).
Escuche la audición dos veces.

Ahora dispone de un minuto para leer las anotaciones.

1. Los orígenes remotos del flamenco pasan por imaginar una reunión familiar al amparo de _____, apartada del resto de la sociedad.

2. Los orígenes del flamenco son, sin duda, _____ fascinante ya que se conoce verdaderamente poco en cuanto a su origen y fijación.

3. Las primeras manifestaciones del flamenco corresponden a _____ donde no se refleja ninguna preocupación de la comunidad, más bien, episodios personales.

4. En la mayoría de los casos, los temas del "cante" flamenco son _____ de historias trágicas a nivel personal, familiar y social.

5. Los textos de las canciones flamencas suponen _____ muy interesante para abordar el estudio de ciertos grupos de gitanos asentados en el sur de la Península Ibérica.

6. El "cantaor" se centra en la narración de _____ en relación con un grupo étnico desplazado y marginado.

A continuación escuchará una conferencia sobre flamenco y literatura.

OPCIONES

A	una historia dramática
B	un conjunto de canciones
C	una peripecia increíble
D	un relato
E	una música
F	una ilusión popular
G	una vivienda modesta
H	una geografía muy definida
I	un momento
J	una fuente de información
K	una idea
L	un tiempo

Tarea 2

Instrucciones:

70-73

Usted va a escuchar cuatro conversaciones. Escuchará cada conversación dos veces. Después debe contestar a las preguntas (7-14). Seleccione la opción correcta. (a / b / c).

PREGUNTAS

Conversación 1

7. ¿Cómo reacciona Sofía cuando Lucas le dice que va a cumplir unos de sus sueños yendo al Camino del Inca de Machu Picchu?

☐ a) Se alegra por él porque sabe que le hace mucha ilusión.

☐ b) No le da demasiada importancia, simplemente lo escucha.

☐ c) No entiende su fascinación por acudir a un evento de este tipo.

8. Lucas dice que ya tiene preparadas las hojas de coca porque…

☐ a) sufre de mal de altura.

☐ b) entiende que es mejor ir preparado por lo que pueda pasar.

☐ c) los nativos la consumen.

Conversación 2

9. ¿Cómo reacciona Mario cuando Lara le propone que vean una película juntos?

☐ a) Se muestra reticente porque desconoce qué tipo de película le sugerirá.

☐ b) Le encanta la idea porque considera a su amiga una experta en cine.

☐ c) Rechaza la idea porque no le gusta el cine.

10. En este contexto, ¿qué quiere decir Mario con la expresión "hay muchas pelis chungas"?

☐ a) Hay muchas películas interesantes.

☐ b) Hay muchas películas complicadas.

☐ c) Hay muchas aburridas.

Conversación 3

11. ¿Cómo reacciona Marisa cuando Adrián le propone probar el plato típico de Uruguay?

☐ a) Le encanta la idea y está dispuesta a probarlo.

☐ b) Se muestra ofendida porque es vegetariana.

☐ c) Se muestra reticente porque no consume carne normalmente.

12. ¿Qué opinión le merece la gastronomía a Adrián?

☐ a) Está convencido de que es la mejor embajadora de la cultura de un país.

☐ b) Cree que es una buena manera de conocer el carácter de la gente de un país.

☐ c) Considera que existe una base común a todas las gastronomías.

Conversación 4

13. Loles confiesa que no le importa tener un buen libro repetido porque…

☐ a) garantiza un recambio si le pasa algo al primero.

☐ b) así se lo puede regalar a un buen amigo.

☐ c) le encanta tener diferentes ediciones de la misma obra.

14. Loles hace una distinción clara entre "almacenar" y "coleccionar". ¿Por qué?

☐ a) Porque los guarda en su casa y no en un almacén.

☐ b) Porque su gran ilusión es tener una biblioteca muy grande.

☐ c) Porque es una amante de los libros y no los ve como simples objetos.

Tarea 3

Instrucciones:

Usted va a escuchar una tertulia sobre los misterios que rodean la Isla de Pascua, ubicada en medio del océano Pacífico. Después debe contestar a las preguntas (15-20).
Seleccione la opción correcta (a / b / c). Escuche la tertulia dos veces.

PREGUNTAS

15. ¿Qué evoca, según la moderadora, el nombre de la Isla de Pascua?

☐ a) Un lugar paradisíaco en el que pasar unas estupendas vacaciones.

☐ b) Un lugar que plantea muchos interrogantes por resolver.

☐ c) Un lugar que extraño y exento de interés.

16. Alberto Sáez, geólogo de la Universidad de Barcelona, investiga los cambios climáticos de Rapa Nui basándose para ello en el estudio de…

☐ a) los restos geológicos de los lagos de la isla.

☐ b) los fósiles hallados en el subsuelo.

☐ c) los distintos tipos de roca que hay en toda la isla.

17. Como afirma Alberto, una de las impresiones que se tienen al llegar a la Isla de Pascua es la de que…

☐ a) es una zona que no está suficientemente estudiada.

☐ b) es un lugar lleno de magia y espiritualidad.

☐ c) todavía quedan muchas cosas que se desconocen de ese entorno.

18. Como apunta Alex, estudios recientes prueban que los primeros pobladores de Rapa Nui…

☐ a) fueron amerindios precolombinos.

☐ b) llegaron a la isla 500 años después de Colón.

☐ c) procedían de Polinesia.

19. Como afirma Alberto, una de las causas por las que disminuyó la población de Rapa Nui está relacionada con…

☐ a) una oleada de migraciones.

☐ b) el agotamiento de ciertos recursos naturales.

☐ c) el clima extremo de la zona.

20. Alex tiene muy claro que la verdadera crisis en Rapa Nui está causada por…

☐ a) las guerras tribales.

☐ b) la presencia del hombre europeo.

☐ c) la hambruna que pasaron en un determinado momento.

Tarea 4   Instrucciones:

75-84

Usted va a escuchar diez diálogos breves. Escuche cada diálogo dos veces. Después debe contestar a las preguntas (21-30). Seleccione la opción correcta (a / b / c).

PREGUNTAS

Diálogo 1

21. Ante la propuesta del camarero, la mujer…

- ⬜ a) decide pedir ceviche y agregar otro plato más, porque tiene mucha hambre.
- ⬜ b) decide no pedir ceviche, porque se siente un poco enferma del estómago.
- ⬜ c) decide no pedir ceviche, pues no tiene mucha hambre.

Diálogo 2

22. Tras escuchar el relato de la guía del museo, el hombre se muestra sorprendido por…

- ⬜ a) el gran éxito a nivel mundial obtenido por Frida Kahlo.
- ⬜ b) la valentía de Frida Kahlo para decir lo que pensaba sin temor a las consecuencias.
- ⬜ c) la estética hiperfemenina de Frida Kahlo.

Diálogo 3

23. A partir del diálogo se puede desprender que:

- ⬜ a) el hombre opina que Facundo se está dando una vida llena de lujos y placeres.
- ⬜ b) Facundo llega a la conversación justo cuando el hombre y la mujer están hablando de él.
- ⬜ c) el hombre y la mujer envidian la decisión de Facundo.

Diálogo 4

24. Al enterarse de que el libro de José Martí se ha vendido, la mujer…

- ⬜ a) se queja por la mala calidad de las librerías en esa ciudad.
- ⬜ b) se muestra molesta por la poca variedad de libros disponibles.
- ⬜ c) lamenta su suerte, ante la dificultad de encontrar lo que busca.

Diálogo 5

25. En opinión del profesor de tango, la chica tiene dificultades para bailar porque…

- ⬜ a) no ha seguido sus instrucciones ni sus movimientos.
- ⬜ b) no lo está mirando.
- ⬜ c) no oye bien la música.

Diálogo 6

26. ¿Por qué se refiere la chica a la Ruta 66?

- ⬜ a) Porque es la única experiencia previa que tiene en rutas, antes de conducir por la Carretera Panamericana.
- ⬜ b) Porque la compara con la extensión de la Carretera Panamericana, que es mucho más larga.
- ⬜ c) Porque le hace recordar la sensación que tiene en la Carretera Panamericana, de poner el pie a fondo en el acelerador.

Diálogo 7

27. ¿Cómo fue la inauguración del edificio más alto de Latinoamérica, según Pepe?

- ⬜ a) Sin escatimar en publicidad.
- ⬜ b) Increíblemente moderna.
- ⬜ c) Con un gran espectáculo de música.

Diálogo 8

28. Cuando la mujer le pide el aguayo rojo al vendedor, este dice que se lo llevará…

     ☐   a) dentro de un cuenco de factura andina, utilizado para fines rituales en esas culturas.

     ☐   b) inmediatamente.

     ☐   c) en cuanto realice el ritual religioso andino correspondiente.

Diálogo 9

29. ¿Qué dice la chica respecto de su experiencia como voluntaria en la amazonía ecuatoriana?

     ☐   a) Que recorrió completamente todo el territorio ecuatoriano.

     ☐   b) Que se dedicó exclusivamente a proteger la fauna de un pequeño pueblo de Ecuador.

     ☐   c) Que aprendió mucho sobre la biodiversidad de toda Latinoamérica.

Diálogo 10

30. Carlos cree que la mujer está…

     ☐   a) incrédula, por la cantidad de experiencias que ha vivido en su viaje por el Caribe de Colombia.

     ☐   b) muy ansiosa, por lo que habla precipitadamente.

     ☐   c) extremadamente feliz.

PRUEBA 3 DESTREZAS INTEGRADAS: COMPRENSIÓN AUDITIVA Y EXPRESIÓN E INTERACCIÓN ESCRITAS

Duración de la prueba: **80 minutos**

Tarea 1

Instrucciones:

85

A continuación escuchará un fragmento de un documental que habla sobre la festividad indígena dedicada a los muertos. Escúchelo dos veces. Durante la audición podrá tomar notas. Después redactará una argumentación en la que deberá recoger los puntos principales de las posturas presentadas y expresar de forma justificada su punto de vista.

Número de palabras: **entre 220 y 250 palabras.**

Tarea 2 **Instrucciones:**

Elija solo una de las dos opciones que se lo ofrecen a continuación.

Número de palabras: **entre 220 y 250 palabras.**

OPCIÓN 1

Usted trabaja en una revista cultural internacional, y le han pedido escribir un artículo en el que deberá:
- Escribir sobre un país hispanohablante que haya visitado o que conozca por referencias.
- Comentar las características generales del país escogido.
- Explicar qué es lo más destacable de la cultura y la sociedad de ese país.
- Especificar cuáles son las particularidades de ese país en relación con otros países.
- Expresar su opinión y valoración sobre la cultura del país, indicando tanto puntos de vista positivos como críticos.

OPCIÓN 2

A usted le apasiona la cultura andina y está organizando con sus amigos un viaje a Bolivia, para disfrutar del fantástico carnaval de Oruro, un evento de origen religioso caracterizado por el colorido, la alegría, las danzas andino altiplánicas y la música festiva. Para organizar el viaje debe disponer de toda la información necesaria. Para ello, ha buscado a través de la página web www.carnavaldeoruro.com la manera de ponerse en contacto con la organización. Deberá escribir un correo electrónico en el que:
- Se presente y explique los motivos de su email.
- Explique por qué le interesa el carnaval de Oruro.
- Recabe información sobre las actividades programadas por la organización, sus fechas, horarios, etc.
- Pregunte por la conveniencia de reservar plazas o entradas en los espectáculos.
- Pregunte si existen recomendaciones especiales para viajar a Bolivia, en cuanto al clima y la documentación.
- Se despida agradeciendo la atención e información que, previsiblemente, le darán.

PRUEBA (4) DESTREZAS INTEGRADAS: COMPRENSIÓN DE LECTURA Y EXPRESIÓN E INTERACCIÓN ORALES

Duración de la prueba: **20 minutos**
Tiempo de preparación: **20 minutos**

Tarea 1 · Instrucciones:

Usted debe hacer una presentación oral sobre el texto adjunto. Su exposición debe incluir los siguientes puntos:
- Tema central.
- Ideas principales y secundarias.
- Comentario sobre las ideas principales.
- Intención del autor, si procede.

Dispone de entre tres y cinco minutos. Puede consultar sus notas, pero la presentación no puede limitarse a una lectura de las mismas.

TEXTO

MÁS DE LA MITAD DE LOS CHILENOS ASEGURA QUE SU TRABAJO NO LO HACE FELIZ

Paulina Sepúlveda

Chile es uno de los países de la OCDE con la jornada laboral más extensa: 2050 horas al año. Un récord si se compara, por ejemplo, con los holandeses, que trabajan 1450 horas, o con los alemanes, que lo hacen 1350.

Se trata de unas 11 horas diarias, bastante más tiempo del que se destina, por ejemplo, a la familia. Por eso es relevante que el trabajo sea una actividad gratificante. Pero ¿qué tanto lo es para los chilenos?

Para determinar este grado de satisfacción, el economista Wenceslao Unanue y el académico Marcos Gómez, ambos de la Escuela de Negocios de la U. Adolfo Ibáñez, realizaron un estudio en el que aplicaron un nuevo concepto de análisis llamado "florecimiento". Esta es la primera vez que una investigación de este tipo en el país utiliza este concepto.

Flourishing o florecimiento es un término más amplio que el de felicidad y fue introducido hace unos años por la sicología positiva. La importancia de esto, dice Unanue, es que hasta ahora los estudios de satisfacción laboral se han centrado solo en una parte de la felicidad, como las emociones y satisfacción con la vida, dejando de lado aspectos como las relaciones, el sentido de vida, el involucramiento, la autonomía y el logro, ideas que se incluyen dentro del concepto de florecimiento.

Tomando en cuenta estos aspectos, la investigación Florecimiento y Desempeño Organizacional en Chile concluyó que el 54% de las personas encuestadas se siente infeliz en su trabajo.

El estudio analizó los niveles de florecimiento de 742 personas e incluyó la medición de *burnout* (agotamiento emocional), *engagement* (dedicación), compromiso organizacional, satisfacción laboral y productividad.

El estudio indica que, a nivel general, el 53,9% de los trabajadores posee un bajo nivel de emociones positivas; el 62,1% reconoce bajos niveles de involucramiento en su vida; 44,2%, bajo nivel de relaciones significativas y gratificantes; el 39,5% tiene bajos niveles de sentido de vida, y el 43% siente que tiene bajos niveles de logro en sus vidas. "La satisfacción es bastante menor de lo que se ve en países desarrollados. Es preocupante. Además, que el 30% de las personas se declare con agotamiento laboral y que el 54% esté insatisfecha con su trabajo son coherentes a otros estudios que muestran que la satisfacción es superbaja", explica Unanue.

Flourishing en Chile

Estudios destacan que las personas más felices son personas más sanas, más creativas, más innovadoras, se ausentan menos y poseen un mayor compromiso organizacional.

Para Marcos Gómez, el no sentirse feliz e involucrado con el trabajo se explica por los niveles de individualismo que existen en Chile. "Hay desconfianza a nivel general. Los jefes piensan que los trabajadores sacan la vuelta y los trabajadores no confían en sus jefes. Esas cosas no pasan en otros países. Nos hemos centrado mucho en nosotros mismos, es un individualismo que se basa en la falta de confianza", explica.

Para encontrar sentido en el trabajo y mejorar el desempeño, Unanue establece que las relaciones son lo más importante. "Muchas veces se nos olvida construir relaciones afectivas. Pero lo ideal es tener amigos en el trabajo o trabajar con ellos. Con los amigos hay confianza, no se los perjudica, hay un compromiso y a las personas les gusta llegar a un lugar donde hay vínculos", dice.

El problema, agrega Unanue, es que cuando a las personas se les habla de felicidad, no piensan que en su trabajo pueden ser felices, porque lo ven como castigo. "Muy pocos se levantan contentos porque les toca trabajar, tampoco las empresas han sido capaces de hacer un ambiente que realmente les guste a las personas".

Y si bien es posible ser feliz en el trabajo, no todo son emociones y un ambiente agradable, también es importante estar conforme con el sueldo. "Si está amargado, con sueldos miserables, no se puede pensar en florecer. Es el principio", indica el economista.

La primera vez

Este el primer estudio sobre esta área que es muy nueva y que en Chile no se conoce, asegura Unanue. De hecho, agrega que muchas empresas no saben la diferencia que marca. "Felicidad es una palabra muy invasiva, otros piensan que es una pomada, pero los que la estudian saben de lo que hablamos. Hasta premios Nobel en Economía la estudian", dice Unanue.

Martin Seligman, director del Departamento de Psicología de la U. de Pensilvania y exdirector de la Asociación Americana de Sicología, fue uno de los primeros en hablar de sicología positiva y quien comenzó a hablar de florecimiento.

El concepto se apoya en cinco pilares reflejados en la sigla Perma: *Positive Emotion* (emociones positivas), *Engagement* (compromiso), *Relationships* (relaciones), *Meaning* (significancia), *Accomplishment* (realización). Todos ellos son los elementos que definen una buena vida: placentera, comprometida, relacional, con sentido y con metas alcanzables. "Florecimiento es encontrarle sentido a la vida en su forma más amplia. Es hablar de una felicidad duradera", concluye Unanue.

[Extraído de *http://diario.latercera.com*]

Tarea 2   **Instrucciones:**

Usted debe mantener una conversación con el entrevistador sobre el tema del texto de la Tarea 1. En la conversación, usted deberá:
- Dar su opinión personal sobre el tema.
- Justificar su opinión con argumentos.
- Rebatir, si procede, las opiniones que exprese su interlocutor.

La conversación durará entre cuatro y seis minutos.

MODELO DE CONVERSACIÓN

1. Opinión del candidato y justificación.

Por lo que ha leído, ¿considera que la situación retratada en Chile es diferente o similar a la de otros países que usted conozca?

¿Se siente reflejado en la descripción que se ha hecho de la realidad laboral chilena?

2. Turnos de intervención candidato-examinador.

Ejemplos de intervención del examinador:

¿Cree usted que las largas jornadas laborales son positivas o negativas? ¿Por qué?

¿Cuál sería, en su opinión, una buena forma de incrementar la satisfacción de las personas con su trabajo?

¿Cómo es su trabajo ideal? Piense en salario, jornadas, modalidad (presencial/no presencial), etc.

Tarea 3 Instrucciones:

La organización *Iberoamérica Unida* está impulsando una campaña internacional bajo el lema "Diversidad cultural iberoamericana: nuestra riqueza". Para la difusión de la campaña se diseñarán folletos y afiches que llevarán una fotografía junto con el lema y, por esta razón, han convocado a un concurso fotográfico. Para escoger la foto ganadora, el jurado va a tener en cuenta los siguientes criterios:

- Que dé cuenta de la multiplicidad de culturas que conforman Iberoamérica.
- Que destaque el valor de la diversidad lingüística, étnica, económica y cultural.
- Que ofrezca un punto de vista en contra de la discriminación y exclusión.
- Su originalidad.
- Su estética.

Aquí tiene las cuatro fotografías finalistas. Teniendo en cuenta el lema del concurso y los criterios del jurado, ¿cuál debería ser, en su opinión, la foto ganadora? Discuta su elección con el entrevistador hasta que ambos lleguen a un acuerdo.

Recuerde que se trata de una conversación abierta y que por tanto puede interrumpir a su examinador, discrepar, pedir y dar aclaraciones, argumentar sus opiniones, rebatir las del entrevistador, etc.

La duración de la conversación será de entre cuatro y seis minutos.

Tarea 1

1. B

"El Concurso Nacional de Literatura Ricardo Miró consta de cinco (5) secciones: poesía, cuento, novela, ensayo y teatro. Habrá un premio único en cada una de las secciones mencionadas [...] En cada sección habrá un PREMIO ÚNICO DE QUINCE MIL BALBOAS (B./15.000.00), medalla de oro, pergamino y cien (100) ejemplares de la obra por cada género".

2. C

"Cada trabajo presentado a concurso debe ser inédito (impreso y digital). La obra debe estar escrita en idioma español, tener un solo autor y corresponder a un solo género literario. Este criterio será aplicable a la obra en su totalidad".

3. C

"Los trabajos serán presentados bajo seudónimo. En un sobre cerrado (plica) en donde se incluirá una reseña biográfica actualizada, dirección completa, números de teléfonos, copia de la cédula de identidad personal y un documento firmado por el concursante en el que certifique que conoce y acepta en su totalidad las bases del concurso y que su obra no se encuentra participando en ningún otro certamen nacional ni internacional. La ausencia de esta certificación descalificará la obra, en caso de que resultara seleccionada por los jurados. Igualmente, debe aparecer el nombre o seudónimo bajo el cual quiere que se publique su obra".

4. B

"Ningún funcionario del Instituto Nacional de Cultura (INAC) que esté prestando servicios a la institución, mediante cualquier tipo de nombramiento o contrato podrá participar en este certamen. Tampoco podrán hacerlo sus familiares hasta el 4to. grado de consanguinidad y 2do. grado de afinidad, ni los cónyuges, ni parejas en unión libre".

5. A

"Los jurados tienen la obligación de mantener secreta su identidad hasta el momento de la deliberación. Si algún jurado se entera de la identidad de los concursantes o si conoce que su identidad ha sido divulgada, debe renunciar a su condición de jurado".

6. A

"Con relación a los derechos de autor, queda establecido que, mediante el acto de aceptación formal del premio, los autores conceden legalmente al Instituto Nacional de Cultura (INAC) la titularidad de los derechos de edición y comercialización de sus obras galardonadas en el concurso hasta por el término de una primera publicación".

Tarea 2

7. E
8. A
9. F
10. B
11. G
12. C

Tarea 3

13. C

"La aprobación de la Carta Cultural iberoamericana por la Cumbre de Jefes de Estado y de Gobierno en Montevideo no solo constituye una referencia histórica. Mira, también, hacia el futuro; y plantea, como exigencia, que la cultura iberoamericana se reconozca y consolide como uno de los ejes vertebradores de nuestra vida colectiva".

14. C

"Tenemos la convicción de que formamos una comunidad con lenguas y culturas compartidas mayoritariamente. [...] Semejante riqueza de lenguas y culturas ha sido motivo de reconocimiento y valoración desde las otras regiones del mundo".

15. B

"[...] el Estado Plurinacional de Bolivia está formado mayoritariamente por población indígena, el bilingüismo de las lenguas guaraní y española es parte de la vida cotidiana en el Paraguay y Guatemala tiene una variedad de lenguas y de culturas que convierten al país en un ícono admirable de diversidad. [...] Hay, por otro lado, vastas regiones andinas en las que el quechua y el aimara son las lenguas de mayor uso vigente, y en muchos lugares de la República Bolivariana de Venezuela, Costa Rica y Nicaragua se escucha hablar un inglés local [...] Semejante riqueza de lenguas y culturas ha sido motivo de reconocimiento y valoración desde las otras regiones del mundo".

16. A

"Nuestro privilegio, nuestra personalidad iberoamericana, es indígena, africana, mulata, mestiza y, a través de Iberia, mediterránea, griega, latina, árabe, judía, cristiana y laica. Todo ello nos convierte en el espacio privilegiado, de Yucatán a Andalucía y de Minas Gerais al Algarve, para dialogar con los demás, que nunca serán los que sobran, los de menos, sino los que aún no abrazamos, los demás. Somos —podemos ser— el microcosmos de la convivencia".

17. A

"La Carta Cultural Iberoamericana [...] se propuso articular en la región la Declaración sobre la Diversidad Cultural de la UNESCO del año 2001 y la posterior Convención sobre la Protección y Promoción de la Diversidad de las Expresiones Culturales. Se propuso, asimismo, dar cauce y continuidad a las experiencias y estrategias de cooperación internacional desarrolladas por la Secretaría General Iberoamericana (SEGIB) y la Organización de Estados Iberoamericanos (OEI)".

18. B

"Sin embargo, el logro de estos objetivos enfrenta enormes desafíos. Por una parte, existen grandes desigualdades en el acceso de la población al capital cultural de cada uno de los países que conforman este espacio, correlato de las enormes brechas existentes en el terreno económico y educacional, y de la larga historia de discriminación y exclusión que afecta especialmente a las poblaciones originarias, afrodescendientes e inmigrantes. [...] Ambos retos pueden resumirse en la afirmación realizada por el PNUD en su Informe sobre Desarrollo Humano: "Si el mundo desea lograr los Objetivos del Desarrollo del Milenio y erradicar definitivamente la pobreza, primero debe enfrentar con éxito el desafío de construir sociedades inclusivas y diversas en términos culturales".

Tarea 4

19. E

"Su ambicioso proyecto consiste en narrar el siglo veinte a través de una saga familiar, y narrar una familia a través de un siglo de historia. Esta novela plantea también un fascinante experimento con la autobiografía: su primera persona, al incluir unas memorias prenatales, da una **vuelta de tuerca** al género de autoficción. [...] ofreciéndonos el relato de la construcción de un país, su infancia argentina y su iniciación como escritor".

20. A
"*Formas de volver a casa* habla de la generación de quienes, como dice el narrador, aprendían a leer o a dibujar mientras sus padres se convertían en cómplices o víctimas de la dictadura de Augusto Pinochet. [...] muestra el Chile de mediados de los años ochenta a partir de la vida de un niño de nueve años. [...] una mirada que haga frente a las versiones oficiales".

21. D
"[...] nos entrega su visión de un México en peligro de extinción, sino es que ya extinto. [...] Pacheco recuenta sus memorias de un país que se pierde cada vez más en la corrupción, la indiferencia, el desánimo y la desesperanza. Así también nos presenta la situación ecológica de diversos sitios en el país dándonos una imagen de una circunstancia de extrema gravedad pero no totalmente falta de esperanza. La autora cree fervientemente que aún hay tiempo si actuamos ahora. [...] nos ofrece una imagen del mundo que ella vivió y que ahora está transformándose en algo demasiado grande e incomprensible".

22. B
"[...] es parte de una generación de narradores bolivianos [...] Escriben lo que literalmente quieren escribir, sin condicionantes sociales o políticos [...] Los escritores latinoamericanos tenían el deber de comprometerse con sus obras, de tomar partido, de ser agentes de cambio. [...] Esa es la primera y esencial ruptura de los nuevos narradores del país [...]".

23. F
"[...] La Casa de la Belleza, también se convierte en la clave para resolver la muerte de una de sus clientes. [...] que busca justicia en un país donde la verdad solo le pertenece a quien puede pagar por ella. Melba Escobar ha explorado este universo femenino complejo para armar el rompecabezas de un thriller con gran ambición literaria [...]".

24. C
"En ella se dan cita el **vernáculo**, la vida nocturna y la música que se escucha en Managua, la guerra de la revolución y la contrarrevolución nicaragüense y, especialmente, el hampa y los criminales que tras la pacificación del país, redireccionan la agresión, para la que fueran entrenados o predispuestos por el conflicto, contra la sociedad civil y ellos mismos".

25. F
"Melba Escobar ha explorado este universo femenino complejo para armar el rompecabezas de un *thriller* con gran ambición literaria en el desarrollo exhaustivo de cada personaje".

26. B
"[...] generación de narradores bolivianos que demuestran varias cosas, la primera y más importante, los caminos de la libertad, el desprejuicio. Escriben lo que literalmente quieren escribir, sin condicionantes sociales o políticos, sin aquel dogal envenenado que los viejos debates de los años 60 convertían en un imperativo. Los escritores latinoamericanos tenían el deber de comprometerse con sus obras, de tomar partido, de ser agentes de cambio. [...] Esa es la primera y esencial ruptura de los nuevos narradores del país, que sus caminos están

signados por la libertad, que escriben sin complejos, que no niegan paternidades y que no se sienten obligados a nada".

Tarea 5
27. A
En este párrafo se nos desafía a encontrar el **conector adecuado** entre los tres que se nos presentan en las alternativas. Para esto debemos fijarnos en el **modo en que está** conjugado el verbo que sigue al espacio en blanco que, como vemos, está en subjuntivo. Si atendemos a las alternativas, observamos la presencia de **tres conectores**, los cuales corresponden a conectores concesivos. Sin embargo, dos de ellos ("y eso que" y "si bien") solo pueden utilizarse seguidos por verbos en indicativo. "Aunque", por su parte, **admite indicativo y subjuntivo** dependiendo de diversos factores. Uno de ellos es si el hecho del que se habla es conocido o desconocido para el narrador. De todos modos, para efectos de esta pregunta en concreto, considerando que el verbo que sigue al conector está en subjuntivo, vemos que la única alternativa viable es la "a".

28. C
Las tres alternativas con que nos encontramos aquí corresponden a **adverbios**, dos de los cuales son de carácter afirmativo ("también" y "asimismo"), mientras el tercero es de tipo negativo ("tampoco"). Todos ellos son utilizados para expresar igualdad o coincidencia con algo previamente enunciado, y la única diferencia radica en que los dos primeros se usan en relación a un enunciado afirmativo, mientras el **tercero** responde a un enunciado negativo. Si atendemos al párrafo inmediatamente anterior, podremos identificar que el enunciado con el que se relaciona la pregunta 28 es de tipo negativo: "[...] canciones como *El campesino embejucao* ya no parecen despertar el mismo entusiasmo de antes [...]". Esto nos permite, entonces, seleccionar la **alternativa** "c" como correcta, pues "tampoco" es el único de los tres adverbios que se utiliza en contextos negativos.

29. B
En una **expresión sucesiva** de dos o más elementos que indica adición (como en el caso de este texto), se hace necesario enlazar tales elementos por medio de una conjunción copulativa. Si nos fijamos en las **alternativas** propuestas, veremos que las tres son conjunciones, pero solo dos de ellas son copulativas ("y" y "ni"), en tanto "o" es una conjunción de tipo adversativo, es decir, se usa para contrastar enunciados, no para expresar similitud y adición. Lo anterior nos permite descartar la alternativa "c". Ahora bien. Tanto "y" como "ni" tienen el mismo valor, y su única diferencia radica en que la primera se aplica a una adición afirmativa y la segunda a una adición negativa. Considerando que la cadena de elementos hace referencia a canciones (o tendencias musicales) que "ya no parecen despertar el mismo interés de antes", se desprende la necesidad de utilizar una conjunción copulativa negativa, como es el caso de la alternativa "b".

30. A
En este caso, nos encontramos con **tres alternativas** ("ya", "todavía" y "aún") que funcionan como adverbios de tiempo. Todas ellas cumplen la función de marcar dos fases sucesivas en el desarrollo de un evento. Para escoger la alternativa correcta debemos atender a las particularidades de cada uno de estos adverbios. Empezaremos indicando que "todavía" es sinónimo de "aún". Ambas expresiones indican que una acción que supuestamente terminará, continúa. Ej.: "- ¿Has lle-

gado a Madrid? - No. Todavía/Aún estoy en el autobús". Por su parte, "ya" indica que la primera situación se realizó completamente y estamos en la siguiente. Ej.: "Ya he llegado a Madrid" (Antes estaba en el autobús, pero ahora no lo estoy). Atendiendo al contexto de este párrafo, tenemos las dos fases sucesivas en el desarrollo de un evento, a saber: 1. El folclore y la trova eran géneros musicales emblemáticos en el pasado (en "otro tiempo y contexto"). 2. En el presente, el folclore y la trova no son más géneros musicales emblemáticos (han pasado de moda). Esta relación temporal entre las dos fases propuestas, se relacionan, entonces, con la función del adverbio "ya" (estos géneros ya no son del gusto de la inmensa mayoría...", lo que nos permite descartar las alternativas "b" y "c" para escoger la "a" como correcta.

31. A

En este caso, nos conviene reordenar la oración, que presenta una sintaxis alterada como marca de estilo, sin por ello perder su sentido. Organizada de forma tradicional, la oración sería "rock, pop y, sobre todo, *reggaeton* es ___31___ que escucha la mayoría". A continuación, lo más conveniente es ir probando una a una las alternativas disponibles, hasta dar con aquella que concuerde gramaticalmente con el resto de la oración y que al mismo tiempo genere sentido. Asignar género y número al "Rock, pop y *reggaeton*" será aquello que nos ayude a determinar cuál de los artículos o pronombres de las alternativas es el adecuado. Así, "la" parece estar fuera de lugar, pues la secuencia de elementos ("rock, pop y *reggaeton*") no tiene características ni femeninas ni singulares. En cuanto a "los", aun cuando asignáramos carácter masculino y singular a la secuencia de elementos, parece no concordar con el verbo "es" que acompaña a nuestra palabra. De este modo, el artículo neutro "lo" es la alternativa que mejor se ajusta sintáctica y semánticamente a la oración, puesto que no es viable asignar género y número a la secuencia de que hablamos. Recordemos que el artículo neutro "lo" se comporta de forma similar a los demostrativos neutros (esto, eso y aquello) al admitir ir seguido de cláusulas de relativo ("aquello que me gusta es…" / "lo que me gusta es…"). También debemos recordar que un artículo neutro solo puede ir seguido por palabras que no sean verbos (eso haría de "lo" un pronombre neutro de objeto directo, entre otras cosas, lo que no es el caso de esta oración). El artículo neutro "lo" puede cumplir diferentes funciones, pero en este caso puntual, se trata de sustantivar construcciones complejas y abstractas, como la secuencia "Rock, pop y, sobre todo, *reggaeton*".

32. C

El verbo "parecer" cumple diferentes funciones en español. En este caso específico, según la RAE, indica "tener determinada apariencia, o dar la impresión de ser o estar de una determinada manera". Usado de este modo, "parecer" puede conjugarse en todas las personas gramaticales, lo que lo diferencia de una construcción impersonal y lo que nos permite identificar este tipo de uso en el texto, dada la conjugación en tercera persona plural que vemos ("parecen"). El complemento de "parecer" en este tipo de casos, puede ser sustantivo, pronombre, adjetivo o infinitivo. Tal información nos permite descartar la alternativa "a", en la que tenemos un verbo conjugado que no se ajusta a ninguno de estos complementos. Las otras dos alternativas corresponden a verbos en infinitivo ("ser" y "haber"), por lo que sintácticamente ambas podrían funcionar bien en el contexto. Para escoger la alter-

nativa correcta, debemos fijarnos en la palabra que sigue a nuestra palabra. En este caso, el verbo en participio "encontrado" nos da la señal para identificar la presencia de un tiempo compuesto que, como sabemos, está conformado por "haber + participio". De este modo, podemos indicar con certeza que la alternativa "c" es la correcta.

33. C

En este caso, la palabra "mientras" funciona como conjunción y expresa simultaneidad entre dos acciones. En otros casos también puede funcionar como adverbio, en cuyo caso normalmente se pone entre comas, expresando la misma idea. La opción "a" se descarta debido a que la preposición "por" indica tiempo en construcciones específicas ("por la mañana", "por la tarde", "por la noche", etc.) y la "b" debido a que el grupo preposicional "en cuanto" remite a un tiempo inmediato y consecutivo, esto es, ha de darse necesariamente una acción con anterioridad.

34. B

El verbo "molestar(se)" se construye con un complemento de persona que puede entenderse como directo o indirecto. En este caso, la única opción posible es la "b" debido al complemento "a mucha gente" que depende específicamente de este verbo. Descartamos, por tanto, las opciones "a" y "b" por tratarse de adjetivos.

35. C

"Sino" es una conjunción adversativa que puede presentar varios valores. En este caso, está en correlación con la secuencia "no solo" y, por lo tanto, denota adición de otro u otros miembros a la cláusula. Descartamos por este motivo la opción "a", ya que la conjunción "pero" no presenta secuencias de correlación, y la "b" por tratarse de una conjunción copulativa.

36. C

"Le" es un pronombre personal átono de objeto indirecto. Es este caso, este complemento se duplica, ya que en el texto se puede leer "a Residente y Visitante". Este es el motivo por el que la opción correcta es "les" en plural. Se descarta la opción "a" por estar en singular y la opción "b" por incurrir en loísmo.

37. B

La opción correcta "hubieran" es imperfecto de subjuntivo del verbo "haber". Se prefiere aquí al presente "hayan" debido a la secuencia "parece que" que aleja la mirada objetiva y centra su uso en la probabilidad en una estructura equivalente a "como si".

Los verbos de percepción física o mental, cuando van en forma afirmativa piden indicativo en el verbo de la subordinada. Solo una lista muy limitada de ellos (*parecer, admitir, conceder, aceptar, suponer, sospechar, imaginar, creer...*) admiten el subjuntivo junto al indicativo. Pero admiten subjuntivo en la subordinada solamente cuando se refieren a un marco ficticio, imaginado, supuesto, cuando significan más bien "imaginar". Así, cuando los contenidos que se presentan se conciben como conjeturas, como es el caso, se expresan en subjuntivo. El imperfecto, frente al presente de subjuntivo, redunda en la idea de conjetura, apartando la acción lo más posible de una percepción objetiva por parte del hablante.

Descartamos la opción "c", ya que el uso del indicativo no está justificado y, además, se incurriría en un error de concordancia con el sintagma "su exitosa fórmula musical".

38. A

"Congregado" es participio del verbo "congregar". En este caso se usa con el verbo "haber" para formar el infinitivo compuesto y, así, adquirir un matiz temporal de anterioridad con respecto al momento del habla. Descartamos la opción "b", infinitivo, y la "c", gerundio, por no ser operativas en este texto.

39. C

"Para que" es una secuencia que introduce una oración adverbial final. Esto es, la expresión de la oración introducida por esta secuencia obedecerá a la finalidad de la acción principal. En este caso "congregar a importantes cantantes". Se descartan las opciones "a" y "b" por no ser operativas en este texto.

40. B

La palabra "si" funciona en este caso como una conjunción que introduce una oración interrogativa indirecta. Es decir, detrás de su formulación se esconde una pregunta que ha de ser resuelta. Se descarta la opción "a" dado que la conjunción "que" no tiene sentido en este ejemplo, y la opción "c" debido a que el pronombre interrogativo "qué" se utiliza en las oraciones interrogativas directas.

 **PRUEBA 2** COMPRENSIÓN AUDITIVA Y USO DE LA LENGUA

Tarea 1

1. G

"Un grupo de gente menesterosa, como segregada del resto de la sociedad, está reunida en una casucha humilde".

2. L

"Por supuesto que el clima social, la temperatura humana, pertenecen a aquella primera etapa del flamenco que aún balbucía en el hogar gitano y que constituye, de hecho, la fase más enigmática de su desarrollo".

3. B

"De esa escena, de ese escenario se pueden deducir algunas consabidas reflexiones, más o menos verificables: por ejemplo, que el cante flamenco primitivo consiste, literariamente, en un conjunto de coplas referidas a episodios personales".

4. D

"Ni siquiera hace falta recordar alguna de esas innumerables letras que narran peripecias de la vida del intérprete, generalmente asociadas a tragedias familiares y a hechos de su entorno social".

5. J

"En efecto, para asomarse a la tragedia de ciertos grupos de gitanos asentados en el sur peninsular, ninguna información mejor que la que suministran las coplas que cantaban".

6. A

"El 'cante' es, entonces, justamente eso: una crónica negra de un grupo étnico larga y tenazmente marginado; desplazado de la norma social circundante".

Tarea 2

7. C

L.: "Ya casi está todo preparado, Sofía. Este año sí que voy a cumplir por fin mi sueño: hacer el Camino del Inca, en Perú".

S.: "No me das ninguna envidia… ¡Hay que estar mal de la cabeza! Ir así, tan feliz, a pasarte tres días completos caminando sin parar, con la mochila al hombro subiendo montañas…".

8. B

L.: "Bueno, no te insisto más. Ya tengo mis zapatillas de *trekking* y mis hojas de coca…".

S.: "¡Jajaja! ¡Estás loco! ¿Hojas de coca? ¿Para qué?".

L.: "Es la costumbre de los nativos de la zona, te ayudan a evitar el mal de altura, por la falta de oxígeno. Más vale prevenir que curar…".

9. A

L.: "Oye, Mario, ¿te apetece ver una peli hoy?".

M.: "¡Uy! ¡Miedo me das! ¿Con qué peli rara o director desconocido me vas a sorprender hoy?".

10. B

L.: "¡Todas las películas tienen sentido! Otra cosa es que lo pilles".

M.: "¡Qué graciosa eres! ¡Te digo que hay muchas pelis chungas! Por eso yo siempre voy a ver acción, aventura y persecuciones… no fallan".

11. C

M.: "No sé si sabías, pero no estoy muy de acuerdo con el consumo de carne…".

A.: "¡Pero qué decís, nena! ¿Sos vegetariana?".

M.: "No, no… no soy vegetariana fanática, pero vamos… que no me gusta mucho comer animales…".

12. A

A.: "¡Vamo arriba! Ya sabés que la gastronomía de un país es la mejor forma de conocer su cultura".

M.: "Eso está claro".

13. A

L.: "Ya, es cierto. Aunque yo pienso que un buen libro es mejor tenerlo dos veces; por si pierdes uno… así siempre tendrás la posibilidad de seguir leyendo…".

14. C

D.: "Yo pienso que sí. Además, si ya tiene el libro, siempre puedes explicarle tus teorías cómo almacenar más y más…".

L.: "No es almacenar, Damián. Es coleccionar".

Tarea 3

15. B

M.: "[…] Su nombre suele asociarse con el enigma o el misterio a pesar de que la ciencia haya encontrado respuestas para determinar, por ejemplo, de dónde procedían sus primero pobladores, o por qué y cómo fueron capaces sus habitantes de levantar los moáis…".

16. A

M.: "Saludamos también a Alberto Sáez, que es geólogo de la Universidad de Barcelona. Actualmente dirige un proyecto de investigación financiado por el gobierno español, que trata de reconstruir las condiciones climáticas de los últimos setenta mil años en la Rapa Nui, a partir del estudio de los sedimentos de los tres lagos que hay en la isla".

17. C

A.: "Realmente cuando llegas allá, la sensación esa de que aquello tiene muchas preguntas por resolver, la tienes".

18. C

A.: "Se pensó hasta hace algunos años que podría haber habido algún tipo de migración desde la parte peruana a Isla de Pascua, pero últimamente, bueno, como tú bien has dicho, los estudios genéticos pues ya han demostrado que el ADN de los pobladores rapa nui es cien por cien polinésico".

19. B

A.: "[…] los restos de palmeras, que debía ser la vegetación que cubría la isla antes que llegaran los humanos. A partir de un momento dado dejan de haberlas y se entiende que en ese momento lo que ocurre es que la sobreexplotación de los recursos naturales lleva a un colapso de la civilización de los polinésicos que llegaron en su momento. Dejan de tener madera, dejan de poder construir barcos para salir a altamar y pescar atún, tienen que dejar de alimentarse de atún y tienen que empezar a comer ratas […]".

20. B

A.: "[…] después de esto ellos se recuperaron como población, ellos empezaron a recuperarse y demográficamente empezaron a crecer otra vez, y yo creo que la verdadera… esto fue en el siglo XVII pasando al siglo XVIII, pero la verdadera crisis en Rapa Nui empieza con la llegada de los europeos".

Tarea 4

21. C

"Suena delicioso, aunque por ahora solo quiero matar el gusanillo".

22. B

"¡Híjole! Una mujer sin pelos en la lengua".

23. B

"- ¿Viste que Facundo se quiere ir a hacer surf a Costa Rica? […]

- Hablando del rey de Roma…".

24. C

"- ¡Me encanta Martí!

- Estaba por aquí… Eh… Creo que ya se ha vendido…

- Qué mala pata… Llevo días intentando conseguir algo en esta ciudad".

25. A

"- […] Imitá mis movimientos como en un espejo.

- Che, no pensé que bailar tango fuera tan difícil. ¡Ay! ¡Me pisaste!

- Es porque no me hiciste caso. Dale, sentí la música".

26. B

"- Date vuelta aquí, para entrar a la **Carretera Panamericana**. […] **25800 kilómetros** que unen casi a todos los países americanos, desde Alaska hasta Buenos Aires.

- ¡Órale! La Ruta 66 no le llega ni a la suela del zapato".

27. A

"Imagínate que trabajo a una cuadra del **edificio más alto de Latinoamérica**, con 300 metros de altura. No sabes lo que fue la inauguración. La anunciaron a bombo y platillo".

28. B

"- Los colores son geniales. Quiero ese rojo que está al fondo.

- Se lo traigo en un santiamén".

29. A

"Aprendí sobre la biodiversidad alucinante de esa zona y viajé tanto que ya me conozco Ecuador de pe a pa".-

30. C

"Vaya, tía. ¡Que estás que no cabes en ti!".

PRUEBA **1** COMPRENSIÓN DE LECTURA Y USO DE LA LENGUA

Duración de la prueba: **90 minutos**
Número de ítems: **40**

Tarea 1

Instrucciones:

A continuación leerá una normativa española de cooperativas agroalimentarias.
Lea el texto y conteste a las preguntas (1-6). Seleccione la opción correcta (a / b / c).

TEXTO

NORMATIVA ESPAÑOLA PARA EL FOMENTO Y LA INTEGRACIÓN
DE COOPERATIVAS AGROALIMENTARIAS

CAPÍTULO I

Disposiciones generales

Artículo 1. Objeto y ámbito de aplicación.

1. Esta ley tiene por objeto fomentar la fusión o integración de las cooperativas agroalimentarias y de otras entidades de naturaleza asociativa mediante la constitución o la ampliación de entidades asociativas agroalimentarias de suficiente dimensión económica, y cuya implantación y ámbito de actuación económica sean de carácter supraautonómico, instrumentando, en su caso, las medidas necesarias para obtener un tamaño adecuado que les permita alcanzar los fines descritos en el artículo […]

3. A los efectos de esta ley, son entidades asociativas las sociedades cooperativas, las cooperativas de segundo grado, los grupos cooperativos, las sociedades agrarias de transformación, las organizaciones de productores con personalidad jurídica propia, reconocidas de acuerdo con la normativa comunitaria en el ámbito de la Política Agraria Común y las entidades civiles o mercantiles, siempre que más del 50 por ciento de su capital social pertenezca a sociedades cooperativas, a organizaciones de productores o a sociedades agrarias de transformación. En el caso de que estas entidades económicas tengan la forma de sociedad anónima, sus acciones deberán ser nominativas.

Artículo 2. Fines.

1. Esta Ley pretende la consecución de los siguientes fines:

a) Fomentar la agrupación de los primeros eslabones que conforman la cadena alimentaria, mediante la fusión o integración de las entidades asociativas, con el objeto de favorecer su redimensionamiento, mejorar su competitividad y contribuir a la valorización de sus producciones.

b) Mejorar la formación de los responsables en la gobernanza y gestión de dichas entidades, en especial en las nuevas herramientas e instrumentos de gestión.

c) Contribuir a la mejora de la renta de los productores agrarios integrados en las entidades asociativas.

d) Favorecer la integración de los productores en entidades asociativas prioritarias, así como en cualquiera de las entidades asociativas que se indican en el artículo 1.3, a fin de mejorar su posición en el mercado y su participación en el proceso de valorización y comercialización de sus productos.

2. Las medidas que se arbitren para alcanzar los fines señalados en este artículo se ejercerán de conformidad con el Derecho Comunitario que resulte de aplicación, en particular a la normativa de ayudas públicas, y con las normas y principios recogidos en la Ley 15/2007, de 3 de julio, de Defensa de la Competencia. […]

CAPÍTULO V

Financiación de las ayudas y colaboración de las comunidades autónomas

Artículo 6. Financiación de las ayudas.

2. Para el cumplimiento de su objeto, las cooperativas agroalimentarias podrán desarrollar, entre otras, las siguientes actividades:

a) Adquirir, elaborar, producir y fabricar por cualquier procedimiento, para la cooperativa o para las explotaciones de sus socios, animales, piensos, abonos, plantas, semillas, insecticidas, materiales, instrumentos,

maquinaria, instalaciones y cualesquiera otros elementos necesarios o convenientes para la producción y fomento agrario, alimentario y rural.

b) Conservar, tipificar, manipular, transformar, transportar, distribuir y comercializar, incluso directamente al consumidor, los productos procedentes de las explotaciones de la cooperativa, de sus socios, así como los adquiridos a terceros, en su estado natural o previamente transformados.

c) Adquirir, parcelar, sanear y mejorar terrenos destinados a la agricultura, la ganadería o los bosques, así como la construcción y explotación de las obras e instalaciones necesarias a estos fines.

d) Cualesquiera otras actividades que sean necesarias o convenientes o que faciliten el mejoramiento económico, técnico, laboral o medioambiental de la cooperativa o de las explotaciones de los socios, entre otras, la prestación de servicios por la cooperativa y con su propio personal que consista en la realización de labores agrarias u otras análogas en las mencionadas explotaciones y a favor de los socios de la misma.

e) Realizar actividades de consumo y servicios para sus socios y demás miembros de su entorno social y territorial, fomentando aquellas actividades encaminadas a la promoción y mejora de la población agraria y el medio rural, en particular, servicios y aprovechamientos forestales, servicios turísticos y artesanales relacionados con la actividad de la cooperativa, asesoramiento técnico de las explotaciones de la producción, comercio y transformación agroalimentaria, y la conservación, recuperación y aprovechamiento del patrimonio y de los recursos naturales y energéticos del medio rural.

[…]

Artículo 9. Cooperativas Agroalimentarias.

Se considerarán especialmente protegidas las Cooperativas Agroalimentarias que cumplan los siguientes requisitos: […]

2. Que en la realización de sus actividades agrarias respeten los siguientes límites:

a) Que las materias, productos o servicios adquiridos, arrendados, elaborados, producidos, realizados o fabricados por cualquier procedimiento por la cooperativa, sean destinados exclusivamente a sus propias instalaciones o a las explotaciones de sus socios.

No obstante, podrán ser cedidos a terceros no socios siempre que su cuantía, durante cada ejercicio económico, no supere el 50 por ciento del total de las operaciones de venta realizadas por la cooperativa.

[Extraído de *http://boe.es*]

PREGUNTAS

1. Según el artículo 1, apartado 1, ¿cuál es el objetivo de esta ley?

☐ a) Favorecer la consolidación de cooperativas agroalimentarias de ámbito autonómico.

☐ b) Ofrecer apoyo económico a aquellas cooperativas agroalimentarias que así lo soliciten sin tener en cuenta su radio de acción.

☐ c) Fomentar el crecimiento de cooperativas agroalimentarias de carácter estatal.

2. Según el artículo 1, epígrafe 3, a efectos de esta ley se consideran entidades asociativas aquellas asociaciones…

☐ a) cuyo capital pertenece íntegramente a sociedades cooperativas.

☐ b) que cuentan con al menos un 50% de su capital en sociedades cooperativas.

☐ c. en las que más de la mitad de su capital pertenece a sociedades cooperativas o similares.

3. Como se establece en el artículo 2, epígrafe 1, apartado "a", uno de los fines fundamentales de esta ley es…

☐ a) promover la expansión de las sociedades cooperativas agroalimentarias haciéndolas más competitivas revalorizando sus productos.

☐ b) revalorizar los productos de la cadena alimentaria debido al escaso número de asociaciones en régimen de cooperativa.

☐ c) reforzar la cadena alimentaria redirigiendo los recursos económicos en el ámbito autonómico.

4. Según el artículo 6, apartado "d", para el cumplimiento de su objetivo las cooperativas agroalimentarias podrán desarrollar…

- [ ] a) cualquier actividad de carácter agrario que beneficie al conjunto de la asociación o a sus socios.
- [ ] b) cualesquiera actividades en favor exclusivamente del desarrollo económico de la propia cooperativa y de sus socios.
- [ ] c) cualquier actividad siempre y cuando se desarrollen en el sector agroalimentario.

5. Según el artículo 6, apartado "e", las cooperativas agroalimentarias podrán desarrollar actividades relacionadas con la promoción del medio rural…

- [ ] a) incluyendo explotaciones turísticas siempre y cuando exista una vinculación con la actividad desarrollada por la cooperativa.
- [ ] b) excluyendo todo tipo de actividades artesanales por pertenecer estas a otro sector económico.
- [ ] c) sin tener en cuenta su naturaleza, ya que los objetivos principales son el desarrollo y promoción de este sector.

6. Según el artículo 9, epígrafe 2, apartado "a" se consideran especialmente protegidas aquellas cooperativas agroalimentarias que…

- [ ] a) destinen los recursos adquiridos en su propio beneficio o en el de sus socios.
- [ ] b) cedan a terceros no socios su beneficios siempre que se fomente el medio rural.
- [ ] c) destinen sus recursos adquiridos exclusivamente a terceros no socios.

Tarea 2 **Instrucciones:**

Lea el siguiente texto, del que se han extraído seis párrafos. A continuación lea los siete fragmentos propuestos (A-G) y decida en qué lugar del texto (7-12) hay que colocar cada uno de ellos.
Hay un fragmento que no tiene que elegir.

TEXTO

EL COMERCIO EN LA ERA DIGITAL
Pedro Colmenares

La era digital trajo consigo varias promesas. Una de las que más expectativas trajo fue la del "comercio electrónico". Desde el nacimiento de las redes de datos, una de sus aplicaciones más obvias fue el de "transacciones electrónicas". **7.**_____

Lo que el público en general conoce como "comercio electrónico" es lo que se le denomina a la posibilidad de comprar bienes y servicios en portales de comercios que pueden o no existir físicamente. Existen tres barreras principales para que el comercio electrónico se profundice en sociedades como la nuestra. La primera consiste en los medios de pago. No todos los ciudadanos cuentan con medios electrónicos de consumo, tales como tarjetas de crédito o similares, que les permitan pagar por esas vías.

La segunda barrera consiste en la falta de oferta. **8.**_____

El tercer punto radica en las plataformas, tanto las relacionadas con la TIC (siglas de tecnologías de la información y la comunicación) como la logística de envíos. Debe ser muy fácil de acceder a los empresarios y emprendedores que deseen embarcarse en la aventura de abrir un canal de este tipo en Panamá.

¿Cómo se pueden sortear esos tres obstáculos? Creo que el problema no se ha atacado en su raíz. **9.**_____ En el primer punto, la gente puede experimentar temor con respecto a los medios de pagos electrónicos, basados en algunas malas experiencias que hayan podido tener (cuentas inexactas, falta de claridad en los extractos y cargos inexplicables, etc.), lo que provoca que muchas personas desistan de entrar a estos medios.

Existe el caso de un amigo que cortó su contrato pospago de celular y ahora usa prepago. Me cuenta que así es mejor, pues siempre albergó dudas acerca de los cargos que le hacía su operador. **10.**_____ Escuchan noticias de las ventas del *Cyber Monday*, pero les parece que a ese lugar no se puede acceder.

Para que el ecosistema funcione, ellos deben tener confianza en su personal TIC o en las empresas que les proveen soluciones. También deben tener confianza en que será posible gestionar la plataforma y que también forman parte de este mundo.

En el caso del tercer obstáculo, **11.**_____ pues son ellos quienes están llamados a hacer la primera red de confianza: deben ser capaces de entregar ese valor a los comerciantes que, con cierto temor, se atreven a dar el primer paso hacia la creación de su canal.

Si la confianza se da a partir de estas tres esferas, **12.**_____ Por último, un consejo que siempre doy, y que me pregunta alguien en alguna de mis conferencias sobre este tipo de temas: comercio electrónico no es una página web con fotos de productos. Es una estrategia de canal completa, así que hay que trabajarla tal cual como si se abriese una sucursal nueva.

[Extraído de *http://laestrella.com.pa*]

FRAGMENTOS

A. Es necesario que trabajemos en la generación de confianza en el esquema digital.

B. los usuarios finales podrán sentirla en el momento de tomar una decisión de compra.

C. el trabajo debe recaer en los proveedores de plataformas y servicios,

D. Los proveedores locales no perciben aún un volumen de público suficiente para hacer las inversiones que se necesitan para crear un buen canal.

E. En lo relacionado con la falta de oferta, los comerciantes locales sienten muy lejano este mundo digital...

F. En este tipo de comercio la seguridad va ligada a la confianza del consumidor que se muestra generalmente desconfiado.

G. Surgieron las bolsas de valores y los mercados de todo tipo, aplicando rápidamente la ventaja de poder transar sus bienes por un medio rápido y seguro.

Tarea 3

Instrucciones:

Lea el texto y responda a las preguntas (13-18). Seleccione la opción correcta (a / b / c).

TEXTO

LA ECONOMÍA DEL DESARROLLO SOSTENIBLE

Jeffrey Sachs

(Traducido del inglés por Carlos Manzano)

Dos escuelas de pensamiento suelen dominar los debates económicos actuales. Según los economistas del libre mercado, los gobiernos deben bajar los impuestos, reducir los reglamentos, reformar la legislación laboral y después dejar el paso libre para que los consumidores consuman y los productores creen puestos de trabajo. Según la economía keynesiana, los gobiernos deben impulsar la demanda total mediante la relajación cuantitativa y el estímulo fiscal. Sin embargo, ninguno de los dos planteamientos está dando buenos resultados. Necesitamos una economía del desarrollo sostenible, en la que los gobiernos promuevan nuevos tipos de inversiones. […]

El problema de la economía –tanto la de libre mercado como la keynesiana– es el de que no entienden bien la naturaleza de la inversión moderna. Las dos escuelas creen que la inversión está impulsada por el sector privado, ya sea porque los impuestos sean bajos (en el modelo de libre mercado) o porque la demanda agregada sea elevada (en el modelo keynesiano).

Sin embargo, la inversión actual del sector privado depende de la inversión del sector público. Nuestra época se caracteriza por esa complementariedad. A no ser que el sector público invierta y lo haga juiciosamente, el sector privado seguirá haciendo acopio de sus fondos o los devolverá a los accionistas en forma de dividendos o de recompra de acciones.

Lo fundamental es reflexionar sobre seis clases de bienes de capital: el capital comercial, las infraestructuras, el capital humano, el capital intelectual, el capital natural y el capital social. Todos ellos son productivos, pero cada uno de ellos tiene un papel distintivo.

El capital comercial abarca las fábricas, las máquinas, el equipo de transporte y los sistemas de información de las empresas privadas. Las infraestructuras comprenden las carreteras, los ferrocarriles, los sistemas eléctricos e hídricos, la fibra óptica, los gasoductos y los oleoductos y los aeropuertos y puertos de mar. El capital humano es la educación, las aptitudes y la salud de la fuerza laboral. El capital intelectual abarca los conocimientos especializados –científicos y tecnológicos– fundamentales de la sociedad. El capital natural son los ecosistemas y los recursos primarios que apoyan la agricultura, la salud y las ciudades y el capital social es la confianza comunitaria, que hace posible un comercio, unas finanzas y una gestión de los asuntos públicos eficientes.

Esas seis formas de capital funcionan de forma complementaria. La inversión empresarial sin infraestructuras y capital humano no puede ser rentable. Tampoco los mercados financieros funcionan, si el capital social (la confianza) se agota. Sin capital natural (incluidos un clima inocuo, suelos productivos, agua disponible y protección contra las inundaciones), los otros tipos de capital se pueden perder fácilmente y, sin un acceso universal a las inversiones públicas en capital humano, las sociedades sucumbirán ante las desigualdades extremas de renta y riqueza. […]

Sin embargo, en la mayoría de los países, los gobiernos no están encabezando y guiando –ni participando siquiera en– el proceso de inversión. Están haciendo recortes. Los ideólogos del libre mercado afirman que los Estados no pueden hacer inversiones productivas. Tampoco los keynesianos reflexionan lo suficiente sobre los tipos de inversiones públicas que son necesarias; para ellos, el gasto es el gasto. El resultado es un vacío del sector público y una escasez de inversiones públicas, lo que, a su vez, frena la necesaria inversión en el sector privado. En una palabra, los Gobiernos necesitan estrategias de inversión a largo plazo y formas de sufragarlas. […]

Recientemente, el G-20 dio un pequeño paso en la dirección correcta, al hacer un nuevo hincapié en una mayor inversión en infraestructuras como cometido compartido de los sectores público y privado. Necesitamos mucho más pensamiento de esa clase en el próximo año, pues los gobiernos están negociando nuevos acuerdos sobre la financiación del desarrollo sostenible […], los objetivos del desarrollo sostenible […] y el cambio climático […].

Dichos acuerdos son prometedores con miras a dar forma al futuro de la Humanidad en sentido positivo. Si salen adelante, la nueva era del desarrollo sostenible debería originar también una nueva economía del desarrollo sostenible.

[Extraído de *http://elpais.com*]

PREGUNTAS

13. En opinión del autor, las dos escuelas de pensamiento económico presentadas…
- a) coinciden en la reducción de los impuestos y reglamentos para estimular el consumo.
- b) han demostrado que ya no dominan las discusiones económicas en la actualidad.
- c) no son eficaces.

14. ¿Cuál es el problema de la economía actual según el autor?
- a) Considerar como válida solo la inversión de capitales privados.
- b) El pensamiento de libre mercado y el keynesianismo.
- c) La creencia ciega en la inversión como motor de la economía.

15. La complementariedad de las inversiones es…
- a) un tema que las escuelas de pensamiento del pasado no comprenden adecuadamente.
- b) reflejo de la codependencia entre los sectores público y privado.
- c) beneficiosa para el sector privado y, en consecuencia, garantía de un desarrollo sostenible.

16. ¿Por qué el autor considera fundamental una reflexión sobre los diferentes bienes de capital?
- a) Para recalcar la importancia de un criterio inversor que considere todos estos factores, de forma integral.
- b) Porque solo así se entenderá la preponderancia del capital comercial, desde el cual se descuelgan los cinco otros que, en conjunto, conforman un sistema.
- c) Para comprender que no invertir en capital humano representa la ruina de las sociedades.

17. ¿Cuál es una de las prácticas económicas más comunes de los estados actuales?
- a) Disminuir el gasto público.
- b) Gastar por gastar.
- c) Hacer inversiones improductivas.

18. Respecto del desarrollo sostenible, el autor…
- a) ve difícil que los estados se pongan de acuerdo en esa dirección.
- b) cree que se logrará a través de la inversión mixta (pública y privada) en infraestructuras.
- c) considera que ya se han iniciado leves iniciativas con esa orientación.

Tarea 4   **Instrucciones:**

A continuación tiene seis textos (A-F) y ocho enunciados (19-26). Léalos y elija la letra del texto que corresponde a cada enunciado
Recuerde que hay textos que deben ser elegidos más de una vez.

A continuación leerá un artículo que incluye reseñas sobre varios libros.

TEXTOS

A.

   La economía está de moda por una sencilla razón: todos formamos parte de este sistema, todos negociamos, compramos y vendemos todos los días y, muchas veces, de manera inconsciente. Y esta fantástica ciencia puede ayudarnos a entender y mejorar nuestro mundo imperfecto. ¿Utilizaremos en un futuro el mercado para resolver cuestiones sociales de forma imaginativa? ¿Seguiremos visitando los centros comerciales en 2050? ¿Qué grado de intervencionismo deben tener los gobiernos en aspectos económicos futuros? A estas y otras muchas preguntas responde Wheelan en este ágil, delicioso y sensato libro. *La economía al desnudo* nos sumerge en un sistema que, sin darnos cuenta, gobierna nuestras vidas.

[Extraído de *http://www.entrelectores.com*]

B.

   El libro comienza con un posicionamiento claro frente a todas las fantochadas que se han publicado durante la última década, cuando la crisis (económica, por supuesto) aún no había asomado su hocico, y ser verde era "cool", como lo demostraron políticos convertidos en conferenciantes sobre el cambio climático, actores y filántropos de todo pelaje. Frente a la noción de coste-eficiencia que se promueve desde múltiples ámbitos, el autor defiende que el clima debe salvarse por todos los medios, independientemente de los costes. Para ello va desmontado las falacias del capitalismo, planteando la disyuntiva de que la única solución es salir del sistema, o seguir en el tirando hacia adelante sin mirar a ningún lado, como se ha estado haciendo hasta ahora. Todo esto apoyado y documentado científicamente y teniendo por objetivo lograr un proyecto de transformación colectivo, como articular las bases de una alternativa ecosocialista.

[Extraído de *http://autogestiona.wordpress.com*]

C.

   Sánchez-Cuenca examina la crisis española y sale al paso de dos errores demasiado frecuentes entre quienes la comentan. El primero de ellos es la perspectiva «provinciana» […] de quienes se empeñan en no tratar el caso español como lo que es: un episodio más de lo que está ocurriendo en el mundo de hoy. El segundo error es insistir en el carácter endógeno de dicha crisis, al pretender que serían los propios defectos del sistema político español la causa principal de su declive y descrédito. Creo que acierta el autor al criticar ambos errores y celebro la claridad y la solidez de sus argumentos. […] El libro de Sánchez-Cuenca se suma al de otros autores en el esfuerzo por desarmar la versión –ingenua o claramente interesada– de que la crisis es solo resultado de la política y de sus gestores cuando, en realidad, ha sido la presión de un determinado modelo económico el que ha marcado el rumbo de la política, de sus instituciones y de buena parte de sus protagonistas.

[Extraído de *http://www.revistadelibros.com*]

D.

   Escrito en forma de diccionario, no es desde luego un diccionario al uso, sino el estudio de 32 vocablos o conceptos con la intención de descubrir las falacias y sofismas que se esconden tras la utilización que de ellos hace el discurso imperante. El déficit público, tan de moda en este momento; el PIB, concepto estrella en todo el discurso económico; la competitividad, a la que se adora como a un nuevo ídolo al que se pretende sacrificar todo; la inflación, cuyo control, centrado exclusivamente en la reducción salarial se prioriza frente al crecimiento económico; el discurso fiscal, todo él minado por mentiras y tergiversaciones; las pensiones, a las que se trata de sustituir por fondos privados, los gastos en sanidad que se definen como insostenibles y otros muchos conceptos más hasta el número de 32, se analizan y se diseccionan con el objetivo de poner de manifiesto los ardides y las trampas que ocultan.

[Extraído de *http://dedona.wordpress.com*]

E.

La obra *Hacia una economía para la vida* de Hinkelammert y Mora constituye una crítica sustantiva al capitalismo y al mercado globalizado. En efecto, los autores señalan que "ese nuevo orden se legitima tautológicamente gracias al implacable poder que lo sostiene" y advierten su capacidad destructora de las condiciones de posibilidad de la vida a partir del socavamiento de las dos fuentes esenciales de toda riqueza: el ser humano y la naturaleza exterior. Ese socavamiento se hace global por los efectos indirectos de la globalización de las relaciones mercantiles y de la acción fragmentaria, y se hace evidente con la exclusión global y la crisis del medio ambiente, las cuales muestran la capacidad que tiene el capitalismo globalizado de poner en peligro la reproducción de la vida humana.

[Extraído de *http://revistas.unisinos.br*]

F.

Leopoldo Abadía recurre a su conocido sentido común para explicarnos con mucho humor qué es y cómo funciona la economía, a escala nacional y a escala mundial. La inflación, el papel de los bancos, el impacto de las decisiones del FMI en nuestro bolsillo, la crisis actual y sus causas, el desempleo, posibles salidas a la crisis o consejos para ahorrar; de todo ello te habla en estas páginas. Como siempre, no faltarán su fiel perro Helmut; sus entrañables desayunos con su amigo empresario, agobiado por el trajín del día a día de su negocio, y su microsistema, San Quirico, un pequeño pueblo donde reproduce a pequeña escala todo lo que ocurre en el mundo. […] Lo bueno de que Leopoldo Abadía no sea economista es que sus razonamientos y dudas son los mismos que los de la gente común.

[Extraído de *http://www.quelibroleo.com*]

ENUNCIADOS

19. La propuesta de esta obra está orientada hacia un cambio profundo del sistema político-económico.

A) ☐ B) ☐ C) ☐ D) ☐ E) ☐ F) ☐

20. El autor continúa una línea de pensamiento crítica a los modos en que se ha interpretado el tema de la crisis económica en su país.

A) ☐ B) ☐ C) ☐ D) ☐ E) ☐ F) ☐

21. El discurso de diferentes líderes de opinión es analizado y puesto en tela de juicio por el autor, en su afán por consolidar una postura crítica al sistema.

A) ☐ B) ☐ C) ☐ D) ☐ E) ☐ F) ☐

22. El libro revela los engaños que oculta el léxico comercial y económico usado desde el poder.

A) ☐ B) ☐ C) ☐ D) ☐ E) ☐ F) ☐

23. El libro hace patente la presencia de la economía hasta en los aspectos más domésticos del diario vivir.

A) ☐ B) ☐ C) ☐ D) ☐ E) ☐ F) ☐

24. La gracia e ingenio en la narración permite aproximar los temas económicos a un público amplio.

A) ☐ B) ☐ C) ☐ D) ☐ E) ☐ F) ☐

25. Este libro propone que la subsistencia de la humanidad estaría en riesgo a causa del sistema económico imperante.

A) ☐ B) ☐ C) ☐ D) ☐ E) ☐ F) ☐

26. El libro recurre a figuras y escenarios ficticios para desarrollar temas micro y macroeconómicos.

A) ☐ B) ☐ C) ☐ D) ☐ E) ☐ F) ☐

Tarea 5 **Instrucciones:**

Lea el texto y rellene los huecos (27-40) con la opción correcta (a / b / c).

TEXTO

CELEBRAMOS EL DÍA MUNDIAL DEL COMERCIO JUSTO CON CHOCOLATE

Por Mercedes García de Vinuesa,

Presidenta de la Coordinadora Estatal de Comercio Justo

Solamente con nombrar la palabra chocolate, la mayoría de las personas comenzamos a salivar. Con solo citarlo parece que el dulce nos llena el cuerpo y nos _____**27**_____ a la mente sensaciones agradables, _____**28**_____ el chocolate está muy asociado a celebraciones, fiestas, e incluso, a los momentos cotidianos de descanso.

_____**29**_____ es uno de los motivos por el que hemos elegido el chocolate como protagonista del Día Mundial del Comercio Justo [...]. Pero también _____**30**_____ hemos elegido porque el chocolate es un ejemplo muy claro de las injusticias que esconde la cadena de elaboración de muchos productos _____**31**_____ consumimos diariamente.

Por ejemplo, en Costa de Marfil, principal país productor, quienes cultivan el cacao necesitarían ganar por la venta de su cosecha diez veces más para salir de la pobreza extrema. Esta realidad contrasta con las multimillonarias ventas de este placentero dulce, que supera los 100 000 millones de dólares estadounidenses y continúa _____**32**_____ cada año. No sorprenderá decir que el 60% de la facturación está _____**33**_____ por cinco grandes empresas.

Pero sin duda, donde la producción del cacao adquiere su lado más amargo es _____**34**_____ hablar de la explotación laboral infantil. Aunque en el año 2001, tras las denuncias de organizaciones sociales y de miles de ciudadanos, las principales empresas del sector se _____**35**_____ a evitar las "peores formas de trabajo infantil" en las plantaciones, este sigue siendo una lacra en la actualidad. El logro de los objetivos del llamado "Protocolo del cacao" se _____**36**_____ postergando y ahora mismo el plazo para cumplirlo está fijado en 2020. Distintos informes independientes confirman que no se ha cumplido _____**37**_____ de los artículos. [...]

Lamentablemente las realidades que dibujan estos datos pueden resultar conocidas a muchas personas, especialmente si sois lectores de este blog y consumidores críticos y responsables. Creo que hace varias décadas una investigación sobre el cacao habría arrojado casi las mismas cifras.

Lo que seguramente no _____**38**_____ encontrado hace varias décadas es que algo más del 1% del cacao que se produce en el mundo es de Comercio Justo. A día de hoy cada año se venden unas 40 000 toneladas de granos de cacao cultivado _____**39**_____ los criterios de este sistema comercial alternativo. Precisamente por eso tiene sentido celebrar y reivindicar el Día Mundial del Comercio Justo. En esta fecha consumidores, organizaciones campesinas, artesanas y productoras en general, importadoras, tiendas y todos lo que apostamos por otra economía, celebramos y reivindicamos que _____**40**_____ otro comercio posible, más sostenible y humano, que funciona desde hace más de 60 años y que ofrece al consumidor artículos de calidad, y al productor una vida digna.

[Extraído de *http://blogs.elpais.com*]

OPCIONES

27. a) viene   b) venga   c) vienen

28. a) aunque   b) a pesar de que   c) ya que

29. a) Ese   b) Este   c) Aquel

30. a) lo   b) nos   c) la

31. a) que   b) quienes   c) los cuales

32. a) en crecer   b) creciendo   c) crecido

33. a) controlando   b) controlada   c) controlado

34. a) al   b) cuando   c) por

35. a) acordaban   b) acordaron   c) comprometieron

36. a) iba   b) fue   c) ha ido

37. a) ninguno   b) alguno   c) cualquiera

38. a) hemos   b) habríamos   c) habremos

39. a) para   b) según   c) hacia

40. a) está   b) hay   c) es

PRUEBA 2 COMPRENSIÓN AUDITIVA Y USO DE LA LENGUA

Duración de la prueba: **50 minutos**
Número de ítems: **30**

Tarea 1   **Instrucciones:**

86

Usted va a escuchar una conferencia sobre economía doméstica de la que se tomaron las siguientes anotaciones. Luego deberá elegir para cada anotación (1-6) la opción correcta entre las que aparecen debajo (A-L).
Escuche la audición dos veces.

Ahora dispone de un minuto para leer las anotaciones.

PREGUNTAS

1. Lo que más importa a la gente es mejorar el nivel de vida tomando como punto de partida _____ cuyo origen se sitúa en la intimidad familiar.

2. Lo que se persigue con los consejos ofrecidos es marcar _____ estable para mejorar la economía doméstica.

3. Trabajando en este sentido, se persigue un esfuerzo diario cuyos efectos se percibirán en _____.

4. _____ de carácter económico es algo muy factible. En cualquier momento puede sorprender a una economía familiar.

5. Es fundamental el establecimiento de _____ realista para construir un fondo de emergencia estable.

6. Para lograr una buena administración de la economía doméstica, es necesario lograr _____ entre el dinero que entra y el que sale, poniendo el énfasis en los gastos.

A continuación escuchará una conferencia sobre economía doméstica.

OPCIONES

A	un objetivo
B	un tiempo dilatado
C	un equilibrio
D	un periodo máximo
E	una pauta
F	la economía
G	un imprevisto
H	la pobreza
I	una deuda
J	una resolución
K	unos ahorros
L	una normativa

Tarea 2   **Instrucciones:**

87-90

Usted va a escuchar cuatro conversaciones. Escuche cada conversación dos veces. Después debe contestar a las preguntas (7-14). Seleccione la opción correcta (a / b / c).

PREGUNTAS

Conversación 1

7. Lucía no encuentra explicación al elevado precio de los tomates debido a que…

☐ a) no es un producto cuyo coste de producción sea excesivo.

☐ b) opina que la producción es abundante.

☐ c) considera que la cadena de producción es muy simple.

8. ¿Qué actitud muestra Juan ante el elevado precio de los tomates?

☐ a) Se muestra conformista, ya que es una realidad que no puede cambiar.

☐ b) Se muestra irritado, ya que no ve justo el precio del producto.

☐ c) Se muestra desconfiado con respecto al conocimiento del cliente sobre la cadena de producción.

Conversación 2

9. Mateo decide dejar de comprar en grandes superficies porque…

☐ a) quiere que su dinero vaya a parar a manos de pequeños comerciantes.

☐ b) considera que venden productos que no respetan el medio ambiente.

☐ c) piensa que los precios de estos establecimientos son más elevados.

10. Aunque Mateo ha decidido comprar en pequeñas tiendas de barrio, opina que las compras en grandes superficies…

☐ a) son más fáciles para el comprador.

☐ b) son más baratas para el consumidor.

☐ c) son más justas para el cliente.

Conversación 3

11. Leonardo considera que es justo el precio que tiene el queso porque…

☐ a) la tradición también hay que pagarla.

☐ b) es un producto hecho con la mejor materia prima.

☐ c) los artesanos solo viven de vender este producto.

12. ¿Cuál es la actitud de Rosa ante las palabras de Leonardo?

☐ a) Está totalmente de acuerdo con él.

☐ b) Considera que es un poco exagerado.

☐ c) Muestra su total desacuerdo con él.

Conversación 4

13. Para Antonio, en la economía mundial…

☐ a) es imposible conocer las leyes que imperan.

☐ b) nada está interconectado.

☐ c) todo está interconectado.

14. Sofía considera que las normas por las que se rigen los mercados…

☐ a) son perfectamente explicables.

☐ b) no son objetivas.

☐ c) son dictadas por los gobiernos de los países más estables.

Tarea 3 **Instrucciones:**

91

Usted va a escuchar una tertulia sobre las personas mayores y el consumo. Después debe contestar a las preguntas (15-20). Seleccione la opción correcta (a / b / c).
Escuche la tertulia dos veces.

PREGUNTAS

15. Según el moderador, los mayores tiene sus propias características como consumidores y…

⬜ a) tienen especial cuidado con el manejo de su dinero.

⬜ b) son especialmente vulnerables a prácticas como la estafa o el engaño.

⬜ c) están especialmente informados sobre comercio seguro.

16. Como afirma José Luis Nueno, este colectivo…

⬜ a) se beneficia especialmente de los horarios, ya que la mayoría ya están jubilados.

⬜ b) realiza mayoritariamente sus compras durante el horario laboral.

⬜ c) suele estar expuesto a prácticas empresariales poco éticas.

17. Según apunta Paca Tricio, el concepto de "mayor" plantea problemas porque…

⬜ a) no suele gustar a este colectivo.

⬜ b) es muy amplio y designa diferentes franjas de edad.

⬜ c) solo se entienden como tal a las personas mayores de 80 años.

18. Paca Tricio expone con claridad que las empresas…

⬜ a) tienen que diseñar productos pensando, también, en los mayores.

⬜ b) están aprovechando un gran nicho de mercado con este sector.

⬜ c) están especialmente centradas en el diseño de productos para mayores.

19. Como afirma Ildefonso Grandes, se considera a los mayores expertos compradores debido a que…

⬜ a) compran siempre los productos más baratos porque comparan siempre los precios.

⬜ b) compran de forma muy inteligente sin dejarse llevar por los reclamos publicitarios.

⬜ c) tienen mucho tiempo para comparar los productos y acaban comprando los de mayores prestaciones.

20. José Luis Nueno apunta que, en cuanto al tipo de consumidor, el grupo de los mayores se diferencia del resto…

⬜ a) por comprar más productos de un determinado sector del mercado.

⬜ b) por nada en particular, no existen diferencias.

⬜ c) por hacer un uso menor de los medios digitales.

Tarea 4

92-101

Instrucciones:

Usted va a escuchar diez diálogos breves. Escuche cada diálogo dos veces. Después debe contestar a las preguntas (21-30). Seleccione la opción correcta (a / b / c).

PREGUNTAS

Diálogo 1

21. ¿Cómo se siente la mujer, según lo que se desprende del diálogo?

☐ a) Con los pies cansados de tanto caminar.

☐ b) Desanimada por no encontrar ningún cajero.

☐ c) Desalentada por no haber seguido correctamente las indicaciones de la gente.

Diálogo 2

22. Ante el desaliento de la mujer, el hombre…

☐ a) comparte el sentimiento.

☐ b) se muestra esperanzado en que es posible obtener el subsidio.

☐ c) confía en que hay una solución para alquilar sin esperar un año.

Diálogo 3

23. ¿Qué decide el hombre al ver que el pago con tarjeta de débito no funciona?

☐ a) Pagar con cheque.

☐ b) Comprar en otra tienda.

☐ c) Intentarlo una vez más.

Diálogo 4

24. ¿Qué opina el hombre de las contestadoras automáticas?

☐ a) Que son molestas.

☐ b) Que son muy difíciles de entender.

☐ c) Que no resuelven los problemas.

Diálogo 5

25. Al ser informado de los precios de los vinos, el hombre…

☐ a) piensa que la vendedora se ha equivocado.

☐ b) se muestra sorprendido por los elevados precios.

☐ c) expresa su satisfacción por los descuentos de aduana aplicados.

Diálogo 6

26. ¿Qué le plantea la chica a Facu?

☐ a) Que probablemente montar una empresa sea algo demasiado complejo.

☐ b) Que hay pasos previos que seguir antes de pensar en lo que dice Facu.

☐ c) Que vayan con calma, pues aún no tienen experiencia en el negocio de la moda.

Diálogo 7

27. ¿Qué visión tiene la madre sobre los adolescentes como su hijo?

☐ a) Que no les importa nada.

☐ b) Que tienen una vida social excesiva.

☐ c) Que están agitados viviendo un sinfín de experiencias simultáneas.

Diálogo 8

28. La mujer decide llevarse el contrato a casa antes de firmarlo, porque...

   ☐ a) la letra es demasiado pequeña.

   ☐ b) no está segura de querer abrir una cuenta.

   ☐ c) quiere leerlo detenidamente y en detalle.

Diálogo 9

29. En opinión de la chica, su exnovio es un sinvergüenza por encontrar otra novia demasiado rápido y por...

   ☐ a) irse de vacaciones con ella sin tener lugar donde hospedarse.

   ☐ b) tomarse vacaciones con ella sin tener dinero.

   ☐ c) viajar con ella al sudeste asiático estando muy enfermo.

Diálogo 10

30. ¿Cómo reacciona el hombre ante el enfado de María?

   ☐ a) Le manifiesta su desacuerdo, pero le propone una actividad para olvidar el mal rato.

   ☐ b) Le dice lo guapa que está y la invita a un café para levantarle el ánimo.

   ☐ c) Intenta animarla proponiéndole un cambio de actitud ante el problema.

PRUEBA **3** DESTREZAS INTEGRADAS: COMPRENSIÓN AUDITIVA Y EXPRESIÓN E INTERACCIÓN ESCRITAS

Duración de la prueba: **80 minutos**

Tarea 1

🎧
102

Instrucciones:

A continuación escuchará un fragmento de una charla emitida por televisión que habla sobre el impacto económico del turismo en España. Escúchela dos veces. Durante la audición podrá tomar notas.

Después redactará una argumentación en la que deberá recoger los puntos principales de las posturas presentadas y expresar de forma justificada su punto de vista.

Número de palabras: **entre 220 y 250 palabras.**

Tarea 2 | Instrucciones:

Elija solo una de las dos opciones que se lo ofrecen a continuación.

Número de palabras: **entre 220 y 250 palabras.**

OPCIÓN 1

Usted es usuario activo de un prestigioso portal web de compra y venta de artículos de segunda mano, y quiere vender un producto (a su elección), para lo cual deberá escribir la reseña del mismo con el objetivo de comercializarlo. En dicha reseña deberá:
- Escribir una descripción detallada del producto a la venta (estado, dimensiones, datos técnicos, etc.).
- Argumentar cuáles son las particularidades de este producto, que lo hacen más conveniente respecto de otras ofertas del mismo tipo.
- Indicar el valor del producto.
- Entregar información para coordinar el lugar de reunión e intercambio.
- Persuadir a los lectores para que se decidan a comprar el producto.

OPCIÓN 2

Usted se ha presentado como voluntario para participar en una investigación que tendrá por objetivo estudiar los hábitos de consumo de los jóvenes de su país. Para ello deberá redactar un correo electrónico atendiendo al siguiente comunicado.
Estudio sobre hábitos de consumo
Con este estudio la presente universidad persigue conocer el comportamiento económico de los jóvenes de este país. Para ello, es fundamental redactar un texto considerando los siguientes aspectos (se pide, por favor, sinceridad en las respuestas dadas):
- Presentarse.
- Dar información sobre la franja de edad a la que pertenece.
- Indicar (más o menos) el dinero que dedica mensualmente a la compra de productos de primera necesidad.
- Indicar (más o menos) el dinero que dedica mensualmente a la compra de productos secundarios.
- Comentar si usted compra pensando en las ofertas o, por el contrario, nunca las estudia.
- Señalar si a final de mes revisa su cuenta bancaria y comprueba todos sus gastos.
- Hacer consideraciones sobre si cree que usted es una persona ahorradora o derrochadora.
Deberá dirigir su email a la dirección web estudioconsumo@universidad.com.

PRUEBA 4 DESTREZAS INTEGRADAS: COMPRENSIÓN DE LECTURA Y EXPRESIÓN E INTERACCIÓN ORALES

Duración de la prueba: **20 minutos**
Tiempo de preparación: **20 minutos**

Tarea 1

Instrucciones:

Usted debe hacer una presentación oral sobre el texto adjunto. Su exposición debe incluir los siguientes puntos:
- Tema central.
- Ideas principales y secundarias.
- Comentario sobre las ideas principales.
- Intención del autor, si procede.

Dispone de entre tres y cinco minutos. Puede consultar sus notas, pero la presentación no puede limitarse a una lectura de las mismas.

TEXTO

LA PRODUCCIÓN Y EL COMERCIO DE ARMAS VA EN CONTRA DE LA ECONOMÍA SOSTENIBLE

Si la economía sostenible […] se basa en el concepto de desarrollo sostenible, es indispensable ser consciente de que ninguno de sus tres pilares (ecológico, social y económico) se puede sacrificar. Además, sus principios (soportable, viable y equitativo) también son irrenunciables.

Sin embargo, la producción y el comercio de armas es todo lo contrario:
- Por un lado detrae (sería más acertado decir esquilma) recursos naturales para ser utilizados en prácticas antiecológicas y antisociales, que solo tienen el sustento del beneficio económico de las multinacionales de las armas a través de la muerte de personas.
- Por otro lado, el comercio de armas crea fuertes vínculos de dependencia económica, social y política de las naciones compradoras hacia las naciones vendedoras. Esta dependencia no es una forma de desarrollo compatible con el concepto sostenible e iría en contra del principio de equitatividad.
- La sostenibilidad de la producción y el comercio de armas solo es posible a través de las guerras y de la exportación de conflictos bélicos para luego exportar armas y seguir fomentando el círculo vicioso.
- Por último, hay que resaltar que la idea de desarrollo sostenible o de economía sostenible tiene una concepción fuertemente o fundamentalmente ética. Si no es así, solo se queda en palabrería o propaganda, en electoralismo burdo. Si no se prima la componente ética de estas propuestas, volvemos a caer en la economía de mercado sin frenos […], en el desarrollismo ciego, en el imperialismo político, económico y/o social.

Por todo ello, nuestra contribución a este debate sobre economía sostenible es que debe existir en su enunciado (no dudamos que existió en su concepción) un principio ético incuestionable que desarrolle la solidaridad.

Por ello, también proponemos que […] se recoja la necesidad de:
1. Acabar con el comercio de armas.
2. Acabar con la fabricación de armas.

Ambas medidas nos llevarán a un desarrollo más creíble, ético, real y factible de una verdadera economía sostenible.

[Extraído de *http://utopiacontagiosa.wordpress.com*]

Tarea 2 Instrucciones:

Usted debe mantener una conversación con el entrevistador sobre el tema del texto de la Tarea 1. En la conversación, usted deberá:
- Dar su opinión personal sobre el tema.
- Justificar su opinión con argumentos.
- Rebatir, si procede, las opiniones que exprese su interlocutor.

La conversación durará entre cuatro y seis minutos.

MODELO DE CONVERSACIÓN

1. Opinión del candidato y justificación.

¿Qué opinión le merece la industria armamentística?
¿Considera que es una industria necesaria en nuestros días?

2. Turnos de intervención candidato-examinador.

Ejemplos de intervención del examinador:

Usted afirma que esta industria es totalmente innecesaria en nuestro días… ¿piensa usted que los millones de personas en todo el mundo que viven de ella podrían encontrar otro trabajo?

¿Cree usted que sería posible un mundo sin conflictos armados? ¿Cómo se relacionarían los distintos países?

¿Cómo considera que se podría terminar con la industria armamentística? ¿Considera que es responsabilidad de los gobiernos?

¿Qué le parece que los gobiernos inviertan miles de millones en tecnología militar? Justifique su respuesta.

Tarea 3 **Instrucciones:**

La tendencia del "comercio justo" se ha expandido por todo el mundo, incentivando a los pequeños productores locales a poner en valor sus creaciones para incorporarlas al mercado globalizado. Para dar a conocer la producción artesanal local, en Sudamérica se está implementando una campaña de difusión de estos productos, la cual irá asociada a una imagen y al lema "riqueza local, mercado global".

La fotografía de la campaña será seleccionada por un jurado que va a tener en cuenta los siguientes criterios:

- Que refleje aspectos propios de las culturas locales del cono sur.
- Que transmita la idea de comercio justo (explicada en el enunciado).
- Que ponga en valor la artesanía local, adjudicándole estándares de comercio internacional.
- Que exprese la calidad del producto y transmita confianza al comprador.
- Su estética.
- Su originalidad.

Aquí tiene las cuatro fotografías finalistas. Teniendo en cuenta el lema del concurso y los criterios del jurado, ¿cuál debería ser, en su opinión, la foto ganadora? Discuta su elección con el entrevistador hasta que ambos lleguen a un acuerdo.

Recuerde que se trata de una conversación abierta y que por tanto puede interrumpir a su examinador, discrepar, pedir y dar aclaraciones, argumentar sus opiniones, rebatir las del entrevistador, etc.

La duración de la conversación será de entre cuatro y seis minutos.

Tarea 1

1. C

"[…] mediante la constitución o la ampliación de entidades asociativas agroalimentarias de suficiente dimensión económica, y cuya implantación y ámbito de actuación económica sean de carácter supraautonómico […]".

2. C

"A los efectos de esta ley, son entidades asociativas las sociedades cooperativas, las cooperativas de segundo grado, los grupos cooperativos, las sociedades agrarias de transformación, las organizaciones de productores con personalidad jurídica propia, reconocidas de acuerdo con la normativa comunitaria en el ámbito de la Política Agraria Común y las entidades civiles o mercantiles, siempre que más del 50 por ciento de su capital social pertenezca a sociedades cooperativas, a organizaciones de productores o a sociedades agrarias de transformación".

3. A

"Artículo 2. Fines.

1. Esta Ley pretende la consecución de los siguientes fines:

a) Fomentar la agrupación de los primeros eslabones que conforman la cadena alimentaria, mediante la fusión o integración de las entidades asociativas, con el objeto de favorecer su redimensionamiento, mejorar su competitividad y contribuir a la valorización de sus producciones".

4. B

"d) Cualesquiera otras actividades que sean necesarias o convenientes o que faciliten el mejoramiento económico, técnico, laboral o medioambiental de la cooperativa o de las explotaciones de los socios, entre otras, la prestación de servicios por la cooperativa y con su propio personal que consista en la realización de labores agrarias u otras análogas en las mencionadas explotaciones y a favor de los socios de la misma".

5. A

"e) Realizar actividades de consumo y servicios para sus socios y demás miembros de su entorno social y territorial, fomentando aquellas actividades encaminadas a la promoción y mejora de la población agraria y el medio rural, en particular, servicios y aprovechamientos forestales, servicios turísticos y artesanales relacionados con la actividad de la cooperativa, asesoramiento técnico de las explotaciones de la producción, comercio y transformación agroalimentaria, y la conservación, recuperación y aprovechamiento del patrimonio y de los recursos naturales y energéticos del medio rural".

6. A

"2. Que en la realización de sus actividades agrarias respeten los siguientes límites:

a) Que las materias, productos o servicios adquiridos, arrendados, elaborados, producidos, realizados o fabricados por cualquier procedimiento por la cooperativa, sean destinados exclusivamente a sus propias instalaciones o a las explotaciones de sus socios.

No obstante, podrán ser cedidos a terceros no socios siempre que su cuantía, durante cada ejercicio económico, no supere el 50 por ciento del total de las operaciones de venta realizadas por la cooperativa".

Tarea 2

7. G

8. D

9. A

10. E

11. C

12. B

Tarea 3

13. C

"Dos escuelas de pensamiento suelen dominar los debates económicos actuales. […] Sin embargo, ninguno de los dos planteamientos está dando buenos resultados".

14. A

"El problema de la economía –tanto la de libre mercado como la keynesiana– es el de que no entienden bien la naturaleza de la inversión moderna. Las dos escuelas creen que la inversión está impulsada por el sector privado, ya sea porque los impuestos sean bajos (en el modelo de libre mercado) o porque la demanda agregada sea elevada (en el modelo keynesiano)".

15. B

"Sin embargo, la inversión actual del sector privado depende de la inversión del sector público. Nuestra época se caracteriza por esa complementariedad".

16. A

"Lo fundamental es reflexionar sobre seis clases de bienes de capital: el capital comercial, las infraestructuras, el capital humano, el capital intelectual, el capital natural y el capital social. Todos ellos son productivos, pero cada uno de ellos tiene un papel distintivo. […]

Esas seis formas de capital funcionan de forma complementaria".

17. A

"Sin embargo, en la mayoría de los países, los gobiernos no están encabezando y guiando –ni participando siquiera en– el proceso de inversión. Están haciendo recortes".

18. C

"Recientemente, el G-20 dio un pequeño paso en la dirección correcta, al hacer un nuevo hincapié en una mayor inversión en infraestructuras como cometido compartido de los sectores público y privado".

Tarea 4

19. B

"Para ello va desmontado las falacias del capitalismo, planteando la disyuntiva de que la única solución es salir del sistema, o seguir en el tirando hacia adelante sin mirar a ningún lado, como se ha estado haciendo hasta ahora. Todo esto apoyado y documentado científicamente y teniendo por objetivo lograr un proyecto de transformación colectivo, como articular las bases de una alternativa ecosocialista".

20. C

"Sánchez-Cuenca examina la crisis española y sale al paso de dos errores demasiado frecuentes entre quienes la comentan. […] El libro de Sánchez-Cuenca se suma al de otros autores en el esfuerzo por desarmar la versión –ingenua o claramente interesada– de que la crisis es solo resultado de la política y de sus gestores cuando, en realidad, ha sido la presión de un determinado modelo económico el que ha marcado el rumbo de la política, de sus instituciones y de buena parte de sus protagonistas".

21. B

"El libro comienza con un posicionamiento claro frente a todas las fantochadas que se han publicado durante la última década, cuando la crisis (económica, por supuesto) aún no había asomado su hocico, y ser verde era "cool", como lo demostraron políticos convertidos en conferenciantes sobre el cambio climático, actores y filántropos de todo pelaje. […] Para ello va desmontado las falacias del capitalismo, planteando la disyuntiva de que la única solución es salir del sistema, o seguir en el tirando hacia adelante sin mirar a ningún lado, como se ha estado haciendo hasta ahora".

22. D

"Escrito en forma de diccionario, no es desde luego un diccionario al uso, sino el estudio de 32 vocablos o conceptos con la intención de descubrir las falacias y sofismas que se esconden tras la utilización que de ellos hace el discurso imperante. […] otros muchos conceptos más hasta el número de 32, se analizan y se diseccionan con el objetivo de poner de manifiesto los ardides y las trampas que ocultan".

23. A

"La economía está de moda por una sencilla razón: todos formamos parte de este sistema, todos negociamos, compramos y vendemos todos los días y, muchas veces, de manera inconsciente. […] *La economía al desnudo* nos sumerge en un sistema que, sin darnos cuenta, gobierna nuestras vidas".

24. F

"Leopoldo Abadía recurre a su conocido sentido común para explicarnos con mucho humor qué es y cómo funciona la economía, a escala nacional y a escala mundial. […] Lo bueno de que Leopoldo Abadía no sea economista es que sus razonamientos y dudas son los mismos que los de la gente común".

25. E

"La obra *Hacia una economía* para la vida de Hinkelammert y Mora constituye una crítica sustantiva al capitalismo y al mercado globalizado. En efecto, los autores señalan que "ese nuevo orden se legitima tautológicamente gracias al implacable poder que lo sostiene" y advierten su capacidad destructora de las condiciones de posibilidad de la vida a partir del socavamiento de las dos fuentes esenciales de toda riqueza: el ser humano y la naturaleza exterior. […] la exclusión global y la crisis del medio ambiente, las cuales muestran la capacidad que tiene el capitalismo globalizado de poner en peligro la reproducción de la vida humana".

26. F

"Leopoldo Abadía recurre a su conocido sentido común para explicarnos con mucho humor qué es y cómo funciona la economía, a escala nacional y a escala mundial. […]. Como siempre, no faltarán su fiel perro Helmut; sus entrañables desayunos con su amigo empresario, agobiado por el trajín del día a día de su negocio, y su microecosistema, San Quirico, un pequeño pueblo donde reproduce a pequeña escala todo lo que ocurre en el mundo".

Tarea 5

27. C

De los tres verbos propuestos, dos de ellos se presentan en modo indicativo y uno en subjuntivo, y considerando que no existe elemento alguno que nos revele la necesidad de usar subjuntivo, podemos empezar eliminando la alternativa "b". De los dos verbos restantes, ambos presentados en indicativo, uno de ellos está conjugado en singular y el otro en plural, por lo que tenemos que identificar cuál es el sustantivo al que está determinando el verbo, en este caso, "sensaciones agradables", en plural. Lo anterior da cuenta de la necesidad de conjugar el verbo "venir" en tercera persona plural, lo cual establece la alternativa "c" como la correcta.

28. C

Las tres expresiones corresponden a conectores, dos de los cuales ("a" y "b") son concesivos, mientras la opción "c" nos presenta uno de tipo causal. Atendiendo al sentido de la oración, necesitamos un conector que vincule dos ideas: "el chocolate trae a nuestra mente sensaciones agradables" y "el chocolate está muy asociado a celebraciones". Como vemos, se trata de dos ideas similares, que no están contrapuestas. Al no presentar objeción o reparo respecto de lo afirmado, constatamos que no es necesario utilizar un conector concesivo, sino uno causal, que indique el motivo, causa o razón de lo expresado. En otras palabras, que revele que "el chocolate está muy asociado a celebraciones" debido a que "produce sensaciones agradables". El único conector de tipo causal que encontramos es el de la alternativa "c", que resulta la opción más coherente para expresar esta idea.

29. B

Los tres pronombres demostrativos aquí tienen como única diferencia el grado de proximidad (espacial o temporal) que mantienen con el contexto de enunciación. En el caso de este texto, las tres alternativas podrían operar de forma correcta, aunque una de ellas funcionaría mejor, dada la proximidad producida dentro del mismo texto entre el sustantivo al que sustituye el pronombre, y el pronombre mismo. Así, dado que el primer párrafo se refiere a las cualidades del chocolate y el segundo comienza considerando esa idea inmediatamente anterior como el motivo por el cual se escoge el chocolate como protagonista de una campaña, elegiremos el pronombre que evoca mayor cercanía de entre las tres alternativas, a saber, "este", correspondiente a la alternativa "a", dado que "ese" y "aquel" evocan dos grados consecutivos más de distancia.

30. A

De los tres propuestos, el pronombre de objeto directo adecuado será aquel que se refiera al sustantivo "chocolate", el último mencionado en el párrafo anterior, lo que justifica la necesidad de volver a nombrarlo sin repetir la palabra. "Chocolate" es un nombre masculino y singular, por lo que "lo" es el pronombre correcto, y corresponde a la alternativa "a".

31. A

De los tres pronombres de relativo, "que" es el más frecuente y puede referirse a personas o cosas. "Quienes", por su parte, se refiere siempre a personas, en este caso en plural, lo que en este caso no resulta coherente pues el texto se refiere a "productos" y no a personas. Por su parte, "los cuales" tiene una función similar a "que", aunque por lo general va antecedido por una preposición o bien por una coma, lo que no se cumple en este caso. La alternativa "a" por lo tanto, con el pronombre de relativo "que", es la alternativa correcta.

32. B

Nos encontramos frente a una perífrasis durativa, es decir, que enfatiza la duración de la acción desde el pasado hacia el futuro. En este caso el contexto nos revela el crecimiento de las ventas de chocolate desde el pasado hasta el presente, con una auspiciosa proyección futura. **Esto se configura a través de la utilización del gerundio**, lo que nos lleva a identificar la perífrasis "seguir/continuar/proseguir + gerundio" como la correcta.

33. C

La preposición "por" nos da la pista de que estamos en presencia de una **oración pasiva** conformada por la perífrasis "estar + participio", donde "por" pasa a indicar el complemento agente, en tanto cumple la función de sujeto en la versión activa de la misma oración ("cinco grandes empresas"). En otras palabras, la versión activa de esta oración sería "cinco grandes empresas controlan el 60% de la facturación". Si transformamos esta oración a pasiva, ubicamos el objeto directo de la oración ("el 60% de la facturación") en el lugar del sujeto paciente, añadimos la fórmula "estar + participio" manteniendo la concordancia de número y género entre ambos elementos y el objeto directo. Así, considerando que "el 60% de la facturación" es masculino y singular, la fórmula pasiva también debe serlo: "el 60% de la facturación está controlado por..." Lo anterior revela la opción "c" como correcta, en tanto la "b" presenta discordancias de género (el 60%... es masculino), y la alternativa "a" propone un verbo conjugado en gerundio, lo que no nos permite construir una estructura de voz pasiva como la que exige el texto.

34. A

La partícula "al" en **al + infinitivo** procede de la primitiva unión de preposición y artículo. La combinación del artículo con las preposiciones "a" y "de" da lugar a las formas contactas "al" y "del". En la combinación al + infinitivo, la partícula "al" parece comportarse como conjunción, ya que no introduce grupos nominales, pues el infinitivo en este caso admite sujetos expresos. La secuencia introduce una oración subordinada adverbial temporal como en este caso y en otros, según el contexto, puede dar paso a una oración causal. Se descartan, por tanto, las demás opciones, ya que en la opción "b" "cuando" no forma secuencia con el infinitivo en ningún caso y en la opción "c", la preposición "por" lo hace solo en casos determinados expresando un sentido causal.

35. C

El verbo "comprometerse" rige la preposición "a" a diferencia del verbo de las opciones "a" y "b", "acordar". Por tanto, "acordar algo" y "comprometerse a algo" serían las secuencias correctas. En cuanto al tiempo verbal, "comprometieron", está en pretérito indefinido en relación con el **marcador temporal** al inicio de la oración "hace unos años", descartando así la posibilidad de cualquier otro tiempo que implique un aspecto durativo. Esto es, la acción está concluida en el pasado.

36. C

La secuencia "ir + gerundio" forma una **perífrasis verbal aspectual** que indica el desarrollo de la acción. La diferencia entre la opción correcta "ha ido" y las otras dos radica en el uso del tiempo verbal. Frente al pretérito perfecto "ha ido", las opciones "a" y "b" expresan la acción en pretérito imperfecto e indefinido, respectivamente. De este modo, el uso del indefinido en la perífrasis verbal obedece a la expresión de una acción que ha tenido su origen en un momento puntual del pasado y se ha desarrollado de la misma forma hasta el momento presente (el ahora del hablante).

37. A

El **indefinido** "ninguno" puede funcionar como **adjetivo** como en este caso "ninguno de los artículos" —ningún artículo—

o como **pronombre**. Si, como en este caso, va seguido de un complemento plural introducido por "de", la concordancia del verbo ha de hacerse con el indefinido, esto es, en singular, y no con el sustantivo plural: "no se **ha cumplido ninguno** de los artículos". De igual modo, es conveniente recordar que en español es frecuente la doble negación de modo que "**no** se ha cumplido **ninguno**" no produce agramaticalidad.

38. B

La forma del **condicional compuesto** "habríamos encontrado" nos remite a la **probabilidad en el pasado**. De este modo, reforzado a través del **adverbio** "seguramente", con la forma compuesta del condicional se realiza una suposición en el pasado. Debido a esto, se descarta la opción "a" por tratarse del pretérito perfecto y la "c", futuro perfecto, ya que no trasmiten ningún valor de probabilidad en un tiempo pasado.

39. B

La **preposición propia** "según" —la única tónica— tiene diferentes valores pero todos ellos con una idea de **relación, conformidad y seguimiento** que testifica una idea que antecede. De este modo, se usa para indicar correlación, origen de una expresión u opinión, dependencia causal, autoría de hechos desde el punto de vista de la opinión o creación de una opinión o de un autor. En este caso, su función sería de **apostrofado**, ya que refuerza una idea vertida en el texto mediante la apelación a una información objetiva: "los criterios de este sistema comercial". Se descartan, así, las opciones "a" y "c" debido a que las preposiciones "para" y "hacia" no cuentan con el valor de seguimiento comentado.

40. B

Además de su empleo como auxiliar, el otro uso fundamental del verbo "haber" es denotar la **presencia o existencia** de lo designado por el sustantivo que lo acompaña y que va normalmente pospuesto al verbo "hay otro comercio posible". En este uso, la tercera persona del singular del presente de indicativo adopta la **forma especial "hay"**. Esta construcción carece de sujeto; es, por tanto, impersonal y, en consecuencia, el sustantivo pospuesto desempeña la función de objeto directo. Puesto que el sustantivo que aparece en estas construcciones es el objeto directo, el hecho de que dicho sustantivo sea plural no supone que el verbo haya de ir también en plural, ya que la concordancia con el verbo la determina el sujeto, no el objeto directo.

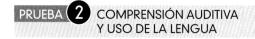

PRUEBA **2** COMPRENSIÓN AUDITIVA Y USO DE LA LENGUA

Tarea 1

1. J

"[…] nos interesa mejorar nuestro nivel de vida partiendo de las decisiones que se toman en el salón de nuestra casa".

2. E

"En definitiva nuestro reto es que cada día consiga marcar una pequeña diferencia en su economía doméstica. Esa pequeña diferencia al principio ofrecerá resultados mejores pero casi imperceptibles pero, poco a poco, se estará labrando una enorme diferencia…".

3. B

"Esta pequeña diferencia diaria marcará resultados espectacularmente distintos a largo plazo".

4. G

"Piense que una emergencia económica es algo muy probable; algunos ejemplos serían un electrodoméstico que se estropea, una avería en el coche, un miembro de la familia que sufre un accidente o enfermedad, la pérdida del empleo, un divorcio, entre otros muchos casos….".

5. A

"Para construir el fondo de emergencia iremos poco a poco ahorrando hasta que lleguemos a la meta".

6. C

"Por eso en este tema le vamos a ayudar a calibrar sus gastos y nos centraremos, sobre todo, en eh… en los gastos porque por lo general son más fáciles de variar, de modificar, que los ingresos".

Tarea 2

7. B

L.: "Ya, algo he leído yo también. Lo que no me explico es que con tantos invernaderos, que se dedican a la producción de tomate, cómo puede escasear, en fin…".

8. C

J.: "De todas formas, seguro que hay algo que los consumidores no sabemos. En el precio final de los tomates intervienen muchos factores y estoy seguro de que los consumidores no nos enteramos ni de la mitad…".

9. A

M.: "Maite, ¿sabes qué? He decidido no comprar más en grandes superficies. A partir de ahora solo voy a hacer la compra en pequeños establecimientos. Me parece más justo, así mi dinero no irá a parar a las grandes multinacionales que, encima, no tributan en nuestro país".

10. A

M.: "Ya, comprar así es 'coser y cantar' pero por justicia merece la pena hacer el esfuerzo y recorrer las tiendas del barrio. También tiene su encanto, ¿no? Pescadería, charcutería, frutería… como lo hacía mi madre".

11. A

L.: "Piensa que son productos artesanales, hechos como se hacían hace muchas generaciones. Estás pagando mucho más que el queso; estás pagando cultura".

12. B

R.: "Leonardo, te pasas un poco, ¿no? Creo que te has emocionado demasiado… a mí lo que me cobran es el queso. Nada más".

13. C

A.: "Yo cada vez estoy más alejado de tu postura. Cada vez tengo más claro que todo depende de todo, y más en economía. Una noticia mala al otro lado del mundo genera una crisis enorme en esta parte del planeta".

14. B

S.: "Eso es porque el sistema económico se basa en suposiciones y a veces en rumores. Economía especulativa, ¿no?".

Tarea 3

15. B

M.: "Los mayores se han convertido en un sector de la población muy atractivo para la sociedad de consumo. Cada vez son más numerosos y por lo general disponen de unos ingresos fijos, lo que supone una clientela potencial para diferentes productos y servicios, sin embargo, tienen sus propias características como compradores y, además, suelen ser presa fácil para que pícaros o delincuentes se aprovechen de ellos".

16. C

J. L.: "[…] Sí es verdad que como están sujetos o tienen un horario distinto del horario laboral pues en esa franja horaria son presa fácil de, lo que decíamos, ciertas prácticas, malas prácticas empresariales".

17. B

P.: "No. No vemos. Vamos a ver… primero, englobar la palabra "mayor" de manera tan amplia hace que se distorsione muchísimo la respuesta, porque mayor es alguien de 50 años y es alguien de 90. Ahí se considera mayor, de sesenta y pico a noventa. En consecuencia, no tiene nada que ver la franja de 55 a 75, incluso a 80, que el resto".

18. A

P.:" […] y las empresas que no sean capaces de preparar productos que nos venga[n] bien a las personas mayores pero también a los jóvenes, porque el diseño para todas las edades hace mucho tiempo que se habló en las asambleas mundiales del envejecimiento, benefician a todo el mundo […] es una oportunidad de mercado importantísima para las empresas de este país".

19. B

I.: "[…] racionales en el sentido de que el significado simbólico, por ejemplo, de la marca deja de ser importante. Ellos compran atributos intrínsecos del producto, compran calidad, compran… no compran prestigio. Compran funcionalidad".

20. C

J. L.: "Sí, hay diferencias, quizás, pues en la utilización de internet, en la utilización de medios digitales".

Tarea 4

21. B

"Perdona, ¿sabes dónde hay un cajero automático? Me han dicho que en la Plaza Mayor, pero vengo de allí y no he visto nada… Luego me han dicho que en esta esquina había otro, y nada. No doy pie con bola".

22. C

"- […] si no nos dan el subsidio del gobierno, tendremos que postergarlo para el próximo año.

- No, si nos apretamos el cinturón".

23. C

"¡Qué raro! Debería funcionar bien… A ver… a la tercera va la vencida".

24. A

"Estas contestadoras automáticas no paran de dar la lata".

25. B

"¡No inventes! Me parece buen precio, pero para mi presupuesto… un ojo de la cara, con descuento y todo".

26. A

"Esperá, Facu… ¿no nos estaremos metiendo en camisa de once varas?".

27. A

"¡Ah, adolescentes! ¡Pasan de todo!".

28. C

"Es que lo quiero leer bien. Ya sabe, la letra chiquita".

29. B

"¡Encima se va de viaje con ella sin tener dónde caerse muerto!".

30. C

"Venga, mujer. Al mal tiempo buena cara".

Transcripciones

PISTA 1

Tarea 1

Usted va a escuchar una conferencia de la que se tomaron las siguientes anotaciones. Luego deberá elegir para cada anotación (1-6) la opción correcta entre las que aparecen debajo (A-L).

Escuche la audición dos veces.

Mi nombre es Carlos Cabezón, como ha comentado Mamen, soy el socio fundador de la empresa *Let's Talent* y, bueno, en mi ponencia lo que quiero es hablar sobre algunas de las claves que yo considero importantes para poder mejorar en la búsqueda de empleo.

Es verdad que en las últimas semanas, en los últimos tiempos, estamos escuchando noticias que parecen más positivas o, por lo menos, tienen un tono más esperanzador. Se habla de final de una crisis, se habla de final de un ciclo, se habla de que empezamos a (…) de que se empieza a crear empleo neto, una circunstancia que no se producía en España desde hace más de seis años. Cada uno de nosotros pues tendremos que (…) o sabremos perfectamente si esto es algo que lo notamos en nuestro día a día y, sobre todo, si lo notamos de verdad en nuestra búsqueda de empleo, y, probablemente, pues tengamos respuestas distintas; pero lo que sí parece cierto es que siempre será mejor tener este tipo de noticias que no con las que venimos viviendo en los últimos tiempos. Y, a pesar de todo, las cifras son demoledoras y no las podemos ocultar. El entorno, la realidad, el contexto en el que vivimos, sin duda, no es el más propicio para buscar empleo en España. Pero yo cuando me encuentro una situación como esta me pregunto a mí mismo si puedo hacer algo para cambiar estas cifras; si puedo hacer algo para cambiar este entorno. Y es probable que pueda hacer poco o muy poco para cambiar esa situación y eso también es una realidad.

Os quiero dar algunas otras cifras también, que estas están más relacionadas con el mercado laboral, el mercado de las ofertas de trabajo y cómo estamos buscando empleo.

Se estima que aproximadamente un 30% de las ofertas son públicas y visibles, es decir, que están accesibles a todas las personas. Estas son las ofertas que nos podemos encontrar en las redes sociales, en los portales de empleo, en las webs de empresas… eso quiere decir que, alrededor de un 70% de ofertas no las conocemos. Forman parte de lo que se llama "el mercado oculto" y las empresas, por un motivo o por otro, deciden no hacerlas visibles. Motivos como, no quiero saber (…) no quiero que mi competencia sepa que estoy buscando un determinado profesional, o, a lo mejor, por una cuestión interna quiero mantenerlo con una cierta confidencialidad, puede darse la circunstancia también que estas ofertas hayan formado parte de ese 30% pero que las empresas hayan recibido cientos y cientos de currículums de los cuales muchos no encajan en la posición y, por lo tanto, han bloqueado, literalmente, su departamento de selección o puede ser, simplemente, porque prefieren mantenerlo en un entorno más cercano en donde buscan alrededor de unos candidatos en un entorno de mayor confianza. En cualquiera de los casos, lo que sí parece es que hay bastantes ofertas de trabajo a las que no estamos teniendo acceso directamente y, sin embargo, algunos de los candidatos sí que lo están haciendo.

El 80% de los empleadores revisan los perfiles de los candidatos en las redes sociales. Se ha publicado, me parece que ha sido esta semana, un informe de (…) un estudio de *Infoempleo*, que dice que en el año 2013 el 57% de las empresas utilizaron las redes sociales para reclutar, versus 49, me parece, que fue en el año 2011. El 64% de las empresas dijo que, si tiene que elegir entre un candidato activo o un candidato inactivo en redes sociales, elegiría siempre un candidato activo, pero esto tiene una doble lectura y es que hay que tener cuidado con lo que ponemos en las redes sociales porque un 21% ya descartan por lo que ven. Entre las redes sociales principales no hay muchas sorpresas, un 73% *Facebook*, un 70% *Linkedin* y un 33% *Twitter*.

El 75% de los currículums se descartan por no contener la información adecuada. Puede ser porque no refleja la información que se necesita enseñar para una posición determinada; puede ser porque son muy generalistas, puede ser porque contienen faltas de ortografía o faltas gramaticales. Cualquiera que sea el motivo, tres de cuatro currículums no están representando de forma correcta a los profesionales.

Y, además, un 60% de las entrevistas no se superan porque no se han preparado. Candidatos que van a una entrevista y no han mirado absolutamente nada de la empresa para la que van a hacer la entrevista; no han profundizado en las características del puesto y no lo han preparado, contestan de forma muy genérica o son demasiado expansivos, o improvisan demasiado. La realidad es que, no se vosotros que pensaréis, pero…

[Extraído de *https://www.youtube.com*]

PISTA 2

Tarea 2

Usted va a escuchar cuatro conversaciones. Escuche cada conversación dos veces. Después debe contestar a las preguntas (7-14). Seleccione la opción correcta (a / b / c).

Conversación 1

MARISOL: Buenos días, pase. Tome asiento.

JORGE: Buenos días.

MARISOL: Mi nombre es Marisol García y soy parte del departamento de selección de personal de esta empresa. En estos momentos estamos buscando personal para cubrir una plaza vacante en el área de Comunicaciones.

JORGE: Sí, sí, bien.

MARISOL: He estado revisando su currículum vítae y me gustaría que profundizáramos en la información que nos ha proporcionado.

JORGE: Por supuesto. Encantado.

MARISOL: Aquí veo que usted reside en Concepción… ¿Sabía que esta plaza es para Santiago?

JORGE: Sí. En realidad soy de Concepción, pero me acabo de cambiar a Santiago, porque estoy en busca de nuevos desafíos profesionales y pensé que en la capital podría haber muchas más oportunidades.

MARISOL: Me parece un cambio de rumbo interesante… ¿Podría decirme por qué considera que su perfil aplica para esta plaza?

JORGE: Bueno. Soy periodista y tengo un máster en comunicación y *marketing*. Además, tengo cinco años de experiencia trabajando en comunicaciones corporativas internas y externas para dos grandes empresas, como puede ver.

MARISOL: Ya veo… Sabrá usted que nuestra compañía pone especial énfasis en el trabajo en equipo y en propiciar un clima laboral grato y respetuoso, sin descuidar, desde luego, el logro de objetivos. ¿Cree usted que podría desenvolverse adecuadamente de acuerdo a nuestra filosofía?

JORGE: ¡Sin duda! Una de mis fortalezas es justamente el trabajo en equipo y la coordinación de grupos de trabajo, como puede ver en la carta de recomendación que adjunto a mi solicitud. Soy una persona muy responsable y con un alto espíritu de liderazgo.

MARISOL: Bien… tiene usted un currículum bastante nutrido y una carta de recomendación destacable…

PISTA 3
Conversación 2

SARA: Disculpe, jefe. ¿Tendrá algunos minutos al final de la reunión? Me gustaría hablar con usted sobre algo que realmente me preocupa.

JEFE: Buenos días, Sara. No tendré mucho tiempo hoy, pero pase por mi despacho a las 10:30 y hablamos.

SARA: Gracias. Ahí estaré.

JEFE: Pase.

SARA: Con permiso. Gracias por recibirme.

JEFE: De nada. Tome asiento. Me decía que estaba preocupada. ¿Está funcionando todo bien en el departamento de ventas?

SARA: Sí, sí, jefe. Todo está funcionando de maravilla. Hemos alcanzado cifras históricas y hemos llegado a firmar convenios con entidades importantes en el medio. Estoy muy contenta con mi nueva responsabilidad como gerente de ventas.

JEFE: Pues me alegro mucho. ¿Y qué es lo que la trae por aquí?

SARA: En realidad, como le comentaba, estoy muy satisfecha con los nuevos desafíos que se me han asignado, pero imaginará que la carga laboral ha aumentado bastante, por lo que quería hablar con usted la posibilidad de que eso se reflejara en un aumento de sueldo…

JEFE: Ya veo…

SARA: Sé que no es el mejor momento para la empresa, pero el salario que estoy recibiendo es el mismo de hace cuatro años, a pesar de mi ascenso a este puesto y los logros obtenidos en la sección de ventas.

JEFE: Estoy muy contento con su desempeño, Sara. Pero como bien dice, las cosas en el país no están fáciles en términos financieros. Mire, hagamos lo siguiente: redacte una solicitud formal y envíela al gerente de recursos humanos para que él evalúe qué opciones reales le podemos ofrecer.

SARA: Perfecto, jefe. Así lo haré.

JEFE: No le puedo prometer nada, pero cuenta usted con mi palabra de que haremos todo lo que esté en nuestras manos.

PISTA 4
Conversación 3

SILVINA: Diego, ¿supiste la noticia?

DIEGO: ¿Noticia? Hum… mi cabeza todavía está de vacaciones, che… ¿qué pasó?

SILVINA: Decile a tu cabeza que vuelva a laburar, porque el jueves vienen los socios australianos a firmar un convenio reimportante con la empresa. ¡Y vos y yo vamos a estar en esa reunión!

DIEGO: ¡No me jodas! ¡No tenía idea! Me imagino que habrá traducción simultánea…

SILVINA: No, nada de eso, querido. Así que andá practicando tu inglés, porque tenés que participar de la negociación.

DIEGO: Pero si yo no hablo inglés desde la facultad…

SILVINA: Bueno… eso decíselo al jefe, que ya te incluyó en el equipo negociador.

DIEGO: No, no, no… Claro que ahí estaré. ¿Tenés la pauta que se va a tratar?

SILVINA: El gerente no la mandó todavía, pero me imagino que vos, como gerente técnico, tenés que dar un informe sobre las operaciones en las áreas de diseño, mantenimiento y producción.

DIEGO: Dale. Me voy ya mismo a preparar el informe usando los datos que preparé para la cuenta anual. Muchas gracias por avisarme. En serio.

SILVINA: De nada, Diego. Contá conmigo para lo que necesites.

DIEGO: Seguro que te pediré ayuda con el inglés.

SILVINA: Claro, no hay problema. De algo que haya servido mi curso de inglés como segunda lengua.

DIEGO: ¡Qué importante que es estudiar una segunda lengua! Abre un montón de oportunidades laborales… ¡y evita todo este estrés!

SILVINA: Ja, ja. Es verdad.

PISTA 5
Conversación 4

PILAR: Buenos días, gracias por llamar a Hernández y Alonso, ¿en qué le puedo ayudar?

HUGO: Buenos días. Hablo con una empresa de *headhunters*, ¿verdad?

PILAR: Así es, señor.

HUGO: Bien. Llamo para solicitar un servicio de búsqueda de ejecutivo para mi empresa.

PILAR: Por supuesto. ¿Con quién tengo el gusto de hablar?

HUGO: Soy Hugo Sánchez, gerente de recursos humanos de Ejes Comunicaciones.

PILAR: Encantada, señor Sánchez. Habla Pilar Montes, especialista en contacto con clientes. ¿Cuál es el área de su empresa?

HUGO: Telecomunicaciones. ¿Tienen ustedes experiencia en búsqueda de personal para el área telecomunicaciones?

PILAR: Sí. Utilizamos bases de datos de esa área que vamos actualizando continuamente. Pero cada vez que nos piden una búsqueda hacemos publicaciones en nuestros portales asociados y también *hunting* en otras empresas de la industria.

HUGO: ¿Hunting?

PILAR: Sí. Este proceso implica contactar a los candidatos que estén ocupando los cargos requeridos por el cliente en las empresas de la competencia.

HUGO: La verdad es que tenemos mucha prisa. El director financiero nos ha comunicado hoy su renuncia y tenemos que encontrar lo antes posible a alguien idóneo para sustituirlo. ¿Tarda mucho la búsqueda?

PILAR: El proceso dura un mes.

HUGO: ¿Me podría explicar más específicamente en qué consiste el proceso?

PILAR: Claro. Lo primero es reunirnos con el cliente para definir la experiencia y las competencias requeridas para el cargo. A eso le llamamos levantamiento de perfil. Posteriormente procedemos a la búsqueda de candidatos, seguida de una preselección por medio de entrevistas y una evaluación psicolaboral. Luego se eligen los tres candidatos más idóneos: el cliente procede a entrevistar personalmente a los tres candidatos finales para tomar la decisión de contratación.

HUGO: Comprendo… Muy bien. ¿Cómo podemos hacer para comenzar la búsqueda lo antes posible?

PILAR: Si me facilita un correo electrónico, podemos concertar una reunión para mañana mismo.

PISTA 6
Tarea 3
Usted va a escuchar una entrevista. Después debe contestar a las preguntas (15-20).
Seleccione la opción correcta (a / b / c). Escuche la entrevista dos veces.

ENTREVISTADORA: Seguimos en directo y aquí en *Para todos la 2* vamos a hablar de una suculenta efeméride. En abril de 1962 llegaba a las panaderías españolas un novedoso producto de bollería, inspirado en las rosquillas que se venden en Estados Unidos. Los están viendo, son los *donuts*. Cincuenta años después, En España se siguen comiendo más de 500 millones de *donuts* al año, o lo que es lo mismo, se consume un *donuts* cada 16 segundos… Saludamos al director de *marketing* de *Panrico-Donuts*, Jordi Folch, ¿qué tal? ¡Buenas tardes!

JORDI: Marta, buenas tardes…

ENTREVISTADORA: Bueno, de entrada, una empresa española que celebra 50 años con un producto en el mercado, es todo un éxito, ¿no?

JORDI: Pues la verdad es que sí. Nos llena de orgullo, ¿no? Con la que está cayendo ser capaces de celebrar 50 años y con tantos productos vendidos cada año, es para nosotros un orgullo.

ENTREVISTADORA: ¿Cuál es el secreto? ¿Cuál cree que ha sido el secreto de *Donuts*?

JORDI: Pues el secreto de los *donuts* radica en dos cosas, ¿no?, en primer lugar el producto en sí, muy tierno por dentro y con esa capilla de azúcar que lo hace irresistible, y eso que muchos han intentado copiarlo sin lograrlo ¿no?… y después, probablemente, también tiene que ver nuestra red de reparto. Nosotros tenemos 3000 repartidores que cada día visitan casi 130 000 puntos de venta ¿no? A partir de las cuatro de la mañana para que, cuando la gente se levanta, pueda tener sus *donuts* frescos en el bar o en la tienda de alimentación.

ENTREVISTADORA: Estamos hablando de un aniversario… en 1973, por cierto, *Donuts* lanzó un anuncio en televisión, que ahora van a ver, que creó historia…

[Audio *spot: para ir al colegio hay algo tan imprescindible como la cartera —los* donuts, donuts*… ¡Anda, los* donuts*!—. Sí, todos llevan* donuts. *Para ir al colegio hay algo tan imprescindible como los* donuts —¡Anda, la cartera!—]

ENTREVISTADORA: Tenemos con nosotros a Albert Monleón que es aquel niño que hoy tiene 48 años… ¿qué tal? ¡Buenas tardes!

ALBERT: Buenas tardes.

ENTREVISTADORA: Bueno, iba a decir, tampoco… como la fórmula de *donuts* tampoco ha cambiado mucho, se conserva usted muy bien, o te conservas muy bien si te podemos tutear…

ALBERT: Hombre… quizá sea el secreto ese, el de comer…

ENTREVISTADORA: ¿Quizá?

ALBERT: …el secreto sea comer *donuts*…

ENTREVISTADORA: ¿También? El secreto, vienes del secreto…

ALBERT: Posiblemente… ya ha pasado mucho tiempo pero me siento muy orgulloso de haber formado parte de ese *spot* ¿no?

ENTREVISTADORA: Albert Moleón, ¿cuántas veces te habrán recordado lo de "¡ay va! Los *donuts*"?

ALBERT: Cuando te dejas los papeles en la oficina… siempre alguien te dice "y los *donuts*", ¿no? Es algo que se ha generado así… ¡mira!

ENTREVISTADORA: Y Albert, ¿cómo recuerdas aquella época? Porque, claro, en aquel entonces no eran muy conocidos, era un producto novedoso, supongo que eras privilegiado a la hora de probarlo y dirías "¡hombre! Esto va a romper"…

ALBERT: Sigue siendo el mismo, antes comentábamos, que sigue teniendo el mismo gusto, melancólico de cuando era pequeño, lo noto igual ahora ¿no? Pero son de aquellas cosas, lo recuerdas como un niño ¿no? Era diferente, era más divertido, eran otros tiempos…

ENTREVISTADORA: ¿Y alguna anécdota de la época? Supongo que te reconocerían por la calle…

ALBERT: Me acuerdo de que íbamos con mis padres y siempre que te conocía alguien, no sé por qué, te invitaba a *donuts*. Ibas a un bar y, oye… "eres el niño de los *donuts*, ¿quieres un *donut*?" y al final te salían los *donuts* por las orejas, ¿no? Y una anécdota muy buena fue… hubo un tiempo que había… trabajé con un cura que íbamos a geriátricos que había ancianos que no tenían dinero y la casa *Donut* me daba X cantidad de *donuts* y hacíamos una representación el sábado y repartíamos *donuts* a todos los ancianos que, claro, en aquel tiempo, posiblemente, no tenían, igual, ni televisión.

ENTREVISTADORA: Les escenificabas ahí en un momento la frase famosa…

ALBERT: Sí, y, entonces, se sentían ellos contentos y tal y repartías unos cuantos *donuts*.

ENTREVISTADORA: La televisión, bueno, jugó un papel fundamental en la promoción de los *donuts* ¿no? Aquel eslogan fue también muy popular… cuéntenos ¿fue difícil, fue costoso introducir un nuevo producto como los *donuts*?

JORDI: ¡Hombre! introducir un nuevo producto siempre es difícil ¿no? Y también depende del producto en sí mismo, de lo bueno que sea el producto y de cuán gancho tengan las campañas en sí ¿no? Y *Donuts* siempre ha contado con el sentido del humor o ha jugado con el sentido del humor en sus campañas, desde la primera, con Alberto, ¿no? Que recordando… "¡Anda, la cartera, anda los *donuts*!" a después posteriores campañas que siempre han utilizado este sentido del humor y, probablemente por eso es un producto que quizás es simpático ¿no? hacia la gente. Nuestros consumidores lo que nos dicen que les gusta más del producto es que convierte o su desayuno o su merienda en un momento donde se pueden abstraer ¿no? del mundanal ruido y disfrutar, aunque sea por pocos minutos, de algo tan bueno como un *donuts*.

ENTREVISTADORA: Bueno, pues muchísimas gracias tanto a Jordi como a Albert, ¡enhorabuena! Una vez más por haber llegado a estos 50 años de producto. Nosotros seguimos adelante después de…

[Extraído de *http://www.rtve.es/alacarta*]

PISTA 7

Tarea 4

Usted va a escuchar diez diálogos breves. Escuche cada diálogo dos veces. Después debe contestar a las preguntas (21-30). Seleccione la opción correcta (a / b / c).

Diálogo 1

MUJER: ¡Luis! ¿Sabías que la próxima semana viajo a China?

HOMBRE: ¡Anda ya! Qué guay.

MUJER: Sí. Me hace mucha ilusión, pero estoy un poco nerviosa porque me reuniré con unos potenciales inversores y no sé si lograré convencerlos. Es una cultura tan distinta…

HOMBRE: Nada de eso. Que te irá de maravilla. Donde fueres, haz lo que vieres.

PISTA 8

Diálogo 2

MUJER: Javi, ¿cómo va tu plan para solicitar un ascenso en el curro?

HOMBRE: La verdad es que ya ni siquiera pienso en ello, porque ha llegado una nueva jefa que pasa olímpicamente de mí.

MUJER: ¡No te desanimes, chico! El que la sigue la consigue.

PISTA 9

Diálogo 3

HOMBRE: ¿Ya viste qué guapa está nuestra nueva compañera del departamento de finanzas?

MUJER: ¡A poco te parece guapa! Yo la veo fea y presumida.

HOMBRE: ¡Ja, ja! ¡Te pusiste celosa!

MUJER: No, hombre. Es que no se me hace nada guapa. Pero bueno, sobre gustos no hay nada escrito.

PISTA 10

Diálogo 4

MUJER: Juan, Mariana se va de vacaciones mañana, así que necesito tu ayuda. Conducirás la reunión con sus clientes y les presentarás el nuevo plan de negocios. Luego atenderás todas sus dudas de forma individual. Ya sé que es difícil, pero es una situación especial…

HOMBRE: Descuide, jefa. Eso es pan comido.

PISTA 11

Diálogo 5

HOMBRE: Che, Romina. Mirá este test para averiguar si sos adicto al trabajo.

MUJER: ¿Qué boludez? ¿No me digas que lo hiciste? ¿Y qué te salió?

HOMBRE: Y… me salió que soy 100% adicto.

MUJER: ¡Ja! ¡Dio en el clavo!

PISTA 12

Diálogo 6

MUJER: Manolo, ¿es verdad que renunciaste?

HOMBRE: Sí… estaba agotado… tenía tanto trabajo que me lo tenía que llevar a casa, los compañeros eran envidiosos y competitivos y, la gota que colmó el vaso, es que me rechazaron la solicitud de aumento de sueldo que pedí.

MUJER: Uf… Qué faena…

PISTA 13

Diálogo 7

MUJER: Mario, te vengo a agradecer el contacto que me hiciste con tu amigo que trabaja en televisión. Lo llamé y me consiguió la entrevista y, ¿qué crees? ¡Me contrataron en el departamento de prensa!

HOMBRE: ¡Hombre, felicidades, qué buena noticia! Y no tienes nada que agradecer. Hoy por ti, mañana por mí.

PISTA 14

Diálogo 8

HOMBRE: Lucía, ¿cómo te cae el chico nuevo que contrataron?

MUJER: Pues… es majo, pero le hace la pelota todo el día al jefe.

HOMBRE: Mmm… no me había enterado… Yo pensaba que eran amigos…

MUJER: ¡Qué va!

PISTA 15

Diálogo 9

HOMBRE: ¿Por qué tenés esa cara, Claudia?

MUJER: Recién salí de una entrevista de laburo para un cargo que me tenía reilusionada, pero me dijeron que no tenía suficientes años de experiencia. Encima cortamos con mi novio y estoy resfriada. Ah… me llueve sobre mojado.

PISTA 16

Diálogo 10

MUJER: Como le decía, creo que mi desempeño este año en la empresa ha sido excelente, y que he trabajado con eficiencia en todo momento. He afrontado con éxito las dificultades derivadas de la crisis. Además, las evaluaciones laborales han sido muy favorables y…

HOMBRE: Vamos al grano, Celia. Qué la trae por aquí.

PISTA 17

Tarea 1

A continuación escuchará parte de una exposición en la que se habla de manera general sobre la posibilidad de trabajar desde casa. En la exposición se habla de algunas ventajas e inconvenientes. Escúchela dos veces. Durante la audición podrá tomar notas.

Después redactará un texto en el que deberá recoger los principales puntos de la misma y expresar de forma justificada su opinión al respecto.

¡Hola! ¡Buenas tardes! Gracias por entrar al blog… Eh… varias personas me han preguntado cómo es este tema de trabajar desde casa, eh… yo creo que es un tema superinteresante, déjenme compartir un par de ideas: hoy que mucho se hace en la computadora y que mucho se hace por *Skype*, por teléfono… eh… son muchas, y cada vez más, las empresas que descubren que las personas pueden trabajar desde sus casas. Sobre todo es conveniente para aquellas personas, de repente, que tienen hijos chicos, o que tienen un familiar mayor que cuidar, o que simplemente viven muy lejos del lugar de trabajo, o que se pasan horas en los micros, por gusto… Esta modalidad de trabajar desde casa se hace en el Perú también cada vez más popular. ¿Qué necesitan las personas, creo yo, que trabajan desde casa? Primero, una gran disciplina, porque la tentación en casa de distraerse con mil cosas es enorme. Otra, bueno, obviamente, un buen equipo tecnológico, pero normalmente las empresas se preocupan de eso. Luego, se requiere acuerdos claros: cómo quieres encontrarme, a qué horas, cómo esperas que reciba los trabajos, cada cuánto tiempo, qué cosas te gusta que yo haga, que cosas no te gusta que yo haga… porque dirigir a larga distancia requiere también en nuestro jefes un extra de trabajo que no todos los jefes saben, o les gusta, o han aprendido. Pero creo que proponer opciones de trabajar desde casa es cada vez más popular.

En casa también se requiere, obviamente, un espacio de privacidad que nos permita tener la tranquilidad del silencio, o, por lo menos, evitar la bulla, y, sobre todo, un espacio donde nos sintamos cómodos pero que no sea, obviamente, encima de la cama; porque, claro, parece rico y cómodo pero nos desenfoca y muchas veces nos quita esa sensación de profesionalidad que nosotros mismos necesitamos tener. Mucha gente que trabaja en casa que se ducha, se viste adecuadamente y se sienta en su mesa, su escritorio o donde bien le parezca y se pone un régimen de horas (de qué hora a qué hora voy a trabajar, a qué hora es el almuerzo…) y, como digo, se convierten en sus mejores propios jefes.

Ojalá más empresas se dieran cuenta del valor de hacer eso porque muchas más personas podrían entrar al mercado laboral… Así que propónganlo, a veces es una idea nueva e innovadora que no muchos jefes o empresas están dispuestos a escuchar, pero a veces vale la pena insistir un poco más y probar; y ver si es que son todos felices, si ustedes siguen siendo muy productivos, y permanecen empleables… Un par de *tips* para no perder eso, empleabilidad: uno, manténganse en contacto con la gente; no se aíslen, acuérdense de la importancia de la red de contactos y la gente con la que interactúan. Es importante estar visibles. Y, dos, tengan bien claro las reglas de juego. Y yo creo que con esas dos cosas en mente y un buen equipo tecnológico el trabajo en casa debería ser un placer y un gusto para todos.

Gracias, ¡Chao!

[Extraído de *https://www.youtube.com*]

PISTA 18
Tarea 1

Usted va a escuchar una conferencia de la que se tomaron las siguientes anotaciones. Luego deberá elegir para cada anotación (1-6) la opción correcta entre las que aparecen debajo (A-L).

Escuche la audición dos veces.

El primer foro de competitividad e innovación en el turismo se celebra dentro de la décimo sexta edición de la Feria Internacional de Turismo de Interior (INTUR), un año en el que, además, cobra un protagonismo muy especial el turismo, por el hecho fundamental de que estamos en un momento puntualmente importante a nivel mundial y no lo es menos también a nuestro nivel, a nivel turístico de la geografía española. Un año en el que cobra también un protagonismo muy especial el concepto de globalización aplicado al turismo, el concepto de innovación y el concepto de competitividad. Tres ámbitos que, sin ninguna duda, también, configuran un nuevo modelo turístico, también bajo el paraguas de lo que ya se viene denominando como el nuevo *marketing*, el *marketing 3.0*.

¿Cuáles son los aspectos que han de mejorarse si pretendemos subir posiciones en el *ranking* de la competitividad global turística? En primer lugar yo creo que es importante, y así es como se manifiesta desde los ámbitos profesionales del sector a todos los niveles, regenerar nuevos productos turísticos. Y digo regenerar porque verdaderamente no se trata de desechar los productos turísticos que ya son clásicos dentro del panorama turístico español, pero sí es importante el hecho de pensar en cómo hacer de estos productos, [productos] más atractivos a la hora de pensar en el público final, a la hora de pensar en el turista. Y si hemos de hacer más competitivos nuestros productos, hemos de hacer, también, mucho más competitivos nuestros servicios turísticos. Y para hacerlos más competitivos, habremos de tener en cuenta que hay que tener siempre en el horizonte la relación de la calidad y del precio para que ninguna de estas dos se escapen de los niveles de competitividad. Con esto mejoraremos, sin ninguna duda, nuestros niveles competitivos y esto no será en ningún caso posible si no mejoran, si no se hacen más estratégicas las relaciones de cooperación entre lo público y lo privado.

La marca turística de España también está en un momento de cambio, me van a permitir que de más de en un momento de cambio hablemos de un momento de reconfiguración de la marca y es ahora, precisamente, donde el turismo de interior, los productos, los servicios, los destinos, la calidad de los productos, de los servicios y de los destinos del turismo de interior español cobre ese protagonismo que históricamente no ha tenido a la hora de vender nuestro país fuera de nuestro país. En definitiva, un momento histórico para que el turismo de interior deje de ser ese hermano pobre del turismo español y pase a tomar los puntos de partida y la *pole position*, por utilizar el término del mundo automovilístico, en el *ranking* competitivo de la marca turística española.

Hemos tratado de llevar a un grupo de expertos en la materia de la marca para que conjuntamente con todos aquellos que participen en el foro, podamos trasladar a las instituciones responsables de esta reconfiguración de la marca España aquellos aspectos que pueden favorecer al turismo de los destinos de interior y con ello favorecer también a una mayor pluralidad y a una mayor globalización de la oferta de la marca turística de España.

El grupo Pasión por el Turismo y la feria de Valladolid, configuran INTURTECH, un espacio de debate, de reflexión para profesionales, para medios de comunicación, para emprendedores, para hoteles, para restauradores… para todos aquellos que tengan algo que decir y con quien, sin ninguna duda, hay que contar, pensando en el futuro turístico de España y en el futuro turístico de los destinos.

[Extraído de *https://www.youtube.com*]

PISTA 19
Tarea 2

Usted va a escuchar cuatro conversaciones. Escuche cada conversación dos veces. Después debe contestar a las preguntas (7-14). Seleccione la opción correcta (a / b / c).
Conversación 1

MUJER: ¡Este año no nos quedamos sin vacaciones! ¡Ya está bien de tanto trabajar!

HOMBRE: Sí que te lo has tomado en serio… habrá que ver si nuestros ahorros son suficientes…

MUJER: Vamos a ver Miguel… yo creo que nos merecemos un descanso después de todo el año "pringaos" con los trabajos. Además, llevamos dos años sin vacaciones, ¡ya está bien! Vamos a "rascarnos el bolsillo" y punto.

HOMBRE: Vale, ¡no se hable más! ¿A dónde te apetece ir de vacaciones? ¿Mar, montaña?

MUJER: Mmmm… pues llevo unos días dándole vueltas a la idea de viajar al norte de Europa. ¿Qué te parece Dinamarca?

HOMBRE: ¡Me dejas helado! Yo pensaba que al hablar de vacaciones te referías a no hacer nada: tumbarnos al sol en un chiringuito de playa con una clarita fresquita y escuchando música todo el día…

MUJER: ¡Ay chico, que típico todo! ¡Quita, quita! Esas son las vacaciones que hemos tenido toda la vida. Ahora hay que estar más al día. Los países nórdicos "son tendencia", todas las guías de viaje los recomiendan y Mari y Pedro estuvieron allí el año pasado: ¡vinieron encantados!

HOMBRE: ¡Ah! Ahora entiendo… Tú quieres ir a Dinamarca porque tus amigos han estado allí, y como van de modernos… ¡Ni hablar! Para ir de vacaciones a un lugar sin sol ni playa ni cervecitas frías, ¡no cuentes conmigo!

MUJER: Desde luego, Miguel, ¡qué básico eres cuando te lo propones! ¿De verdad no te apetece conocer otra cultura y disfrutar de unos días fuera de la rutina?

HOMBRE: Sí, claro que me apetece, pero yo soy más mediterráneo… ¿Por qué no vamos a Italia? Allí hay sol, cerveza, playas y también puedes conocer otra cultura…

MUJER: ¡Qué morro tienes! Italia es un país estupendo pero yo creo que podemos dejarlo para más adelante. El cuerpo me pide viajar a un lugar más original.

HOMBRE: Cuando dices original, quieres decir lejano y extraño, ¿verdad?

MUJER: Algo así, pero la palabra no es extraño, es exótico.

HOMBRE: Ya estamos dándole la vuelta a todo… Pues, ¿sabes lo que te digo? ¡Que para exótico yo! ¡Nos vamos a Dinamarca a ver si el salmón es tan bueno como dicen!

MUJER: ¡Jajajaja! El salmón es noruego, Miguel, ¡no te enteras de nada!

HOMBRE: Digo yo que en Dinamarca también habrá salmón, ¿no? Pues, ¡hala! A meter la bufanda en la maleta…

PISTA 20
Conversación 2

TURISTA: ¡Hola, buenos días! Disculpe, ¿voy bien por aquí para la catedral?

PEATÓN: No, va usted en dirección contraria…

TURISTA: ¡No me diga! Es usted la tercera persona a la que le pregunto y no soy capaz de llegar…

PEATÓN: Tiene que dar la vuelta y recorrer toda la Rúa Mayor hasta llegar a una pequeña plaza. Desde allí ya verá la catedral. Es muy fácil.

TURISTA: Y, ¿a cuánto tiempo estoy más o menos?

PEATÓN: Yo diría que a unos 10 o 15 minutos.

TURISTA: Lo bueno de esta ciudad es que se puede recorrer de punta a punta caminado en un suspiro…

PEATÓN: Sí, es una ciudad muy cómoda. ¿De dónde viene usted?

TURISTA: Del norte, de tierra de pastos. Soy asturiana.

PEATÓN: ¡Me gusta mucho Asturias! ¡Qué bien se come por allí!

TURISTA: De eso tenemos fama… Hablando de comida ¿dónde puedo comer algún plato típico de la zona? Tengo muchas ganas de probar la comida castellana. Me han dicho que es muy buena, sobre todo en días como este. ¡Qué frío!

PEATÓN: ¡Uf! La ciudad está llena de sitios en los que puede comer. Los menús del día son buenos y bastante baratos. Aquí a la vuelta, en una calle estrecha con edificios bajos, podrá encontrar un montón de restaurantes donde comerá muy bien.

TURISTA: ¿Qué me recomienda?

PEATÓN: Hay muchas cosas, pero en un día como hoy cualquier plato caldoso le vendrá bien. Para entrar en calor, ya sabe…

TURISTA: Seguro, estaba pensando en algo así. Y después en un buen chuletón, ¿qué le parece?

PEATÓN: Perfecto. Es usted una turista informada. *(Risas)*

TURISTA: Me gusta aprovechar todas las buenas oportunidades cuando viajo. Oiga, muchas gracias por la información. Ha sido usted muy amable.

PEATÓN: De nada, mujer. Disfrute de la ciudad, seguro que repite.

TURISTA: ¡Adiós, buenos días!

PEATÓN: ¡Adiós, adiós!

PISTA 21
Conversación 3

ERNESTO: ¿Hola?

CAROLINA: Hola, Ernesto, ¿cómo andás? Habla Carolina.

ERNESTO: ¡Ah! ¡Hola, Carolina! Contame, ¿hay novedades sobre la visita?

CAROLINA: Ya está todo preparado. Hablé con el encargado de la bodega para confirmar la hora de llegada. Todos los billetes están reservados y vos solo tenés que identificarte.

ERNESTO: ¡Sos genial! Estoy seguro de que el grupo de turistas va a quedar muy satisfecho con la actividad. Decime una cosa: al final, ¿va a haber tiempo para hacer una cata de vinos? Estaría rebueno poder probar el vino y aprender todo lo necesario para apreciarlo…

CAROLINA: Mmm… Todavía no lo sé, Ernesto. Yo lo consulto, dejame que llame a la bodega y a lo largo de esta tarde te cuento, ¿ok? Espero que no haya problema con eso, pero prefiero indagarlo, ¿entendés?

ERNESTO: Claro, por supuesto. No hay problema con eso. Yo espero noticias, ¿ok? Otra cosa Carolina, necesito transporte para dos personas más de las que te comenté. A última hora dos nuevos socios se interesaron por la actividad. ¿Hay algún problema?

CAROLINA: Eeeeh… no sé. Es un poco apurado, pero creo que no. Dejame ver la computadora… ¡Ah! No hay problema, ¡sos un suertudo! Todo arreglado. ¿Alguna cosa más, Ernesto?

ERNESTO: Sí, una cosa muy importante… Venite a la visita con nosotros. Seguro que la pasás rebién…

CAROLINA: ¡Dale, Ernesto! Voy a intentar pedir el día libre en el trabajo.

ERNESTO: ¡Buenísimo, Caro! No se hable más. Gracias por las gestiones. Sin tu ayuda esto no sale. Nos vemos, ¿ok?

CAROLINA: Un placer ayudarte. La verdad que sos un gran amigo. Contactamos, ¿ok?

ERNESTO: Chao, linda.

CAROLINA: Chao.

PISTA 22
Conversación 4

ASISTENTE: Disculpe, señora, ¿puede colocar aquí su maleta?

SEÑORA: Sí, claro.

ASISTENTE: Mmmm… ¡a ver! Esta maleta supera el límite de peso permitido por esta compañía. Lo siento, tiene que quitar peso o tendrá que facturarla.

SEÑORA: ¡No me diga! ¿Cuánto peso se pasa?

ASISTENTE: 1,6 kg.

SEÑORA: ¡Qué faena! Y ahora, ¿qué hago yo? Oiga, ¿no puede hacer la vista gorda?

ASISTENTE: No señora. Si la hiciera cada vez que alguien me lo pide, el avión nunca podría despegar por sobrepeso. Le aconsejo que facture su maleta o, si lleva algún alimento perecedero, lo consuma en la terminal. Todavía falta media hora para el cierre de la puerta de embarque.

SEÑORA: ¡Vaya! Pues no me va a quedar otra que comerme un caja de galletas que he comprado para mi nieta… ¡qué lástima!

ASISTENTE: Lo siento señora pero no puedo hacer nada.

SEÑORA: Ya, ya. Lo entiendo.

ASISTENTE: Allí puede sentarse y quitar peso de su maleta. Cuando vuelva, se la volveré a pesar para comprobar si todo está en regla.

SEÑORA: Oiga, ¿le apetece una galleta? Son de mantequilla y ligeramente tostadas. Estoy segura de que están riquísimas.

ASISTENTE: Muy amable, señora, pero ahora estoy trabajando. No puedo comer.

SEÑORA: ¡Claro! Disculpe. Entonces le voy a regalar la caja de galletas para que las coma después con sus compañeros, ¿qué le parece?

ASISTENTE: Muchas gracias, señora, pero no se moleste. Gracias.

SEÑORA: Es que yo ahora no puedo comerme toda la caja de galletas. Soy diabética, ¿sabe?

ASISTENTE: Lo entiendo, lo siento. Entonces tendrá que tirarla…

SEÑORA: ¿Tirarla? ¿Con lo que me ha costado? Son unas galletas buenísimas. No las puedo tirar…

ASISTENTE: Oiga, señora, ¿sabe qué le digo? Pase usted con la maleta y las galletas. Se pasa usted kilo y medio, ¡qué le vamos a hacer!

SEÑORA: ¿De verdad? Muchas gracias, hijo. Es usted un cielo.

ASISTENTE: De nada. Que disfrute del viaje.

SEÑORA: Muchas gracias.

PISTA 23
Tarea 3
Usted va a escuchar una tertulia sobre el turismo sostenible. Después debe contestar a las preguntas (15-20). Seleccione la opción correcta (a / b / c).
Escuche la entrevista dos veces.

ENTREVISTADORA: Empezamos preguntándonos si se han detenido a pensar en cuánto contaminan nuestras actividades estivales de ocio, quién protege la salud del planeta durante las vacaciones o si la conciencia ecológica se relaja en verano. Vamos a buscar las respuestas con nuestros invitados. Hablaremos de ello con Ana Torres Delgado, que es profesora de turismo y territorio de la Universidad de Barcelona… ¿qué tal? ¡Bienvenida Ana!

ANA: Gracias.

ENTREVISTADORA: Saludamos también a Jesús Martín de la asociación de turismo sostenible *Ethnic*, ¡Bienvenido al programa, Jesús!

JESÚS: ¡Buenos días, gracias!

ENTREVISTADORA: Y por último también nos acompaña Elisabeth Ferrer, directora del hotel *Alimara* ¡Bienvenida, Elisabeth!

ELISABETH: ¡Buenos días!

ENTREVISTADORA: ¿La movilidad turística contribuye, pues, al cambio climático? Esa es una de las primeras preguntas que les haríamos a nuestros invitados, Jesús.

JESÚS: Es evidente que sí, que la actividad turística implica una contaminación muy grande… entonces es muy importante que, cuando nosotros salgamos de vacaciones, tengamos en cuenta cuál es el impacto que estamos teniendo y cómo podemos reducirlo.

ENTREVISTADORA: Porque, claro, nos relajamos tanto que quizá relajamos cosas que no deberíamos ¿no? y deberíamos tener en cuenta más esa conciencia, ¿no?

ANA: Sí, de hecho, yo quiero… también querría remarcar que la movilidad turística es uno de los componentes con más impacto ambiental del turismo. Para dar algunos datos, entre un 4 y un 6% de los gases de efecto invernadero son producidos por el turismo y, dentro del turismo, el 75% responde a la movilidad turística… a los aviones…

ENTREVISTADORA: Que generan las personas…

ANA:… exacto, el desplazamiento turístico de las personas es un 75% de las emisiones del sector turístico, por tanto es uno de los impactos ambientales con más peso dentro del sector… por esa razón, pues motivo de más como para cómo podemos pues… minimizar este impacto ¿no? cómo podemos viajar de manera más sostenible, qué opciones tenemos.

ENTREVISTADORA: ¿Qué es lo que piensa Elisabeth?

ELISABETH: No, yo creo que este tema también se tiene que ir trabajando desde el punto de vista de formación, de formar a todas las personas, ya desde pequeñitas, y que te tengamos todos esta conciencia de cómo queremos luego desarrollar nuestro turismo personal, ¿no? A parte de lo que ya apliquemos en nuestro entorno profesional. Pero como tú te muevas o te desarrolles luego como individuo a nivel de ocio, también tendrá un impacto muy importante en el sistema, ¿no?

ENTREVISTADORA: Pero, claro, hay quien ofrece soluciones muy sencillas… no te muevas… no te muevas de casa o mira documentales o proporciónate, no sé, otros placeres que no tengan este coste ambiental.

JESÚS: Claro, esa no es la solución…

ENTREVISTADORA: Es iluso ¿no?

JESÚS: Correcto y más en el contexto en el que estamos viviendo, ¿no? que de alguna manera, los viajes *low cost*, la movilidad que tenemos para ir por todo el mundo, ¿no? Yo creo que más está en la concienciación de cada uno de nosotros, ¿no?, en el hecho de saber que tenemos que ser responsables en nuestra manera de viajar, ¿no?, y en ese sentido lo que es importante es tener conciencia. Saber cómo podemos reducir esos impactos negativos, intentar de alguna manera ser responsable cuando estamos de vacaciones y, a partir de aquí, trabajar en esa línea.

ENTREVISTADORA: Y no solo eso, por ejemplo, si ya nos hemos desplazado y llegamos al lugar donde pasaremos unos días de descanso… puede ser, por ejemplo, el caso de una segunda residencia y en esta segunda residencia…eh… nuestra actitud cambia, ¿no?, como son unos pocos días y realmente se ocupa el tiempo que estemos de vacaciones… eso también tiene sus consecuencias, hay que planteárselo, ¿no?

JESÚS: Sí, evidentemente, yo creo que es lo que hablábamos al principio de esa relajación de la conciencia ecológica ¿no? y en el hecho de que cuando nosotros estamos de vacaciones no prestamos tanta atención. Es un momento que nosotros tenemos de ocio y, por lo tanto, esa conciencia queda… queda disminuida…

ENTREVISTADORA: De vacaciones…

JESÚS: De vacaciones… y cuando estás de vacaciones, por lo tanto, no tienes que tener esa actitud. Yo creo que eso es muy importante, eh… tema de consumo de agua, tema de creación de residuos, todo esto son temas que hay que tener muy en cuenta en nuestras vacaciones.

ENTREVISTADORA: Porque, claro, ¿Cuál puede ser la alternativa a esta ocupación, podríamos decir, tan mínima, de unas viviendas? A partir de ahí ¿qué es lo que se puede hacer? O ¿cómo nos podríamos plantear intentar mejorar?

ELISABETH: A ver, yo creo que hay tema… que con las residencias también se pueden aplicar políticas igual que aplicamos en los hoteles, porque en los hoteles ya, en general, todos aplicamos muchas de respeto con el medio ambiente, con relación a mil cosas…

ENTREVISTADORA: ¿Por ejemplo?

ELISABETH: O sea, las toallas, ah… nosotros ya tenemos muchos sistemas ya mecanizados y automatizados para que las luces no estén encendidas todo el día para que si el cliente abre la ventana de la habitación, pues que el aire acondicionado se pare… o sea, hay toda una serie de sistemas que ya te ayudan, o sea, el caudal de la ducha ya lo regulas para que no te… tú tienes la sensación de que te estás duchando con mucha agua pero, en realidad, no es tanta… bueno, toda una serie de sistemas que las residencias, o los apartamentos, o lo que sea, que pudieran aplicar este tipo de políticas ah… en sus establecimientos porque no deja de ser un establecimiento, también.

ANA: De hecho, yo creo que también es interesante, aparte de estas políticas más domésticas, también luchar contra la estacionalidad. De hecho, la segunda residencia se calcula que se ocupa alrededor de 30 días al año.

ENTREVISTADORA: Bueno pues muchísimas gracias a Ana Torres Delgado, a Jesús Martín y a Elisabeth Ferrer por estos consejos sobre las vacaciones y la sostenibilidad de nuestro entorno, gracias.

JESÚS: Gracias.

ELISABETH: Gracias.

JESÚS: Buenos días.

[Extraído de *http://www.rtve.es/alacarta*]

PISTA 24
Tarea 4
Usted va a escuchar diez diálogos breves. Escuche cada diálogo dos veces. Después debe contestar a las preguntas (21-30). Seleccione la opción correcta (a / b / c).
Diálogo 1
HOMBRE: ¡Mira, Irene! Aquí hay ofertas de alquiler para vacaciones en Cozumel. Tenemos que elegir si queremos casa o apartamento.

MUJER: ¡Hombre! ¡Menuda diferencia! Pues no hay duda de que vamos a un piso. Una casa cuesta un ojo de la cara.

PISTA 25
Diálogo 2
HOMBRE: Vaya cara que llevas, Laura. ¿No querías salir de vacaciones?

MUJER: Pues la verdad es que sí. Tenía ganas. Pero como no me dejaste traer el ordenador, ahora estoy de los nervios sin poder conectarme.

HOMBRE: Ufff… Había leído sobre el "síndrome de adicción a internet" en adolescentes, pero ahora veo que existe.

PISTA 26
Diálogo 3
MUJER: ¡No sabía que te ibas de vacaciones a Europa, Fernando!

HOMBRE: Pues sí. Me voy un mes completito.

MUJER: ¡Órale, qué padre! Qué vida tienes, ¿eh? Oye, ¿y qué lugares vas a visitar?

HOMBRE: Solo estaré en Londres y Madrid. Ya sabes… quien mucho abarca, poco aprieta.

PISTA 27
Diálogo 4
MUJER: ¡Camarero!

HOMBRE: Sí, señora, dígame.

MUJER: Mire, me acaban de traer esta sopa ¡y tiene un pedazo de plástico adentro! Y, por si fuera poco, está heladísima…

HOMBRE: ¡Qué me dice! ¡Lo siento muchísimo! Ahora mismo le traigo otra sopa.

MUJER: Vale, pero además haré un queja formal. Dos faltas así de graves en un día… No es de recibo.

PISTA 28
Diálogo 5
HOMBRE: ¡Jo, qué haces, Elisa!

MUJER: Ufff… trato de meter en mi maleta todas las cosas que faltan, cariño…

HOMBRE: ¡Cómo sois las mujeres! Esos cuatro pares de zapatos no entran ni en sueños.

MUJER: ¿Que no? Pues ya verás.

PISTA 29
Diálogo 6
MUJER: ¡Qué buena está el agua! ¿Y Silvia? ¿No viene a bañarse con nosotros?

HOMBRE: Mmmm… Creo que no… Está muy a gusto ligando con un chico en la orilla…

MUJER: ¡Pablo, no te pases! Solo están conversando.

HOMBRE: ¡Ay, Alejandra! A otro perro con ese hueso…

PISTA 30
Diálogo 7
MUJER: ¡Qué ilusión irnos de acampada! ¿Qué falta por poner en la mochila?

HOMBRE: Vamos a ver… llevamos la tienda, los sacos de dormir, repelente de mosquitos…

MUJER: Pues no se diga nada más. ¡Estamos listos!

HOMBRE: Sí… aunque deberíamos llevar también un impermeable, por si las moscas.

PISTA 31
Diálogo 8
HOMBRE: Oye, me encanta tu traje de baño.

MUJER: ¿Está bonito, verdad?

HOMBRE: Sí, ¡y te queda padrísimo!

MUJER: ¡Ay, Marcos! Vas a hacer que me ponga roja…

PISTA 32
Diálogo 9
MUJER: ¡Uf, qué calor! Voy a pedirme un té helado.

HOMBRE: ¡Es una buena opción para el verano! Pero prefiero un café helado, que es la bebida que más me refresca. Como estoy que muero de calor y de sueño, pues así mato dos pájaros de un tiro.

PISTA 33
Diálogo 10
MUJER: ¡Qué buena tu idea de irnos a esquiar el fin de semana, Manolo! Ahora tenemos que ver los detalles. Yo creo que es más cómodo ir en tren que en autobús.

HOMBRE: Desde luego, María. Por cierto, ¿sabes cuánto vale el billete de autobús?

PISTA 34
Tarea 1
A continuación escuchará una parte de un monólogo en el que se exponen algunos puntos de vista en torno a viajar en avión. Escúchela dos veces. Durante la audición podrá tomar notas. Después redactará una argumentación en la que deberá recoger los puntos principales de las posturas presentadas y expresar de forma justificada su punto de vista.

¡Sí! Soy de ese tipo de personas a la que le sudan las manos y le tiemblan hasta las pestañas cuando llega la hora de coger un avión. Oye, que no os riais, que seguro que a la mayoría de vosotros también os pasa. Mira, yo ahora mismo cojo un avión y cuando estoy en medio del vuelo, me levanto y pregunto "¿quién tiene miedo aquí?" Y seguro que la mayoría me dicen "a mí me tiembla todo". Así que, bueno, vamos a por los consejos para viajar en avión.

El dato: ¿sabíais que, aproximadamente, el 20% de la población, cuando tiene que coger un avión sufre aerofobia?

Primero: infórmate de las condiciones del billete. Normalmente las compañías aéreas en caso de cancelación te ponen una multa, así que fíjate bien en eso. A veces, lo barato sale caro (qué gran frase).

Segundo punto: haz bien la maleta. Muy importante, llévate solo lo necesario y pregunta el clima que va a hacer en tu lugar de destino porque las compañías aéreas están un poquito quisquillosas con eso del exceso de equipaje.

Tercer punto: utiliza ropa cómoda. Todos queremos ir súper guapos cuando vamos viajando en avión como si nos fuéramos a encontrar el amor de nuestra vida colgando de una nube, pero no. Eso no existe. Así que ropa cómoda y calzado cómodo. Nada de chándal con tacones, eh.

Cuarto punto: ¿cómo afrontar las turbulencias? Si durante el vuelo hay muchas turbulencias, pues coges la almohada, te la pones en el abdomen, aprieta fuertemente el cinturón… así disminuye un poco la sensación de "esto se cae", que no se cae, que te lo digo yo que no se cae.

Quinto punto: aerofobia; volar es 20 veces más seguro que ir en coche, imagínate… pero bueno, si aun así sigues teniendo miedo a volar, mira, yo te recomiendo que vueles por la mañana, que te acerques a la salida de emergencia y que te quites los zapatos. Ya verás como así te va mejor…

Recapitulemos: mira bien las condiciones de tu billete, optimiza tu maleta, utiliza ropa cómoda cuando vayamos a volar, si hay turbulencias, te pones una almohada en el abdomen y aprietas fuerte el cinturón y, si puedes, elige viajar durante el día.
Nos vemos a la vuelta, ¡chao!

[Extraído de *https://www.youtube.com*]

PISTA 35
Tarea 1
Usted va a escuchar una ponencia de la que se tomaron las siguientes anotaciones. Luego deberá elegir para cada anotación (1-6) la palabra o fragmento de frase correspondiente entre las doce opciones que aparecen debajo (A-L).
Escuche la audición dos veces.

Bueno, ¡Buenas noches a todos! Un placer estar aquí ¿Por qué *Diverxo* es el restaurante del país de Nunca Jamás? Es muy fácil ¿no? Siempre hemos estado absolutamente obsesionados por conseguir que *Diverxo* sea un sitio único, único en todos los aspectos del ámbito gastronómico, incluso, del ámbito empresarial ¿no? Eh… yo creo que esto tiene un mensaje eh… brutal ¿no? Yo creo que esto tiene un mensaje que trasciende del plano gastro-

nómico al plano social eh… *Diverxo* es un sitio que se montó con muy poquitos medios, siempre teníamos claro qué queríamos conseguir, siempre tuvimos claro que si hacíamos algo absolutamente diferente, daba igual el envoltorio, daba igual el continente, lo importante iba a ser el contenido… y así fue ¿no? montamos un restaurante pequeño, feo, mal ubicado, con una comida superarriesgada… y, además, el cocinero era yo, que muchas veces la gente me preguntaba si estaba mi padre cocinando y yo le estaba ayudando o realmente era yo el que estaba al frente de la cocina. En muy poco tiempo llegó el éxito, supimos gestionarlo muy bien, fuimos capaces de medir muy bien los tiempos, tuvimos muy claro qué queríamos hacer y qué no queríamos hacer, que en aquella época quizás fue lo más complicado ¿no? Un chaval que venía de vivir en Londres eh… casi seis años y abría un restaurante y se encontraba con ese éxito tan brutal… Y al final nos encontramos con que pasa el tiempo, conseguimos un montón de premios y reconocimientos, que para nosotros no ha sido más que la consecuencia de lo que hacemos y no el fin, que yo creo que es parte de mantener los pies en el suelo cuando nos han pasado tantas cosas tan fantásticas tan maravillosas ¿no? La sensación de que actualmente estamos consiguiendo algo muy importante —cuando yo decía que trascendía al plano social, más allá del ámbito gastronómico— es porque *Diverxo* muestra que se puede conseguir un sueño; que se puede perseguir ese sueño con muy pocos medios se puede lograr. *Diverxo* muestra que hay un camino alternativo en el que solamente hemos apostado por el talento, por una actitud absolutamente ganadora y ambiciosa y siempre mirando al frente, y porque hemos apostado que el… quizás el progreso para nosotros siempre está vinculado a la creatividad, a la innovación y a la vanguardia ¿no?

Yo creo que una de las cosas más eh… electrizantes o pasionales a nivel de esa creatividad como mensaje de progreso, yo creo que es la parte más artística que tiene la cocina en la cual tú visualizas algo en tu mente y solamente eres capaz de visualizarlo tú, incluso en ese mundo casi onírico que te creas en tu propia cabeza, eh… por mucho que se lo cuentas a la gente que te rodea, nunca lo va a lograr entender. Yo creo que el momento más excitante… que sientes… una sensación de triunfo personal absolutamente increíble yo creo que es cuando ese mundo onírico que has creado en tu cabeza a nivel creativo, buscando esa autenticidad, ese mensaje único, esa cosa que solamente seas capaz tú de hacer, en este caso en este restaurante que es *Diverxo*, eh… y lo plasmas y lo llevas a cabo, yo creo que esa es la parte más artística y más espectacular que tiene la creatividad en la cocina… que luego, además, el eterno debate de si la cocina es arte o no yo creo que en un restaurante como *Diverxo* está muy delimitado ambas partes ¿no? Yo creo que hay una parte muy artística que es esta de la que yo estoy explicando que es ese mundo onírico que te imaginas creando, porque al final, todo lo que hay en *Diverxo*, no solamente hablo de la comida, hablo de cerdos voladores, es decir, las mesas en *Diverxo* están decoradas con cerdos voladores, es nuestro centro de mesa ¿no? Ya es una declaración de intenciones muy metafórica de qué va a ocurrir en el restaurante. Quizás esa parte es la parte más artística pero luego hay una parte eh… muy artesana que es la de llevar a cabo esas ideas, esa creatividad, ese mundo que tú te has construido en tu cabeza… y aquí entra parte de la actitud ¿no? de la actitud que en *Diverxo* siempre hemos hecho gala y creo que ahora nos hartamos de comunicar ¿no?, que es esa actitud de siempre mirar al frente, esa actitud de siempre querer más, de siempre buscas el progreso ¿no? Que las cosas pueden estar muy bien pero la actitud tiene que ser que pueden estar mejor ¿no? Y para terminar, yo creo que la prueba de que los sueños se pueden materializar, de que el país de Nunca Jamás existe y se llama *Diverxo* es todo lo que está pasando alrededor nuestro desde hace ya seis años y dónde nos encontramos ahora.

[Extraído de *http://rtve.es/alacarta*]

PISTA 36

Tarea 2

Usted va a escuchar cuatro conversaciones. Escuche cada conversación dos veces. Después debe contestar a las preguntas (7-14). Seleccione la opción correcta (a / b / c).

Conversación 1

MANUELA: ¡Me encanta el arte contemporáneo! La próxima semana los compañeros de clase nos reuniremos para ir a ver la nueva exposición que ha montado el Museo de Arte Moderno. ¡Qué ganas!

MIGUEL: ¡Jo! Pues yo cada vez que voy me deprimo más… ya no sé si es arte o me están tomando el pelo.

MANUELA: Tú siempre con tus comentarios jocosos… Si no te gusta es porque no lo entiendes. Deberías venir con nosotros y así te enterarías de qué va el rollo.

MIGUEL: ¡Sí, hombre! Para que me pongáis la cabeza como un bombo… que no sabéis cuándo dejar de hablar de arte. Además, no me gustan las conversaciones en las que tengo que callarme y asentir como un tonto.

MANUELA: Tú te lo pierdes. Yo solo lo decía para que pasáramos un rato juntos en el museo…

MIGUEL: Ya, ya.

PISTA 37

Conversación 2

BORJA: ¿Te vienes a ver la última de Urbizu?

ESTHER: ¿Cuándo? ¿Hoy?

BORJA: ¡Claro! Iba ahora a pillar las entradas y pensé que te interesaría…

ESTHER: Pues no sé. Mira que siempre te empeñas en ir a ver pelis españolas… con lo poco que me gustan…

BORJA: ¡Anda! Si esta es de lo mejor, ¡ya lo verás! Acción en estado puro y unos diálogos para partirte de risa… ¡no seas muermo!

ESTHER: Si me la vendes tan bien, no me queda otro remedio que aceptar la invitación…

BORJA: ¡Esa es mi Esther! Seguro que te gusta y me das las gracias por haberte traído arrastras a verla.

ESTHER: ¡No te pases! Has insistido un poco, pero como has visto no me he hecho mucho de rogar…

BORJA: Será que en el fondo tenías ganas de ver cine español *(risas)*. A ver si te va a gustar más de lo que dices…

ESTHER: Será que de tanto insistir me estás haciendo una experta en cine español, ¡no te digo!

BORJA: Bueno, entonces ¿a qué hora te va bien?

PISTA 38

Conversación 3

MATÍAS: ¿Qué hay Luci? ¿Qué estás escuchando?

LUCÍA: Me he bajado la última canción de Enrique Iglesias, no puedo parar de escucharla…

MATÍAS: ¡Ándale! ¡Andas metiéndote con la justicia! ¿No sabes que eso es ilegal?

LUCÍA: ¡Qué me estás contando! ¿Lo dices en serio? ¿Qué formalito eres, Matías! Debes de ser el único en el planeta Tierra que no se baja las canciones de internet…

MATÍAS: Este… pues claro que me las descargo, ¡no inventes! Me estaba burlando nomás… siempre caes en la trampa amiga.

LUCÍA: ¡Qué gracioso! Pues te diré que he pensado muchas veces que lo que hacemos no está bien. Y si la música fuera más barata, yo me compraría los discos… Lo digo en serio.

MATÍAS: ¡Ay, ay! ¡No digas! Pues claro que está regacho pero no me des el sermón…

LUCÍA: Vale, vale… pero has empezado tú con tu bromita y ahora no quieres escuchar la verdad… ¡eres de lo que no hay, Matías!

MATÍAS: ¡Ay, Lucía! Yo también te quiero mucho, ¡y lo sabes! *(Risas)*

LUCÍA: Sí, lo sé.

PISTA 39

Conversación 4

ANTONIO: ¿Vas a tardar mucho?

CONCHI: En cuanto termine este capítulo apago la luz. Es que está superinteresante, ¿sabes?

ANTONIO: ¡Sí que estás tú enganchada a esa dichosa novela! La tendré que leer a ver qué es lo que tiene de interesante.

CONCHI: ¿Tú? Pues ya puedes leerla durante el día porque como te dé por intentarlo de noche y en la cama… ¡te quedas frito en menos de lo que canta un gallo!

ANTONIO: ¡No seas exagerada! Si la novela está bien y me gusta también puedo leerla por la noche. Eso sí, mejor en el sofá que en la cama. Es que yo es acostarme y ponerme a roncar…

CONCHI: No hace falta que lo jures… Si la que aguanta tus ronquidos soy yo. ¿O ya se te ha olvidado?

ANTONIO: Que no, mujer… Ya lo siento ¿Qué quieres que le haga?

CONCHI: Pues estaría bien que te engancharas a este libro y te quedaras leyendo todas las noches. Así me dormiría yo antes que tú y problema resuelto. *(Risas)*

ANTONIO: Bueno, en cuanto termines de leerlo, lo intento… ¡Todo sea por la cultura! *(Risas)*

CONCHI: Por la cultura y por mi descanso, Antonio, también por mi descanso.

ANTONIO: ¡No tienes remedio! Buenas noches, qué descanses.

CONCHI: ¡Ja! Todo dependerá de ti.

PISTA 40

Tarea 3

Usted va a escuchar una tertulia sobre arte contemporáneo. Después debe contestar a las preguntas (15-20). Seleccione la opción correcta (a / b / c).
Escuche la entrevista dos veces.

PRESENTADOR: Pues para hablar de arte contemporáneo en el coloquio de hoy participan en la mesa de *Para todos La 2* Arnau Puig, sociólogo, ha sido profesor en la Facultad de Filosofía y Letras de la Universidad de Barcelona. También nos acompaña Rafael Tous, coleccionista de arte, es, según entendidos, el coleccionista que dispone [de] una de las mejores colecciones de arte conceptual en España y, por último, Jorge de los Santos, artista plástico habitual en nuestros coloquios de filosofía de vida. ¡Muy buenas tardes a los tres! ¡Bienvenidos!

TODOS: ¡Buenas tardes!

PRESENTADOR: Me gustaría empezar arrancando por una pregunta que creo que se plantea mucha gente: ¿qué es realmente el arte contemporáneo? ¿Se podría definir? Señor Tous…

RAFAEL: Bueno, yo creo que el arte contemporáneo es el arte, esta es una definición de catálogo, que se hace hoy en día. O sea, el contemporáneo es ahora. Lo que pasa es que hay una confusión con el arte contemporáneo en el sentido de que obras, por ejemplo, de 50, 100, 200 años todavía se está diciendo que son arte contemporáneo y no, el arte contemporáneo para mí es el arte actual, aún así, yo le llamaría más arte actual que arte contemporáneo, el contemporáneo es como más extensivo.

PRESENTADOR: Señor Puig.

ARNAU: Para mí, es arte todo lo que permite o admite una segunda visión diferenciada, distinta, de otra. Si lo admite es arte, si no es un objeto cualquiera.

PRESENTADOR: De los Santos…

JORGE: Bueno… decía aquel del chiste… dice —¿qué es el arte?, y dice —el arte es morirte de frío… decía aquel ¿no? Pero, en fin, intentando especificar un poco más… Yo creo que el arte es la biografía de una pregunta, o sea, el arte normalmente lo que intenta hacer y lo que ha intentado hacer siempre es responder a dos grandes líneas: a las cuestiones disciplinarias, a las propias cuestiones que forman parte de la disciplina artística, cuestiones, digamos, de tipo técnica, y a las cuestiones sociales; cuestiones sociales como pueden ser cuestiones estéticas, producir una emoción, o como pueden ser cuestiones, digamos, de subversión, de potenciación del espíritu crítico, digamos, de la sociedad que lo conforma… y tal…

PRESENTADOR: ¿Y quién es capaz de valorarlo? ¿Estamos todos capacitados para valorar el arte contemporáneo?

RAFAEL: El arte contemporáneo, piensa que hay unas publicaciones, informaciones… que lo están revalorizando de una manera brutal. He leído El País hoy, precisamente, que la burbuja de arte contemporáneo está estallando, aquí estalló la burbuja de la construcción, del tocho, del ladrillo… y yo creo que como ha habido, como explica Vilacasas también en su entrevista, muchísima gente invirtiendo en arte como negocio, no como coleccionismo, yo creo que el arte es una cosa de los sentidos y no una cosa de las finanzas. O sea, hacer una colección de arte, como he hecho yo, es una cosa que se hace con el sentimiento, o sea, por amor al arte, como se diría siempre cuando alguien hace algo porque sí. Y la problemática ha sido últimamente de que el arte ha entrado dentro de las grandes cadenas de las subastas, de los coleccionistas inversores tipo Saatchi en Londres, que es publicista, que han hecho verdaderas fortunas manipulando la información y manipulando el mundo del arte. Esta es la problemática, el valor de lo que vale el arte hoy en día está supervalorado.

PRESENTADOR: Señor Puig ¿Está de acuerdo?

ARNAU: Efectivamente es así… no tiene nada que… el arte no tiene nada que ver con su precio…

PRESENTADOR: ¡Ahá! Pues si les parece, me gustaría saber quién le pone precio al arte contemporáneo.

RAFAEL: Bueno, hoy día le está poniendo precio, como te he dicho, los grandes subastadores…

PRESENTADOR: Pues si les parece, vamos a entrar a comentar… Ah, Jorge, ¿querías añadir algo más?

JORGE: Yo quería decir, insistiendo un poco en lo que se está marcando, ¿no? que el arte contemporáneo se ha convertido en un producto, en un bien de consumo de gama alta y de alto rendimiento especulativo y esto yo creo que ha pasado, volviendo un poco al tema de la pregunta, porque el artista, digamos, en la segunda mitad del, digamos, a partir de los años setenta pierde un poco esa… la pregunta que tiene que responder. Y entonces el mercado es el que se hace dueño.

PRESENTADOR: Pues, si les parece, vamos a enseñarles unas obras de arte contemporáneo y me gustaría conocer su opinión. El primer vídeo nos muestra un retrete, atención, que no retrato de Marcel Duchamp de 1917. Es una escultura titulada *Fontaine*, Fuente, que es, pues eso, un o[u]rinario… ¿esto es arte?

JORGE: Esto es arte. Esto es arte contemporáneo. Esta es la pregunta. Esta pregunta se hace en 1917…

ARNAU: Yo diría que esto no es un urinario. Hay que empezar por ahí. Esto no es un urinario porque fue cuando se mostró, cuando Duchamp lo pensó… lo mostró, lo enseñó en una sala de exposiciones que crea un contexto, es decir, "aquí hay arte", pone este urinario en el centro, la gente que entra para visitar eh… se encuentra con este objeto y se pregunta mil cosas porque sabe que lo que no puede hacer allí es orinar. Por tanto, aquello está allí para otras cosas, por tanto, perdone, pero la cuestión está mal planteada. Este objeto ¿qué aprecio o qué significado tiene para usted?, para el que entra. Y a partir de ahí lo que se quiera…

RAFAEL: Piensa una cosa, Arnau, que… Duchamp… presentó…

[Extraído de *https://www.youtube.com*]

Tarea 4

Usted va a escuchar diez diálogos breves. Escuche cada diálogo dos veces. Después debe contestar a las preguntas (21-30). Seleccione la opción correcta (a / b / c).

Diálogo 1

MUJER: ¡Hey, Paco! ¡A que no sabes a quién me encontré anoche! Mientras hacía la fila para entrar al concierto, una chica se acerca a saludar a mi novio y… ¿sabes quién era? ¡Teresa!

HOMBRE: ¡Qué dices! No me lo creo, tía. El mundo es un pañuelo.

Diálogo 2

HOMBRE: ¿Viste que Juan se ganó el Premio Municipal de Poesía?

MUJER: ¡Sí! Y me alegro mucho por él. Es bien talentoso y siempre es bueno recibir reconocimiento por tu trabajo. Que no se duerma en sus laureles, eso sí.

Diálogo 3

HOMBRE: ¿Por qué llevas esa cara, Aintzane?

MUJER: Ay… Anoche vi una peli buenísima en la tele. Era de suspense y con un rollo psicológico que me dejó sin poder pegar ojo en toda la noche.

Diálogo 4

MUJER: Che, pa. Estuve pensando en la carrera que voy a elegir… Y creo que me quedo con Bellas Artes.

HOMBRE: Es una opción válida, pero pensá bien si es lo que querés para tu futuro. A vos te encanta la docencia y las computadoras... No vayas a perder el norte.

Diálogo 5

MUJER: Ricardo, qué bueno que te encuentro. Tengo ganas de leer la última novela que publicó tu amigo Pepe y me han dicho que está rebuena. ¿La leíste?

HOMBRE: Sí…

MUJER: ¿Y?

HOMBRE: Mmm… Ni fu ni fa.

PISTA 46
Diálogo 6
MUJER: Bueno, ¿qué, te ha gustado la peli?

HOMBRE: La verdad es que me ha encantado ir al cine contigo y me encantas tú, pero la peli era un rollo. ¡Hasta me he quedado dormido un rato! La próxima vez te invito a cenar.

PISTA 47
Diálogo 7
MUJER: ¡Qué sexy estás llevando estas cajas!

HOMBRE: Gracias por el piropo, nena, pero estoy recansado. Mañana inauguramos y el museo no tiene personal para ayudarnos a los artistas con el montaje. Dale, ¿me das una mano?

PISTA 48
Diálogo 8
HOMBRE: Quería contarte que, después de todos estos meses de ensayo y trabajo duro… hemos ganado el concurso para actores jóvenes, así que… ¡estrenamos la obra el próximo mes!

MUJER: ¡Vaya notición! Ha merecido la pena nuestro esfuerzo. Y después del estreno… ¡a tirar la casa por la ventana!

PISTA 49
Diálogo 9
MUJER: Bienvenido al Teatro Municipal, señor. Le recuerdo que debe apagar su teléfono móvil y que no puede acceder con alimentos ni bebidas. Tampoco está permitido salir de la sala durante la representación. ¿Me permite su entrada, por favor?

HOMBRE: No faltaba más.

PISTA 50
Diálogo 10
MUJER: ¿Quieres participar en el *flash mob* de baile que estamos organizando en la Plaza Mayor? Somos treinta personas y nos estamos coordinando por las redes sociales.

HOMBRE: Suena genial, pero… zapatero a tus zapatos. Gracias por pensar en mí.

PISTA 51
Tarea 1
A continuación escuchará un monólogo en el que se exponen algunas diferencias entre el cine comercial y el cine independiente. Escúchelo dos veces. Durante la audición podrá tomar notas.

Después redactará una argumentación en la que deberá recoger los puntos principales de las posturas presentadas y expresar de forma justificada su punto de vista.

El cine existe hace más de cien años, pero ¿crees reconocer la diferencia entre estos dos tipos de cine? Si te has pasado un domingo en casa y revisas los canales nacionales entonces, probablemente, has visto uno de estos dos tipos. El comercial: famosas películas de talla internacional con grandes actores bien pagados, además del nivel de profesionalismo donde inmortalizan personajes de ficción en muchas culturas por todo el mundo, pero, entonces, ¿cuál es el otro tipo de cine? El independiente: ya vamos allá… Digamos que la principal y más notoria deferencia viene de la forma en cómo se paga todo el equipo técnico y humano de la película. El cine comercial hace películas de ensueño, mundos fantásticos creíbles que logran con talentos humanos especializados; cineastas y actores de alto renombre donde no se escatima en dinero pues, a su vez, se ve como una empresa. Grandes productoras de Hollywood buscan entretener a las masas para lograr una ganancia significativa, distribuyendo películas a millones de humanos por todo el planeta.

El cine independiente se logra con menos dinero, incluso, menos personas. Digamos que ya el dinero se busca para realizar un sueño; una historia que quiere ser contada, ya no para entretener, sino para compartirla con quien pueda tener acceso a ella. Para ello, el director, que suele ser el guionista, busca el dinero de muchas formas, incluyendo donaciones, patrocinios, hasta de sus propios ahorros.

Para ambos tipos de cine existen sus festivales reconocidos y premios de distinción donde los cineastas luchan con sus películas, buscando el reconocimiento internacional.

Un camino dividido. El mismo arte con diferentes intereses, historias y motivaciones.

[Extraído de *https://www.youtube.com*]

PISTA 52
Tarea 1
Usted va a escuchar una ponencia de la que se tomaron las siguientes anotaciones. Luego deberá elegir para cada anotación (1-6) la palabra o fragmento de frase correspondiente entre las doce opciones que aparecen debajo (A-L).
Escuche la audición dos veces.

Hoy empezaremos con la alimentación equilibrada en la vida moderna porque la próxima semana tendremos dos charlas más especiales. Una dirigida sobre todo a artrosis, osteoporosis… y la otra, a colesterol, circulación y, en fin, cosas relacionadas. Entonces, ¿por qué la alimentación equilibrada en la vida moderna? Cuando yo quise poner este título, me costó muchísimo porque me decían que era muy largo y yo les decía "pero es que, mirad, cuando yo lo escribí eran los años 70, ¿eh?", entonces yo les decía "hasta los años 50-60, hasta los años 40-50, la idea de trabajo era una idea ligada al movimiento, el trabajo estaba ligado a un movimiento a gasto de *joules*, a gasto de energía mecánica, y hemos llegado a una situación en que la mayor parte o gran parte de las personas que trabajamos en la ciudad, trabajamos sentadas". Pero es que incluso los agricultores ya trabajan sentados; ya trabajaban sentados en tractores que incluso tenían ya una cabina, ¿eh?, o sea, trabajaban ya con calefacción… por eso yo les decía: "La alimentación equilibrada en la vida moderna porque la vida ha cambiado en relativamente pocos años". Lo que se había hecho de la misma manera durante miles de años, que sabemos lo que hacían los egipcios… pues hasta mitades del siglo xx no hizo ese cambio tan brutal.

Bueno, entonces, vamos a repasar un poquito los alimentos, clases de alimentos, para qué sirven y cómo se digieren. Mirad, los alimentos se dividen en energéticos, que son los que nos dan energía para podernos mover y mantener nuestro cuerpo a temperatura constante, y otros se llaman plásticos o constructivos porque con ellos edificamos nuestro cuerpo; que son las proteínas, fabricamos neurotransmisores, anticuerpos, encimas digestivos y renovamos, además, el deterioro de ese cuerpo que va sucediendo a lo largo de toda la vida. Y eso son las proteínas.

Luego tenemos alimentos que llamamos funcionales porque sirven como catalizadores biológicos para que las reacciones químicas puedan tener lugar y muchos de estos alimentos que son funcionales son vitaminas y minerales. Y luego hay otro que es la celulosa que, en cierto modo, no lo incorporamos a nuestro cuerpo pero nos sirve para que el volumen de las heces sea mayor y sean más fácilmente evacuables. O sea que sin ser un alimento tiene mucho interés tomar celulosa para tener una evacuación diaria y regular.

Entonces empezamos con los hidratos de carbono: su función principal es suministrarnos energía para movernos; para obtener *joules* ¿eh? Para obtener energía mecánica y son: monosacáridos, disacáridos y polisacáridos. Es decir, monosacáridos son muy sencillos: son la glucosa, la fructosa y la galactosa. Y esos monosacáridos son capaces de atravesar la barrera intestinal sin digestión. Se encuentran, sobre todo, en las frutas, y la galactosa en la digestión de la leche. Luego tenemos los disacáridos que son la sacarosa, la maltosa y la lactosa. Estos necesitan una pequeña digestión. Disacáridos, están formados por dos moléculas de un azúcar (di-sacáridos) ¿eh? Solo hay que romper un enlace químico y, eso lo hace la sacarasa, la maltasa y la lactasa, y ahí nos encontramos con un problema y es que algunas personas, pasada la primera infancia, ya no fabrican lactasa, que es la encima que digiere la lactosa. Y, entonces, a esas personas, les sienta mal la leche… Y hay una "leyenda urbana" ahora que corre mucho, que me lo dicen muchas personas, de que la leche no se tiene que tomar porque cuando somos mayores no es buena, me dicen que no es buena: mirad, la leche, al que le sienta bien, es buena para él toda la vida…

[Extraído de *https://www.vimeo.com*]

PISTA 53
Tarea 2
Usted va a escuchar cuatro conversaciones. Escuche cada conversación dos veces. Después debe contestar a las preguntas (7-14). Seleccione la opción correcta (a / b / c).
Conversación 1

MUJER: Juan, ¿estás engordando un poco, no?

HOMBRE: Sí, desde que dejé de fumar he cogido unos kilos, ¡qué rabia! Yo creo que estaba en mi peso ideal…

MUJER: ¡Ah! Ya, el tabaco es lo que tiene, pero no te preocupes porque has ganado en salud. De eso estoy segura. Yo antes también era fumadora —alrededor de una cajetilla al día— hasta que tuve un susto con una bronquitis, decidí dejarlo y lo pasé fatal. Engordé ocho kilos.

HOMBRE: ¿Ocho kilos? ¡Qué pasada! Y, ¿cómo has hecho para bajarlos?

MUJER: Pues no te creas que me obsesioné mucho… lo típico, alguna dieta para quitarme de grasas y demás y un poco de deporte un par de veces por semana al salir del curro. No te agobies, al final terminarás volviendo a tu peso, y si no lo consigues mira el lado positivo: has dejado de fumar ¡y eso es lo que cuenta!

HOMBRE: Ya, ya ¡Eso es muy fácil de decir! Pero yo estoy bien como estoy y qué quieres que te diga, ahora no me apetece ponerme como un león marino… Yo tengo que controlarme con las galletas y los bombones. Soy muy goloso y no lo puedo evitar.

MUJER: ¡Jajaja! Pues ya sabes, a partir de ahora todo *light* y a controlar las cantidades, ¿eh? ¡Ánimo!

HOMBRE: ¡Gracias, Pepa! Ya te contaré cómo me va, aunque la próxima vez que me veas quizá no me reconozcas…

MUJER: Pero chico, ¿tanto vas a engordar?

HOMBRE: No, lo digo por lo delgado que me vas a encontrar. Delgado y saludable.

PISTA 54
Conversación 2

CLIENTA: ¡Hola, buenos días! Disculpe. Estoy buscando algo para la tos seca. Llevo ya una semana con muchas molestias, sobre todo por las noches.

FARMACÉUTICO: ¡Ajá! Dígame, ¿es solo tos o tiene algún síntoma más como dolor de garganta o congestión nasal?

CLIENTA: Lo que más me molesta es la tos. Por las noches, al toser tanto, se me irrita la garganta y tengo también molestias cuando hablo.

FARMACÉUTICO: Eso es normal, la tos irrita la garganta y puede incluso causar una infección. Le voy a dar este jarabe que suele funcionar muy bien. Lo puede tomar de 3 a 6 veces al día de forma espaciada. En dos o tres días notará mejoría.

CLIENTA: Gracias. Me gustaría también pedirle consejo sobre remedios caseros. No me gusta mucho tomar medicamentos y siempre que puedo trato de aprovechar los remedios naturales.

FARMACÉUTICO: Por supuesto, hay remedios naturales muy buenos para la tos y la irritación de la garganta. El limón es un antiséptico natural y puede utilizarlo en zumo para tomar o para hacer gárgaras por las mañanas. Funciona muy bien. También la miel. Es un producto con muchas propiedades para prevenir las enfermedades y aumentar las defensas. Simplemente una cucharadita dos o tres veces al día le vendrá muy bien.

CLIENTA: Ah, gracias. Eso me parece genial, ahora mismo me paso por la frutería para comprar un kilo de limones. También me llevo el jarabe.

FARMACÉUTICO: Muy bien, con el jarabe, los limones y la miel, se recuperará muy rápido… aquí tiene. Si necesita cualquier otra cosa… aquí nos encontrará.

CLIENTA: Muchas gracias, muy amable.

PISTA 55
Conversación 3

LUCAS: ¿Cómo vas, Marta? Hoy te veo con mucha energía… ¿Vas a darle caña a la bici o a la cinta?

MARTA: ¡Hola, Lucas! Tengo que quemar calorías a tope, a la vuelta de la esquina tenemos la "operación biquini". ¿Tú cómo lo llevas? ¿Ya estás en forma para el veranito?

LUCAS: ¡Jaja! *(Risas)* No, todavía no estoy listo para "lucir palmito" en la arena. Me queda mucho trabajo por hacer. Este año me he relajado un poco y cuando me he dado cuenta tenía una tripa… enorme.

MARTA: No será para tanto… seguro que no pasa de barriguita cervecera *(risas)*. ¡Lo difícil que es bajar de peso y ponerse a tono y lo fácil que es engordar un par de kilitos! ¡Qué rabia!

LUCAS: Ya, eso es verdad. Pero es mejor no agobiarse y tomarse el gimnasio como un entretenimiento más. Venir aquí, hacer un poco de deporte, charlar con los amigos y, sobre todo, despejar la mente y dejar los problemas fuera… Si lo piensas bien, es una terapia estupenda.

MARTA: En eso estoy de acuerdo contigo, Lucas. Yo no soy una loca del *fitness* y creo que el *gym* es una manera sana de pasarlo bien. De echarse unas risas y a la vez sudar un poco.

LUCAS: Pues sí, así también estamos trabajando la mente… Bueno, voy a ponerme con la tabla de abdominales a ver si pronto vuelvo a tener una buena "tableta" *(risas)*…

MARTA: *(Risas)* Sí, sí, adelante pero ya sabes lo que se dice ¿no? "Las mejores tabletas son las de chocolate" *(risas)*.

LUCAS: ¡Calla, calla! Qué razón tienes… pero de esas ni hablar. Es mejor no verlas… *(Risas)*

MARTA: Me alegro de verte, Lucas, ánimo con esos abdominales.

LUCAS: Lo mismo digo. Hasta otro rato, Marta.

PISTA 56

Conversación 4

PEDRO: ¿Qué te apetece comer? ¿Tienes alguna idea?

MARÍA: La verdad es que no. Algo ligero para que la digestión no sea muy pesada.

PEDRO: Pues estás en el lugar perfecto: este restaurante está especializado en comida mediterránea. Así que mira la carta y decide, seguro que encuentras cosas deliciosas.

MARÍA: ¡Mmm… qué bueno! Pues me apetecen verduras a la plancha con un buen chorro de aceite de oliva por encima y de segundo un pescadito… ¡Esto sí que es comer sano!

PEDRO: La verdad es que no hay nada más sano y más rico que la dieta mediterránea. Yo pediré una ensalada con productos del mar y después… vamos a ver… no sé si otro pescado o algo de carne a la plancha…

MARÍA: El otro día leía un estudio en el periódico que decía que esta es una de las dietas más ricas y variadas del mundo porque los mismos ingredientes se cocinan de manera diferente en cada región e incluso en cada pueblo.

PEDRO: Muy interesante… Seguro que tiene mucho que ver con que en España hay muchos productos que son de temporada y hay que elaborarlos con especial cuidado. Además, hay muchas recetas que están a medio camino entre la cocina y la conservación: el bacalao, las anchoas, la mojama…

MARÍA: Sí, no lo había pensado. Lo que está claro es que con los mismos productos se pueden hacer muchas recetas muy diferentes. Por ejemplo con el arroz o los productos de la huerta: paellas, gazpachos, salmorejos… es una dieta muy variada.

PEDRO: Y rica. Todavía no he encontrado una receta que no me guste… *(Risas)*

MARÍA: Pues entonces vamos a brindar por la dieta mediterránea, ¡salud!

PISTA 57

Tarea 3

Usted va a escuchar una tertulia sobre cómo afecta la contaminación a la salud. Después debe contestar a las preguntas (de la 15 a la 20).

Seleccione la opción correcta (a / b / c). Escuche la tertulia dos veces.

MODERADORA: Empezamos con el primer debate. Las personas que viven en ciudades respiran a menudo aire contaminado que, básicamente, procede del tráfico rodado. Se estima que en España, esta polución es la responsable de la muerte prematura de 16 000 personas. Sobre la contaminación y sus efectos en la salud vamos a hablar de entrada con Bénédicte Jacquemin que es médica especializada en epidemiología, investigadora del Centro de Investigación y Epidemiología Ambiental y también del Instituto Nacional de Salud e Investigación de Francia, ¿qué tal? ¡Bienvenida al programa Bénédicte!

BÉNÉDICTE: Hola, buenos días. Muchas gracias por la invitación.

MODERADORA: Y también tenemos con nosotros a Joan Grimalt que es químico, profesor de investigación del CSIC y director de IDAEA (Instituto de Diagnóstico Ambiental y Estudios del Agua) de Barcelona, ¡bienvenido al programa!

JOAN: Hola, ¿qué tal?

MODERADORA: Nos preguntamos si la contaminación principal de las ciudades, como hemos dicho, procede de los vehículos motorizados… porque las fábricas ya no están habitualmente en los núcleos urbanos o hay excepciones… doctora Jacquemin…

BÉNÉDICTE: Bueno, en España, la mayoría de las ciudades, el principal problema es el tráfico rodado. Hay algunas ciudades… todavía hay algún problema industrial, pero la industria está más controlada también a nivel de todo lo que es legislación y todas las emisiones están más controladas y ya no es tanto un problema como lo podía haber sido hace unas décadas.

JOAN: Sí, ¿no? Yo estoy de acuerdo, ahora, lo que también hay que decir, es que dentro de lo que es el tráfico rodado, eh… el tráfico rodado son muchas cosas… son partículas, con gases… y dentro de las partículas pues hay composiciones diversas y hay toda una necesidad de comprender qué partes de la contaminación por el tráfico son las más perjudiciales porque, entonces, seríamos más eficientes en introducir medidas para solucionar o disminuir el problema de la toxicidad del tráfico. Es que, claro, el diésel, por ejemplo, el problema que tiene es que tira partículas muy finas ¿eh? Y esas partículas llegan hasta lo más interior del pulmón y pueden pasar, incluso, a la sangre. Pero, por ejemplo, los motores de gasolina pues tiran benceno ¿eh? que es un cancerígeno, también. Hoy en día hay más bien el consenso de que son más contaminantes los motores diésel que los de gasolina. Pero, por ejemplo, en el pasado (en los años 80) se puso de manifiesto que el plomo ¿eh?, era un contaminante muy importante en las ciudades, por tanto, se llegó, todos los países llegaron a un acuerdo de prohibir la gasolina que tenía plomo. Con lo cual quitamos un contaminante a las ciudades y la salud de todos mejoró. Entonces hace falta ¿eh?, investigar exactamente qué aspectos de la contaminación son los peores, porque cuando hablamos de partículas, esto es un mundo. O sea, hay composiciones muy diversas, etc.

BÉNÉDICTE: Sí, yo creo que también es importante tomar en cuenta que el tráfico rodado no solo es lo que emite el coche, sino también el uso de los frenos y todo el desgaste de los neumáticos y del asfalto, eso también produce mucha contaminación. Y esa contaminación son partículas que se han demostrado también que son bastante dañinas para la salud.

MODERADORA: Y, por una parte, eh… puede producir problemas en las vías respiratorias, como asma… bronquitis, e, incluso… claro, estamos hablando de enfermedades muy graves, ¿no? No se trata de causar alarma pero es una realidad.

BÉNÉDICTE: A ver, lo que pasa… solo para poner rápido en resumen, en los años 50 hubo picos de contaminación muy elevados en un par de ciudades de Europa y, a partir de ahí, los médico vieron que, cuando había picos de contaminación muy altos, había más hospitalizaciones y más mortalidad y, a raíz de ahí, empezó el estudio de la contaminación atmosférica y la salud. Y durante muchos años se pensó que solo cuando había picos de contaminación, había problemas en la salud. Y a lo largo de los años y la investigación, nos hemos dado cuenta de que sí, cuando hay picos de contaminación hay más problemas respiratorios y cardiovasculares, es decir, por ejemplo, personas con asma o personas con predisposición a un infarto, pueden tener o una crisis asmática o tener un infarto cuando hay picos de contaminación, pero también está la exposición a largo plazo y esto hace un poco menos de años que se estudia, quizá 10 o 20 años y que aún a niveles no muy altos pero durante periodos largos eso puede causar efectos en la salud.

MODERADORA: Entonces, el ciudadano de a pie ¿qué es lo que puede hacer? ¿Alguna medida disuasoria? ¿No utilizar el vehículo? ¿Es realista eso?

BÉNÉDICTE: Sí, yo creo que hay que tomar en cuenta que las grandes modificaciones vendrán de la legislación. El ciudadano de a pie y en nuestra vida cotidiana, claro que podemos contribuir. Podemos intentar ir a pie o en bicicleta cuando se puede y, si no, utilizar el transporte público y también todo lo que es reciclaje y todo eso, ayuda a disminuir la contaminación, ¿no?

MODERADORA: Pero, claro, hay una cuestión, como podíamos ver en el reportaje, se está estudiando, se está investigando…

[Extraído de *http://www.rtve.es/alacarta*]

PISTA 58
Tarea 4
Usted va a escuchar diez diálogos breves. Escuche cada diálogo dos veces. Después debe contestar a las preguntas (21-30). Seleccione la opción correcta (a / b / c).
Diálogo 1
HOMBRE: Enhorabuena, señora Carmen. Ha tenido usted una excelente recuperación, así que le daremos de alta mañana a mediodía. Ahora a cuidarse y a reemplazar todos los viejos hábitos por ejercicio, calidad de vida y alimentación saludable.

MUJER: Gracias, doctor. ¡Qué buena noticia!

PISTA 59
Diálogo 2
MUJER: No me gusta esta comida, papá… ¿por qué no pedimos una pizza?

HOMBRE: Celia… Las verduras son saludables y deliciosas. Anda. Échame una mano con los calabacines, que yo preparo las berenjenas.

PISTA 60
Diálogo 3
MUJER: Enderezá un poco más las rodillas y la espalda… ahí va. ¡Es una postura de yoga casi perfecta!

HOMBRE: Me encantó acompañarte a tus clases de yoga, Marina. Pero esto me cuesta muchísimo.

MUJER: Ya vas a agarrar la mano, no te desanimes.

PISTA 61
Diálogo 4
HOMBRE: Venga. Vamos a por la última serie de veinte abdominales. Uno, dos…

MUJER: ¡Ah! No, por favor. No puedo más…

HOMBRE: No te puedes dar por vencida justo ahora que viene el verano.

PISTA 62
Diálogo 5
MUJER: Qué buen tiempo está haciendo. ¿Salimos a caminar?

HOMBRE: ¿Ahora mismo? Me sigue doliendo la espalda y pensaba echarme una siesta…

MUJER: ¡Nada de siestas, hombre! Si te quedas de brazos cruzados, nunca se te pasará el dolor.

PISTA 63
Diálogo 6
MUJER: Hola, buenas tardes.

HOMBRE: Buenas tardes.

MUJER: Oiga, ¿tiene algún producto para las arrugas?

HOMBRE: Sí. Tenemos esta nueva crema a base de algas, que ha dado excelentes resultados en los tratamientos contra el envejecimiento.

MUJER: Suena bien. ¿Y es antialérgica?

HOMBRE: Desde luego, señora. Además, próximamente todos nuestros productos serán cien por ciento orgánicos.

PISTA 64
Diálogo 7
HOMBRE: ¡Chicos, parad!

MUJER: ¿Qué pasa, Juan?

HOMBRE: Que con esta lluvia no puedo seguir pedaleando…

MUJER: Venga ya. Que un poco de agua no eche a perder este día.

PISTA 65
Diálogo 8
MUJER: ¿Cómo me ves?

HOMBRE: ¡Hey! Estás relinda con ese vestido, Luciana.

MUJER: Ay, gracias, sos un sol. Bajé cinco kilos con esta dieta.

HOMBRE: ¡Che, pará! Si seguís así te van a llenar de piropos por la calle y me voy a poner celoso.

PISTA 66
Diálogo 9
MUJER: Este hotel ofrece un servicio completo de belleza y bienestar, baños, masajes y un programa de alimentación saludable y delicioso. Tiene una duración de una semana en sistema todo incluido y el pago es en efectivo solamente.

HOMBRE: Mmmm… Daba por sentado que se podía pagar con tarjeta de crédito.

PISTA 67
Diálogo 10
MUJER: Le he preparado unas flores de Bach, que le ayudarán a tratar la ansiedad. Debe tomar tres gotas al día, pero acuérdese que este tratamiento se basa en la autocuración.

HOMBRE: ¿Cómo es eso?

MUJER: Las flores harán su parte y usted hará la suya. Si queremos curar el estrés, hay que empezar por no ahogarse en un vaso de agua.

PISTA 68
Tarea 1
A continuación escuchará una exposición en la que se habla de las ventajas de practicar deporte en familia. Escúchela dos veces. Durante la audición podrá tomar notas.
Después redactará un texto en el que deberá recoger los principales puntos de la misma y expresar de forma justificada su opinión al respecto.

Para ayudar a niños y niñas a empezar pronto a ser activos, podéis buscar entre todos las actividades que más os diviertan y animaros a ponerlas en práctica. Realiza actividad física a diario. El tiempo mínimo de actividad física diaria debe ser al principio de sesenta minutos en la infancia y en la adolescencia y de treinta minutos en las personas adultas, aunque no hace falta que sean seguidos. Por ejemplo, caminar para ir al colegio, montar en bicicleta, jugar y hacer deportes.

Hay que aprovechar las ocasiones para hacer deporte en familia o con las amistades. Los fines de semana, las fiestas familiares, los cumpleaños y las vacaciones son un buen momento para hacer actividades físicas al aire libre: juegos, senderismo, nadar, remar, jugar a las palas… os divertiréis juntos y aumentará la comunicación entre todos.

Algunos consejos para ser más activos: hay que empezar poco a poco e ir aumentando el tiempo y la intensidad del ejercicio. Si los padres y las madres realizan ejercicio de forma regular, sus hijos e hijas también lo harán. Realice las actividades que más les guste. Toda la familia debe ponerse en marcha.

[Extraído de *https://www.youtube.com*]

PISTA 69
Tarea 1

Usted va a escuchar una conferencia del escritor español José Manuel Caballero Bonald de la que se tomaron las siguientes anotaciones. Luego deberá elegir para cada anotación (1-6) la palabra o fragmento de frase correspondiente entre las doce opciones que aparecen debajo (A-L).
Escuche la audición dos veces.

¡Hola! Voy a intentar resumir, esbozar, lo que yo creo que es el carácter literario de las letras flamencas o, mejor dicho, el espíritu que anima el mundo de las letras; del cante.

Permítanme imaginar una escena de hace más o menos dos siglos. La acción se desarrolla en cualquier suburbio, en cualquier enclave campesino bajoandaluz donde se integran poblaciones eminentes: Jerez, Triana, Utrera, Los Puertos, Cádiz... Un grupo de gente menesterosa, como segregada del resto de la sociedad, está reunida en una casucha humilde. De pronto, alguien canta como si estuviera acordándose de lo que ha vivido, compartiendo con los demás una confesión íntima; ¿En qué consiste? ¿De dónde viene esa copla? Esa emisión, esa confesión popular. Por supuesto que el clima social, la temperatura humana, pertenecen a aquella primera etapa del flamenco que aún balbucía en el hogar gitano y que constituye, de hecho, la fase más enigmática de su desarrollo; de su cristalización artística en la semiclandestinidad. De esa escena, de ese escenario se pueden deducir algunas consabidas reflexiones, más o menos verificables: por ejemplo, que el cante flamenco primitivo consiste, literariamente, en un conjunto de coplas referidas a episodios personales; a experiencias vividas por el propio "cantaor" y que dejaron alguna marca imborrable en su memoria. Ni siquiera hace falta recordar alguna de esas innumerables letras que narran peripecias de la vida del intérprete, generalmente asociadas a tragedias familiares y a hechos de su entorno social: persecuciones, penalidades, cárceles, muertes, referencias a la madre, a la compañera, a la libertad... Ese es el único argumento del drama. Si se despoja a ese cante de su andamiaje literario, solo quedan las marcas atribuladas de un grupo de gente humilde. Todas esas letras, juntas, nos cuentan esa parte de la historia que los historiadores no cuentan. En efecto, para asomarse a la tragedia de ciertos grupos de gitanos asentados en el sur peninsular, ninguna información mejor que la que suministran las coplas que cantaban. La temática o, si se quiere, si se prefiere, la lírica flamenca, es por eso muy limitada. No aborda asuntos de interés común, ni pretende glosar ninguna cuestión de alcance colectivo. Expresa, simplemente, como he dicho, un sentimiento íntimo, desgarrado y exaltado, sin retóricas ni falsos adornos verbales.

Una de las fuentes de la copla flamenca es, pues, la historia privada, el mundo expresivo del intérprete. El "cantaor" se convierte así en cronista de su propia vida. El "cante" es, entonces, justamente eso: una crónica negra de un grupo étnico larga y tenazmente marginado; desplazado de la norma social circundante. Me refiero a esos cruces raciales de los gitanos afincados en ciertas zonas andaluzas con los campesinos sin tierra y hasta con los huidos de los tribunales religiosos y civiles...

[Extraído de *https://www.youtube.com*]

PISTA 70
Tarea 2

Usted va a escuchar cuatro conversaciones. Escuche cada conversación dos veces. Después debe contestar a las preguntas (7-14). Seleccione la opción correcta (a / b / c).
Conversación 1

LUCAS: Ya casi está todo preparado, Sofía. Este año sí que voy a cumplir por fin mi sueño: hacer el Camino del Inca, en Perú.

SOFÍA: No me das ninguna envidia. ¡Hay que estar mal de la cabeza! Ir así, tan feliz, a pasarte tres días completos caminando sin parar, con la mochila al hombro subiendo montañas...

LUCAS: ¡Anímate, mujer! Seguro que te lo pasas genial. Es una ruta superbonita, con una naturaleza impresionante. Es toda una aventura en que revives la cultura de los incas... y el último día de camino es el más impactante, pues ves el amanecer desde la maravillosa ciudad en ruinas de Machu Picchu. Una pasada.

SOFÍA: Eso desde luego... pero es que yo tengo un muy mal estado físico, Lucas, y no soportaría tanta exigencia. ¡Que no! En serio, ¡paso!

LUCAS: Bueno, no te insisto más. Ya tengo mis zapatillas de *trekking* y mis hojas de coca...

SOFÍA: *(Risas)* ¡Jajaja! ¡Estás loco! ¿Hojas de coca? ¿Para qué?

LUCAS: Es la costumbre de los nativos de la zona, te ayudan a evitar el mal de altura, por la falta de oxígeno. *(Risas)* Más vale prevenir que curar...

SOFÍA: Vale, si me lo pones así...

PISTA 71
Conversación 2

LARA: Oye, Mario, ¿te apetece ver una peli hoy?

MARIO: ¡Uy! ¡Miedo me das! ¿Con qué peli rara o director desconocido me vas a sorprender hoy?

LARA: Pues me apetece ver algo de Luis Buñuel.

MARIO: Ni idea, ya sabes que yo de cine... Suena español...

LARA: ¡Es español! Es uno de los mejores, aunque tuvo que trabajar muchos años fuera de España.

MARIO: Por mí, genial, siempre y cuando las pelis tengan sentido... ya sabes que si no me duermo.

LARA: ¡Todas las películas tienen sentido! Otra cosa es que lo pilles. *(Risas)*

MARIO: ¡Qué graciosa eres! ¡Te digo que hay muchas pelis chungas! Por eso yo siempre voy a ver acción, aventura y persecuciones... ¡no fallan!

LARA: ¡Oh, qué simple eres! El cine de Buñuel es un cine un poco surrealista y, además, es muy crítico con la sociedad.

MARIO: Mmm... Eso suena un poco aburrido. ¿Sabes qué? Mejor no cuentes conmigo esta noche, me voy al bar con unos colegas.

PISTA 72
Conversación 3

MARISA: ¡Qué bonito es Montevideo! ¡Qué ganas tenía de estar aquí! Me encanta. Además la gente es tan maja... Y por fin este año voy a disfrutar de las murgas en el carnaval.

ADRIÁN: Sí, ¿viste? Te dije que era una ciudad relinda... ¿Y viste lo que es el Río de la Plata? Alucinante, ¿no? Pero, sin duda, el mayor legado del Uruguay al mundo es el asado. Tenés que probar nuestra carne a la parrilla, bo...

MARISA: No sé si sabías, pero no estoy muy de acuerdo con el consumo de carne...

ADRIÁN: ¡Pero qué decís, nena! ¿Sos vegetariana?

MARISA: No, no… no soy vegetariana fanática, pero vamos… que no me gusta mucho comer animales…

ADRIÁN: Eso es porque todavía no probaste la auténtica parrillada uruguaya, con costillar, tira de asado, molleja, chorizo, riñones, morcilla y chinchulines.

MARISA: Chinchu ¿qué?

ADRIÁN: Chinchulines, querida. Así le llamamos al intestino delgado de las vacas. Sé que no suena muy apetitoso, pero vas a alucinar cuando los comas.

MARISA: Ay, Adrián. Se me revuelve la tripa con esos chanchulines…

ADRIÁN: Chinchulines, bobita. Y nada de eso. Creéme que cuando los probés vas a cambiar de opinión y volverás a España adorando el asado uruguayo.

MARISA: Sí, claro, el asado uruguayo… Venga, va. Por esta vez haré una excepción.

ADRIÁN: ¡Vamo arriba! Ya sabés que la gastronomía de un país es la mejor forma de conocer su cultura.

MARISA: Eso está claro.

ADRIÁN: Tan claro que vas a querer disfrutar de esta cultura para toda la vida… que un asadito por acá, un matecito por allá, unos bizcochitos…

MARISA: Adrián, tú siempre tan original…

PISTA 73
Conversación 4

LOLES: Oye, Damián, ¿se te ocurre algún regalo para Andrea? He pensado en algo pero no estoy segura de si acertaré.

DAMIÁN: ¿En qué has pensado?

LOLES: En un libro de Borges. Creo que a ella le gusta mucho leer y a mí Borges me encanta… ¿qué te parece?

DAMIÁN: Es una buena idea… pero si dices que Andrea lee mucho, tienes que asegurarte de que no tiene ya el libro que quieres regalarle.

LOLES: Ya, es cierto. Aunque yo pienso que un buen libro es mejor tenerlo dos veces; por si pierdes uno… así siempre tendrás la posibilidad de seguir leyendo… *(Risas)*

DAMIÁN: ¡Tú siempre tan pragmática!

LOLES: No es solo cuestión de eso. A los que estamos un poco obsesionados con los libros, no nos importa tener uno o varios repetidos, ¿sabes?

DAMIÁN: Supongo que tus compañeros de piso no opinarán lo mismo… no les hará mucha gracia tener todas las estanterías del salón llenas de tus libros…

LOLES: *(Risas)* Ellos ya me conocen y me quieren como soy…

DAMIÁN: Sí, eso seguro… por eso te dejan seguir llevando libros a casa.

LOLES: Bueno, no estábamos hablando de mí… Entonces, ¿te parece buena idea lo de Borges para Andrea? ¿Crees que le gustará?

DAMIÁN: Yo pienso que sí. Además, *(irónico)* si ya tiene el libro, siempre puedes explicarle tus teorías de cómo almacenar más y más…

LOLES: No es almacenar, Damián. Es coleccionar.

PISTA 74
Tarea 3

Usted va a escuchar una tertulia sobre los misterios que rodean la Isla de Pascua, ubicada en medio del océano Pacífico. Después debe contestar a las preguntas (de la 15 a la 20). Seleccione la opción correcta (a / b / c). Escuche la tertulia dos veces.

MODERADORA: En los próximos minutos vamos a hablar de uno de los lugares más recónditos del mundo, la Isla de Pascua o Rapa Nui; está separada del enclave humano más próximo por 3800 kilómetros de océano. Su nombre suele asociarse con el enigma o el misterio a pesar de que la ciencia haya encontrado respuestas para determinar, por ejemplo, de dónde procedían sus primero pobladores, o por qué y cómo fueron capaces sus habitantes de levantar los moáis, las imponentes estatuas que parecen salvaguardar la isla de este mundo perdido en la inmensidad del Pacífico hablaremos con nuestros invitados […]

Saludamos también a Alberto Sáez, que es geólogo de la Universidad de Barcelona. Actualmente dirige un proyecto de investigación financiado por el gobierno español, que trata de reconstruir las condiciones climáticas de los últimos setenta mil años en la Rapa Nui, a partir del estudio de los sedimentos de los tres lagos que hay en la isla. ¡Qué tal, bienvenido! Por último saludamos a Alex Guerra Terra, que es arqueóloga y escritora. Acaba de publicar su primer trabajo literario: *Rongorongo*. Novela de ficción cuya trama argumental se basa en el paradigma de la escritura no descifrada rongorongo, uno de los últimos enigmas que quedan por desvelar de la historia de la Isla de Pascua. ¡Qué tal, bienvenida, Alex!

ALEX: Qué tal, Marta. ¡Gracias!

MODERADORA: No sé cómo es el saludo en Rapa Nui.

ALEX: Iorana.

VOZ MASCULINA: Iorana coe.

MODERADORA: Iorana coe. Bueno. Nos gustaría, para empezar, que nos dieran —que nos dierais, si me permitís tutearos— vuestra impresión personal de la Isla de Pascua, que la habéis visitado en tantas ocasiones, ¿no?

El hecho de que esté a 4 mil kilómetros de cualquier lugar, eso ya la hace, vamos, exótica de por sí, ¿no? Albert, cuéntanos.

ALBERT: Yo diría sugerente. Es una isla sugerente. Es un lugar sugerente porque, sobre todo para los grupos de científicos que investigan allá, tiene muchos temas abiertos que hay que resolver y… como por ejemplo cuándo se empezó a ocupar, si realmente hubo un colapso de civilización allá. Realmente cuando llegas allá, la sensación esa de que aquello tiene muchas preguntas por resolver, la tienes.

MODERADORA: Nos comentaba precisamente Francesc ahora, el arqueólogo Thor Heyerdahl (que es amigo suyo) navegó en 1947 desde Perú a la Polinesia, sobre una balsa, para demostrar —una balsa de tronco ni más ni menos— para demostrar que los amerindios precolombinos pudieron navegar hasta la polinesia y por tanto también ser los primeros pobladores de Pascua. Pero hoy parece que la genética ha probado que los orígenes de los pobladores de Pascua son polinesios. Alex, cuéntanos. A ver.

ALEX: Bueno, efectivamente, a través de los trabajos de Heyerdahl, se pensó hasta hace algunos años que podría haber habido algún tipo de migración desde la parte peruana a Isla de Pascua, pero últimamente, bueno, como tú bien has dicho, los estudios genéticos pues ya han demostrado que el ADN de los pobladores rapa nui es cien por cien polinésico. Y además, curiosamente, ahora estos últimos dos años se están publicando un montón de trabajos nuevos que indican que los polinesios, de hecho, llegaron a América del Sur, al área mapuche —que se llama Arauco— 500 años antes que Colón esto es, a partir del 800-900 después de Cristo, y que luego fueron los propios polinesios que eran excelentes navegantes, y que yendo y volviendo desde la Polinesia hasta América del Sur, sí que trajeron algunos conocimientos y algunos productos de América del Sur hacia Rapa Nui. Pero no fueron, digamos, los americanos los que colonizaron la Isla de Pascua, sino que fueron los propios polinesios que, en sus viajes interoceánicos, fueron transmitiendo conocimientos y productos de un continente a otro.

MODERADORA: Las cosas, podríamos decir, un poco se van poniendo en su sitio, ¿no? Pero, contadnos, ¿queda todavía mucho por descubrir? Ese halo de misterio realmente tiene una base, ¿no?

ALBERTO: Sí, sí. La Isla de Pascua es el paradigma de una catástrofe, de un colapso de civilización. Hasta ahora, el modelo vigente es ese, y se basa en el estudio de los sedimentos de los lagos que hay allí —hay tres lagos— y se ve allá cómo en los sedimentos de repente desaparece el polen, los vestigios, los restos de palmeras, que debía ser la vegetación que cubría la isla antes que llegaran los humanos. A partir de un momento dado dejan de haberlas y se entiende que en ese momento lo que ocurre es que la sobreexplotación de los recursos naturales lleva a un colapso de la civilización de los polinésicos que llegaron en su momento. Dejan de tener madera, dejan de poder construir barcos para salir a altamar y pescar atún, tienen que dejar de alimentarse de atún y tienen que empezar a comer ratas, que es lo que más había y se nota en los basureros de la isla, bien datados, cómo cambian los restos, de ser de grandes cetáceos, de repente a haber pequeños roedores. Entonces eso es un tema importante.

ALEX: Lo que pasa es que a mí el tema del colapso me gustaría puntualizar una cosa. Que después de este colapso que tuvieron, aparte de que no fue solo una mala gestión de los recursos —porque coincidió esto con un cambio climático muy fuerte, relacionado con la Corriente del Niño—, después de esto ellos se recuperaron como población, ellos empezaron a recuperarse y demográficamente empezaron a crecer otra vez, y yo creo que la verdadera… esto fue en el siglo XVII pasando al siglo XVIII, pero la verdadera crisis en Rapa Nui empieza con la llegada de los europeos. Esto hay que tenerlo bastante claro, o sea, después de todas aquellas guerras tribales, que es verdad que pasaron hambre, que hubo incluso antropofagia entre ellos, ¿no? Y unas guerras muy encarnizadas —fue una época muy convulsa—. Pero después de esto hubo un cambio de paradigma. Un cambio de paradigma que consiguió hacer recuperar la población rapa nui.

MODERADORA: Porque deberían quedar muy pocos, ¿no? se sabe cuánta población había antes y después de….

[Extraído de *http://www.rtve.es/alacarta*]

PISTA 75
Tarea 4
Usted va a escuchar diez diálogos breves. Escuche cada diálogo dos veces. Después debe contestar a las preguntas (21-30). Seleccione la opción correcta (a / b / c).
Diálogo 1
HOMBRE: Hoy tenemos un menú inspirado en la afamada cocina peruana. Si me permitís, os recomiendo el ceviche de la casa, un suculento plato a base de pescado crudo aderezado en limón, cebolla y ají, o sea chile, que se sirve acompañado de maíz y camote.
MUJER: El camote es como la patata, ¿verdad?

HOMBRE: Exactamente, es muy parecido a la patata dulce.
MUJER: Suena delicioso, aunque por ahora solo quiero matar el gusanillo. ¿Qué me sugieres?

PISTA 76
Diálogo 2
MUJER: Bienvenidos al Museo Frida Kahlo. Está ubicado en la casa donde nació, vivió y murió esta pintora mexicana, cuya vida y obra desafiaron a la sociedad machista de su tiempo, proponiendo una nueva mujer, autosuficiente y fuerte. Por eso es considerada la artista latinoamericana más influyente del siglo XX.
HOMBRE: ¡Híjole! Una mujer sin pelos en la lengua.

PISTA 77
Diálogo 3
MUJER: ¿Viste que Facundo se quiere ir a hacer surf a Costa Rica?
HOMBRE: Me dijeron que hay unas olas bárbaras. Pero este chico… ¿no estaba por entrar a la facultad?
MUJER: Ni idea… Lo único que quiere por ahora es surfear…
HOMBRE: Hablando del rey de Roma…

PISTA 78
Diálogo 4
MUJER: Buenos días. ¿Tendrá algo de literatura cubana?
HOMBRE: Recuerdo que en este estante tenía las obras completas de José Martí, donde estaba el famoso poema "Yo soy un hombre sincero"…
MUJER: ¡Me encanta Martí!
HOMBRE: Estaba por aquí… *[pausa]* Eh… Creo que ya se ha vendido…
MUJER: Oh, ¡qué mala pata! Llevo días intentando conseguir algo en esta ciudad.

PISTA 79
Diálogo 5
HOMBRE: Escuchá la música. Uno, dos. Así. Izquierda, derecha. Imitá mis movimientos como en un espejo.
MUJER: Che, no pensé que bailar tango fuera tan difícil. ¡Ay! ¡Me pisaste!
HOMBRE: Es porque no me hiciste caso. *[pausa en que solo se oye la música]* Dale, sentí la música.

PISTA 80
Diálogo 6
HOMBRE: Date vuelta aquí, para entrar a la Carretera Panamericana.
MUJER: No manches. ¿A poco vamos a manejar por la ruta más larga del mundo?
HOMBRE: Sí. 25 800 kilómetros que unen casi a todos los países del continente americano, desde Alaska hasta Buenos Aires.
MUJER: ¡Órale! La Ruta 66 no le llega ni a la suela del zapato.

PISTA 81
Diálogo 7
MUJER: ¿Qué tal te trata Chile, Pepe?
HOMBRE: ¡De maravilla! Santiago es una ciudad supermoderna que flipas. Imagínate que trabajo a una manzana del edificio más alto de Latinoamérica, con 300 metros de altura. No sabes lo que fue la inauguración. La anunciaron a bombo y platillo. ¡Y yo estuve allí!

PISTA 82
Diálogo 8
MUJER: ¡Qué bonito ese tapiz!

HOMBRE: Es un aguayo, una pieza de textil andino. Este viene de Bolivia y está hecho por mujeres indígenas que usan una técnica ancestral.

MUJER: Los colores son geniales. Quiero ese rojo que está al fondo.

HOMBRE: Se lo traigo en un santiamén.

PISTA 83
Diálogo 9
HOMBRE: Contame tu experiencia como voluntaria en el Amazonas, que quiero hacer algo así en el verano.

MUJER: Yo trabajé en un centro de rehabilitación y cuidado de animales en un pueblito de la selva ecuatoriana. Aprendí sobre la biodiversidad alucinante de esa zona y viajé tanto que ya me conozco Ecuador de pe a pa. Hacelo. No lo pensés dos veces.

PISTA 84
Diálogo 10
MUJER: Carlos, el Caribe colombiano es una pasada. Naturaleza, montaña y playas de ensueño que no veas… y mañana nos vamos a Barranquilla a darlo todo en el carnaval. Serán cuatro días seguidos de cumbia, vallenato, salsa, colores, música…

HOMBRE: *[interrumpiendo]* Vaya, tía. ¡Que estás que no cabes en ti!

PISTA 85
Tarea 1
A continuación escuchará un fragmento de un documental que habla sobre la festividad indígena dedicada a los muertos. Escúchelo dos veces. Durante la audición podrá tomar notas. Después redactará una argumentación en la que deberá recoger los puntos principales de las posturas presentadas y expresar de forma justificada su punto de vista.

Desde hace varios siglos las celebraciones en torno a los muertos han dado lugar a una arquitectura simbólica y ritual que se expresa en una infinidad de obras plásticas y objetos artesanales que se producen en las distintas regiones de México.

La riqueza cultural de estas celebraciones reposa también en las creaciones artísticas que músicos, pintores y poetas han generado en los últimos siglos, aportando al mundo una obra singular como la que encontramos en la producción gráfica de José Guadalupe Posada, en la literatura de Octavio Paz o en la pintura mural de Diego Rivera. El repertorio es extenso e innumerable…

Por todos los fieles difuntos y difuntas por la misericordia de Dios, descansen en paz. Así sea.

Aunque la fiesta de Día de Muertos es parte de una cultura nacional, su origen y su desarrollo están ligados a las concepciones indígenas que le dieron cabida y promovieron su difusión a lo largo del territorio mejicano. A pesar de sus diferencias culturales que se revelan en una gran variedad de lenguas y costumbres, los pueblos indígenas de Méjico comparten la historia de dos tradiciones que confluyeron en el siglo XVI cuando la expansión española hizo posible en encuentro de dos mundos.

Las correspondencias entre las religiones mesoamericanas y el catolicismo español no se agotaban en el papel que ambas culturas atribuían a sus divinidades: el ayuno y la penitencia, la confesión y el sacerdocio, así como las fiestas religiosas y la diócesis compleja de seres sobrenaturales son, sin duda, algunos de los elementos análogos que posibilitaron la sustitución de las formas originales. Pero, sobre todo, fue el apego a un calendario para observar los aspectos del ciclo ritual el esquema que permitió organizar las similitudes y las diferencias entre ambas culturas. Durante el año, los antiguos mejicanos dedicaban a los muertos siete festividades de distinta magnitud y solemnidad, una de las cuales, coincidía con las fechas de celebración de Todos los Santos y Fieles Difuntos en la tradición europea.

Las ceremonias para los muertos que se llevaban a cabo a principios del año estaban asociadas con la fiesta de Tezcatlipoca y Huichilopoztli pero el tema principal de la festividad se encontraba relacionado con el advenimiento de la época de lluvias.

La culminación de la temporada pluvial coincidía, en cambio, con las ceremonias del mes de Quecholli, cercano a Todos Santos y Fieles Difuntos, cuando, como escribió Fray Diego Durán, "hacían unas saetas pequeñas a honra de los difuntos y poníanle sobre la sepulturas". Conformadas generalmente por tamales, flores e incienso, las ofrendas que se destinaban a los difuntos se prolongaban a lo largo de cuatro años consecutivos cuando el alma o la esencia de los difuntos arribaba al Mictlan o lugar de los muertos.

[Extraído de *https://www.youtube.com*]

PISTA 86
Tarea 1
Usted va a escuchar una conferencia sobre economía doméstica de la que se tomaron las siguientes anotaciones. Luego deberá elegir para cada anotación (1-6) la opción correcta entre las que aparecen debajo (A- L).
Escuche la audición dos veces.

En los medios de comunicación nos llega una cantidad infinita de información sobre cuestiones macroeconómicas, nos hablan de IPC, nos hablan de PIB, del IBEX y de otras cuestiones pero, parémonos un momento a pensar… ¿Alguien nos explica cómo llegar a final de mes? ¿Cómo gestionar nuestros ahorros y nuestras deudas?

A las personas como usted y como yo nos interesan no solo las cuestiones que se deciden en Bruselas o en el Congreso, nos interesa mejorar nuestro nivel de vida partiendo de las decisiones que se toman en el salón de nuestra casa. Anímese a adquirir unos hábitos económicos saludables y verá cómo su bienestar y tranquilidad lo agradecen. En este curso de economía doméstica le ayudaremos a planificar su presupuesto familiar, a gestionar la economía en pareja, a endeudarse del mejor modo posible, cuando sea necesario hacerlo. En definitiva nuestro reto es que cada día consiga marcar una pequeña diferencia en su economía doméstica. Esa pequeña diferencia al principio ofrecerá resultados mejores pero casi imperceptibles pero, poco a poco, se estará labrando una enorme diferencia que a largo plazo supondrá un éxito en su economía familiar. Le ofrecemos las claves para introducir fácilmente unas ligeras mejoras que puede aplicar en su economía y que a largo plazo funciona como dos rectas con pendiente distinta. Esta pequeña diferencia diaria marcará resultados espectacularmente distintos a largo plazo.

Piense que una emergencia económica es algo muy probable; algunos ejemplos serían un electrodoméstico que se estropea, una avería en el coche, un miembro de la familia que sufre un accidente o enfermedad, la pérdida del empleo, un divorcio, entre otros muchos casos… Cuando aparece una emergencia económica, si no tenemos un fondo de emergencia, tendremos que deshacer alguna inversión a largo plazo y puede llegar a darse el caso de que tengamos que pedir dinero prestado. Si bien, seguramente, ya había decidido que va a componer su fondo de emergencia, se preguntará cosas como de cuánto dinero debe componerse o de qué modo va a conseguir ese dinero. Bien, los expertos aconsejan que este fondo equivalga al dinero que precisa para hacer frente a entre tres y seis meses de gastos. Para construir el fondo de emergencia iremos poco a poco ahorrando hasta que lleguemos a la meta. No se puede hacer de un día para otro. Además, el fondo de emergencia debe de ser completamente líquido, es decir, debe de ser un dinero con disponibilidad inmediata y además de de ser un producto seguro, es decir, no debe de haber riesgo de perder ese dinero y por último, si es posible, intentaremos que sea rentable. La miseria está solo un paso más allá que la abundancia. ¿Qué ocurre si cobramos cien y gastamos noventa y nueve? Eso es abundancia y, a largo plazo, ahorraremos. En cambio, si gastamos ciento uno cobrando cien eso es pobreza y a largo plazo es insostenible. Por eso en este tema le vamos a ayudar a calibrar sus gastos y nos centraremos, sobre todo, en eh… en los gastos porque por lo general son más fáciles de variar, de modificar, que los ingresos.

[Extraído de *https://www.youtube.com*]

PISTA 87
Tarea 2

Usted va a escuchar cuatro conversaciones. Escuche cada conversación dos veces. Después debe contestar a las preguntas (7-14). Seleccione la opción correcta (a / b / c).
Conversación 1

LUCÍA: Juan, ¿te has fijado en el precio de los tomates? ¡Están carísimos!

JUAN: Sí, la verdad es que yo también estoy un poco sorprendido. He escuchado en la radio que este año ha habido bastantes problemas de sequía, seguro que eso ha incrementado los precios.

LUCÍA: Ya, algo he leído yo también. Lo que no me explico es que con tantos invernaderos, que se dedican a la producción de tomate, cómo puede escasear, en fin…

JUAN: De todas formas, seguro que hay algo que los consumidores no sabemos. En el precio final de los tomates intervienen muchos factores y estoy seguro de que los consumidores no nos enteramos ni de la mitad…

LUCÍA: En eso estoy de acuerdo. Los agricultores siempre son los grandes perjudicados…

JUAN: Y el consumidor, no te olvides…

LUCÍA: Ya… bueno. ¿Qué hacemos? ¿Cuánto nos llevamos? ¿Un kilo?

JUAN: Yo creo que con medio nos arreglamos para la ensalada. ¿Cómo lo ves?

LUCÍA: Por mí, está bien.

PISTA 88
Conversación 2

MATEO: Maite, ¿sabes qué? He decidido no comprar más en grandes superficies. A partir de ahora solo voy a hacer la compra en pequeños establecimientos. Me parece más justo, así mi dinero no irá a parar a las grandes multinacionales que, encima, no tributan en nuestro país.

MAITE: ¡Hay que ver, Mateo! Qué conciencia social te ha invadido de repente. Respeto lo que dices pero yo creo que al final los distribuidores son los mismos y te quedas como estabas.

MATEO: Bueno, pero si no hacemos nada, no va a cambiar nada. Además, yo creo que te equivocas: el pequeño comercio vende productos del pequeño productor y al final todo es una cadena…

MAITE: ¿Y la comodidad de ir a una gran superficie y tenerlo todo a tu alcance? Para mí eso no tiene precio…

MATEO: Ya, comprar así es "coser y cantar", pero por justicia merece la pena hacer el esfuerzo y recorrer las tiendas del barrio. También tiene su encanto, ¿no? Pescadería, charcutería, frutería… como lo hacía mi madre.

MAITE: Ahora también te vas a poner romántico. ¡Vaya día que tienes! ¡Hoy no hay quien te entienda!

MATEO: ¡Piensa en lo que te digo! Algo de razón tendré. Me voy, a ver si llego a la frutería.

MAITE: Adiós.

PISTA 89
Conversación 3

ROSA: ¡Vengo encantada de la feria de quesos! Un ambiente increíble además de un montón de tipos de queso.

LEONARDO: ¡Qué interesante! Me encantan ese tipo de eventos. Activan la economía local y así puedes pagar un precio justo por los productos.

ROSA: Bueno, lo del precio es mejor no pensarlo mucho porque…

LEONARDO: Piensa que son productos artesanales, hechos como se hacían hace muchas generaciones. Estás pagando mucho más que el queso; estás pagando cultura.

ROSA: Leonardo, te pasas un poco, ¿no? Creo que te has emocionado demasiado… a mí lo que me cobran es el queso, nada más.

LEONARDO: Que no, Rosa, que lo verdaderamente interesante de la feria no es el queso sino la tradición…

ROSA: Te pones demasiado trascendente, no sé si probarás el queso. *(Risas)* Ahora mismo lo pienso empezar acompañado con un poco de vino.

LEONARDO: ¿Cómo no lo voy a probar? Con lo bien que huele…

PISTA 90
Conversación 4

ANTONIO: Pues para mí es fundamental. En un mundo tan globalizado, cualquier eventualidad puede hacer que cambie el ciclo económico. Fíjate en los últimos sucesos de Asia, han cambiado el ciclo macroeconómico de occidente.

SOFÍA: Estoy de acuerdo, pero hay que relativizar las cosas. Los mercados también tienen sus propios recursos y cierto grado de independencia para actuar con solvencia ante crisis globales.

ANTONIO: Yo cada vez estoy más alejado de tu postura. Cada vez tengo más claro que todo depende de todo, y más en economía. Una noticia mala al otro lado del mundo genera una crisis enorme en esta parte del planeta.

SOFÍA: Eso es porque el sistema económico se basa en suposiciones y a veces en rumores. Economía especulativa, ¿no?

ANTONIO: Veo que no nos vamos a poner de acuerdo, ¿eh?

SOFÍA: No tiene pinta…

ANTONIO: En todo caso, sí es cierto que cada vez es más difícil predecir los cambios de ciclo.

SOFÍA: Eso está claro.

PISTA 91
Tarea 3
Usted va a escuchar una tertulia sobre las personas mayores y el consumo. Después debe contestar a las preguntas (15-20). Seleccione la opción correcta (a / b / c).
Escuche la tertulia dos veces.

MODERADOR: Los mayores se han convertido en un sector de la población muy atractivo para la sociedad de consumo. Cada vez son más numerosos y por lo general disponen de unos ingresos fijos, lo que supone una clientela potencial para diferentes productos y servicios. Sin embargo, tienen sus propias características como compradores y, además, suelen ser presa fácil para que pícaros o delincuentes se aprovechen de ellos. Pues bien, de todo ello queremos hablar hoy con los invitados que nos acompañan en la mesa de *Para todos La 2*. Nos acompaña Paca Tricio, es directora gerente de la Unión democrática de pensionistas, ¡Muy buenas tardes, bienvenida!

PACA: Muy buenas tardes.

MODERADOR: Saludamos también a Idelfonso Grandes, profesor de *marketing* de la Universidad Pública de Navarra, experto en *marketing* para mayores, ¡bienvenido!

ILDEFONSO: Gracias.

MODERADOR: Y, por último saludamos a José Luis Nueno, es presidente de FACUA en Cataluña.

JOSÉ LUIS: Hola, buenas tardes.

MODERADOR: ¡Bienvenido! Bueno pues para empezar nos gustaría preguntarles las características propias de los mayores como consumidores, José Luis…

JOSÉ LUIS: Como consumidores no debieran ser diferentes de las que tenga un consumidor que no tenga el calificativo de "mayor". Quizás nosotros como organización de consumidores la percepción que tenemos es la de víctimas de las malas prácticas de algunas empresas, pero, insisto, que en cuanto a consumidores eh… es evidente que no hay diferencias. Sí es verdad que como están sujetos o tienen un horario distinto del horario laboral pues en esa franja horaria son presa fácil de, lo que decíamos, ciertas prácticas, malas prácticas empresariales.

MODERADOR: Paca, y desde la Unión democrática de pensionistas ¿ven alguna característica concreta, especial, de las personas mayores?

PACA: No. No vemos. Vamos a ver… primero, englobar la palabra "mayor" de manera tan amplia hace que se distorsione muchísimo la respuesta, porque mayor es alguien de 50 años y es alguien de 90. Ahí se considera mayor, de sesenta y pico a noventa. En consecuencia, no tiene nada que ver la franja de 55 a 75, incluso a 80, que el resto. No somos diferentes, lo que queremos es que las empresas se preocupen de un colectivo importantísimo en estos momentos —más de 60 años en España hay 10 millones de personas— y las empresas que no sean capaces de preparar productos que nos venga[n] bien a las personas mayores pero también a los jóvenes, porque el diseño para todas las edades hace mucho tiempo que se habló en las asambleas mundiales del envejecimiento, benefician a todo el mundo, mientras no sean capaces de preparar productos adecuados para todas las edades, y por lo tanto también para el mayor, se estará equivocando porque es un nicho de mercado —que a mí no me gusta la palabra "nicho", me suena muy mal— es una oportunidad de mercado importantísima para las empresas de este país.

MODERADOR: Bueno, profesor… ¿Características propias o no?

ILDEFONSO: Sí.

MODERADOR: ¿Sí?

ILDEFONSO: Tiene características propias, no por edad, sino por tiempo que ha transcurrido desde que iniciara en la adolescencia sus primeros comportamientos de consumidores. Si hubiera que resumirlos, yo diría que son racionales, expertos… racionales en el sentido de que el significado simbólico, por ejemplo, de la marca deja de ser importante. Ellos compran atributos intrínsecos del producto, compran calidad, compran… no compran prestigio. Compran funcionalidad. También tienen, digamos, unas características que se derivan de los cambios físicos y psicológicos. Los cambios físicos, fundamentalmente, se deben a unas ciertas disminuciones de las capacidades sensoriales. El hecho de envejecer, a todo el mundo, desde los 10 años, por ejemplo, que es cuando se dice que tenemos nuestra máxima agudeza visual, reduce la agudeza y el campo, la visión también se ve algo deteriorada en el sentido de que ciertos colores como los verdes y los azules no se perciben muy bien. Las luces mejores son las alógenas, como las de este estudio, no las luces fluorescentes. Los sonidos se perciben peor también; las frecuencias… no tendría sentido, por ejemplo, producir aparatos de música que tuvieran un ecualizador con frecuencias muy altas porque no se perciben; los locutores mejores para comunicar mensajes son los masculinos porque la voz es más grave, en definitiva, tienen unas características físicas diferentes y también digamos las psicológicas. Una de ellas es el sentido del tiempo procedimental que es que existe tiempo mientras se está haciendo algo. Y también la sensación de incapacidad de gobernar su propio destino, especialmente cuando las personas son muy mayores y también cuando tienen, digamos, una experiencia como consumidores un tanto menor.

MODERADOR: Bueno, respecto al consumidor, supongo, José Luis, que habrá diferentes perfiles dependiendo de si son de una generación o de otra: posguerra, épocas más recientes… ¿habrá diferencias, no?

JOSÉ LUIS: Sí, hay diferencias, quizás, pues en la utilización de internet, en la utilización de medios digitales pero, desde la vertiente que nos ocupamos nosotros que es de la de defensa de los derechos en tanto que consumidores, como decía antes, ahí no hay diferencias notables. Es decir, el consumidor, mayor o no mayor, desconoce mucho sus derechos, entonces, es importante que sepamos que en el mercado hay unas reglas…

[Extraído de *https://www.rtve.es/alacarta*]

PISTA 92
Tarea 4
Usted va a escuchar diez diálogos breves. Escuche cada diálogo dos veces. Después debe contestar a las preguntas (de la 21 a la 30). Seleccione la opción correcta (a / b / c).
Diálogo 1

MUJER: Perdona, ¿sabes dónde hay un cajero automático? Me han dicho que en la Plaza Mayor, pero vengo de allí y no he visto nada… Luego me han dicho que en esta esquina había otro, y nada. No doy pie con bola.

HOMBRE: Sí. Es que han quitado varios últimamente. Prueba a ver si está todavía el de la calle Torres.

PISTA 93
Diálogo 2
MUJER: Cari, estaba sacando cuentas para alquilarnos un piso y… si no nos dan el subsidio del gobierno, tendremos que postergarlo para el próximo año.

HOMBRE: No, si nos apretamos el cinturón.

PISTA 94
Diálogo 3
MUJER: Serían… 70 pesos… ¿Pagás con efectivo, tarjeta de crédito, cheque?

HOMBRE: ¿Tarjeta de débito puede ser?

MUJER: Sí… Ingresá tu clave aquí. No funciona… Intentá otra vez, por favor. Nada… ¿Probamos con otro medio de pago?

HOMBRE: ¡Qué raro! Debería funcionar bien… A ver… a la tercera va la vencida.

PISTA 95
Diálogo 4
MUJER: Bienvenido a su banca telefónica. Si quiere conocer su estado de cuenta, marque 1; para hacer un giro, marque 2; consultas sobre… Si su consulta es sobre su cuenta corriente, marque 1. Ingrese su número de DNI anteponiendo…

HOMBRE: Estas contestadoras automáticas no paran de dar la lata.

PISTA 96
Diálogo 5
HOMBRE: ¿Cuánto vale este vino?

MUJER: 60 euros.

HOMBRE: Hum…

MUJER: También tenemos este vino de la Rioja en oferta, por 40 euros. ¿Dónde viaja?

HOMBRE: A México.

MUJER: Si viaja fuera de la comunidad europea, se le descuentan impuestos de aduana.

HOMBRE: ¡No inventes! Me parece buen precio, pero para mi presupuesto… un ojo de la cara, con descuento y todo.

PISTA 97
Diálogo 6
HOMBRE: Me pone refeliz nuestro proyecto de montar una pequeña empresa, pero es mucho laburo, ¿eh? Lo primero es buscar un inversor que nos aporte el capital inicial… Con eso, vamos al banco, pedimos un crédito y…

MUJER: Esperá, Facu… ¿no nos estaremos metiendo en camisa de once varas?

PISTA 98
Diálogo 7
MUJER: ¡Feliz cumpleaños, hijo!

HOMBRE: ¡Gracias, mamá!

MUJER: Mira qué regalo tan bonito te he traído. Es una camiseta de algodón orgánico hecha por productores de la India y traído a España con el sello de comercio justo.

HOMBRE: Genial. ¡Uy! Espera, que me llaman al móvil.

MUJER: ¡Ah, adolescentes! ¡Pasan de todo!

PISTA 99
Diálogo 8
MUJER: Hola, buenas tardes. Pues quisiera abrir una cuenta de ahorros. Usted ya sabe: para guardar el dinero de mi jubilación.

HOMBRE: Me parece muy buena idea. Vamos a ver… Aquí está el contrato.

MUJER: Oiga, ¿me lo puedo llevar a casa y traerlo mañana? Es que lo quiero leer bien. Ya sabe, la letra chiquita.

PISTA 100
Diálogo 9
HOMBRE: ¿Viste que Nacho se fue de vacaciones al sudeste asiático con su nueva novia?

MUJER: ¡No me lo puedo creer! ¡Qué caradura! Hace dos meses que cortamos y ya tiene otra. ¡Encima se va de viaje con ella sin tener dónde caerse muerto!

PISTA 101
Diálogo 10
HOMBRE: ¿Qué tal todo, María?

MUJER: Aquí… tirando… mira que ya estoy harta. Que la banca, la especulación, los empresarios y los políticos llevándose todos los beneficios, mientras nosotros, los ciudadanos de a pie…

HOMBRE: Venga, mujer. Al mal tiempo buena cara. ¿Un café?

PISTA 102
Tarea 1
A continuación escuchará un fragmento de una charla emitida por televisión que habla sobre el impacto económico del turismo en España. Escúchelo dos veces. Durante la audición podrá tomar notas.

Después redactará una argumentación en la que deberá recoger los puntos principales de las posturas presentadas y expresar de forma justificada su punto de vista.

Muchas veces pensamos que el turismo y la economía del turismo se limita a aquello del todo incluido, del todo completo ¿no? En definitiva, a estos *forfait* que compran turistas extranjeros que quizás no es la mejor calidad del turista que querríamos. Pero hay aspectos muy interesantes… yo creo que en España se puede comprar muy bien, es decir, es uno de los reclamos que tiene, el comprar en España… desde aquí sí que tengo que decir: "¡Comerciantes de España, comerciantes de las calles de nuestras ciudades! Horarios, horarios, horarios… ¡póngase de acuerdo! Y piensen en el turista que es el comprador, que es el cliente…" ¡Hoteles! ¡Bravo! Pero también un tema de horarios, que a veces llegas un poco desfasado por retrasos, por demoras que hay, y resulta que como no te lleves tú la lata de atún, los espárragos y la manzana en la maleta como yo hago siempre, resulta que te quedas a una vela sin cenar.

Luego, el poder de atracción del turismo de negocios: claro, normalmente cuando un turista de negocios que viene aquí, un visitante, para cosas de trabajo, se enamora de acá y queda prendido, luego vuelve con la familia. Luego, por tanto, quiere decir que acá se repite. Y luego la gastronomía, tenemos aquí… no somos conscientes muchas veces de lo que tenemos, de los chef que tenemos, de los grandes chef que tenemos en Barcelona, en Girona, en tantas y tantas partes… Quién hubiera imaginado que un día Ferrán Adrià estaría dando clase en la Universidad de Harvard, hablando de las excelencias de la gastronomía española.

No solo sol, por tanto. Tenemos cultura, tradición, la gastronomía española… esto lleva un turismo de calidad y luego hemos de saber darle aquella vitolita adecuada ¿no? Por ejemplo, Vitoria se inventó, en el buen sentido de la palabra, en el año pasado que era la capital española de la gastronomía y a partir de ahí tuvo un aumento del 14% en las pernoctaciones hoteleras. Luego en la degustación de productos y de platos. Y luego tenemos los *superstars* que son los cocineros y los deportistas. Y luego tenemos un reto en el interior, dos grandes estadios: el del Barça, el del Espanyol y en definitiva, dos referencias… Pues bien, aquí también hemos de apostar muy bien por lo que sería al margen de las rutas, de visitas culturales, ocio, deporte… También aquí tenemos nosotros lo que sería un imán tremendo: el fútbol, el tenis, el golf, el baloncesto, el balonmano, el ciclismo… Y luego tenemos algo que hemos criticado muchas veces: tenemos un exceso de infraestructuras. Nos pasamos, sí señor, lo hicimos mal. Bueno, ya que lo tenemos, vamos a pensar en clave positiva, vamos a sacar el máximo rendimiento de estos activos que tenemos. Y aquí tenemos el deporte como reclamo. Cada año en el curso de la FIFA en Madrid hay alumnos que quieren venir a Madrid en vez de ir a otros sitios, porque quieren estar en España y luego se desplazan y vienen a Barcelona y luego… en definitiva ¿qué quiero decir? Que el deporte sirve como reclamo, por ejemplo, de estudiantes que vienen acá y que no se van a otros lugares. Turismo deportivo. La Organización Mundial del Turismo dice: "Oiga esto representa un 32% de industria turística". En Londres hay, por ejemplo, la ruta de los estadios. En Barcelona hemos sido incapaces de hacer la ruta de los estadios y ciudades deportivas. Si alguien se lo imagina, pues lo que podemos poner es a gente que sean apasionados del mundo del fútbol y que vayan durante un día al estadio del Barça, al del Espanyol, ciudad deportiva del Barça, ciudad deportiva del Espanyol, que vayan también a otros clubes, se puede también aquí vincular al Nàstic de Tarragona, al Girona, al Llagostera, al Lleida, en definitiva a todos esos clubes. Y luego, por ejemplo, en España el año pasado 3 millones de turistas vinieron aquí por eventos deportivos y vinculados a algún deporte vienen 2,4 millones de turistas. Por tanto yo creo que acá no solo es sol, sombrilla, playa… sino que tenemos otras muchas cosas que hemos de aprovechar en lo que sería esa economía del turismo. Por tanto, fuente de ingresos, que además va muy bien porque también nuestro déficit comercial lo compensa, porque es dinero que entra. El euro está barato, más imán este año para España a nivel turístico.

[Extraído de *https://www.youtube.com*]